水面舰艇强度

侯海量　陈长海　白雪飞　张焱冰　编著

国防工业出版社

·北京·

内 容 简 介

本书系统地介绍了水面舰艇强度的设计计算方法,包括外力的确定和计算方法、内力的计算方法以及强度标准的确定方法。对舰艇船体各部分结构强度的设计计算方法做了详细的论述,包括船体总纵弯曲强度外力计算、船体总纵弯曲强度内力计算及强度标准、船体局部强度校核计算方法、上层建筑强度校核计算、结构应力集中问题等内容。同时,还介绍了舰船结构强度计算中的有限元方法,舰船结构在爆炸冲击载荷作用下的动强度,包括典型冲击动载荷及其计算、船用材料的动态塑性变形现象与理论、舰船结构的响应与破坏以及舰船结构的防护技术。

本书可作为高等院校舰船工程专业教材,也可供舰艇设计、制造、维修和使用等部门工程技术人员参考。

图书在版编目(CIP)数据

水面舰艇强度/侯海量等编著. —北京:国防工业出版社,2020.7
ISBN 978-7-118-12116-2

Ⅰ. ①水… Ⅱ. ①侯… Ⅲ. ①水面舰艇–船体强度
Ⅳ. ①U661.43

中国版本图书馆 CIP 数据核字(2020)第 091845 号

※

国防工业出版社出版发行
(北京市海淀区紫竹院南路 23 号 邮政编码 100048)
天津嘉恒印务有限公司印刷
新华书店经售
*
开本 710×1000 1/16 印张 15 字数 278 千字
2020 年 7 月第 1 版第 1 次印刷 印数 1—1500 册 定价 76.00 元

(本书如有印装错误,我社负责调换)

国防书店:(010)88540777   书店传真:(010)88540776
发行业务:(010)88540717   发行传真:(010)88540762

前　言

随着我国建设海洋强国战略的实施,海军舰船不断向大型化、综合化发展,舰船的设计与建造已成为我国海军和船舶工业的主要任务之一。本书为海军院校重点立项教材,以水面舰艇结构强度问题及其计算方法为主要内容,不仅可作为海军院校舰船工程相关专业或普通高等院校船舶与海洋工程专业 40~60 学时的教材,还可作为舰船工程领域相关科技人员的参考书。

本书编写过程中,编者力求突出以下三个方面:

(1) 力求全书内容的系统性和完整性。根据舰船工程相关专业教学改革"宽口径"的要求,系统介绍了水面舰艇结构强度的设计计算方法,包括总纵弯曲强度与局部强度外力的确定和计算方法,内力的计算方法以及强度标准的确定方法。

(2) 力求反映舰艇强度设计计算的最新研究成果和方法。为了使学员或自学者通过本书的学习,能尽快掌握水面舰艇强度的设计计算方法,本书突出了最新舰船规范所规定的水面舰艇强度设计要求;为使学生对舰船结构强度前沿研究内容有所了解,增加了舰船结构冲击动强度内容,以期获得开阔学生视野的效果。此外,近年来结构有限元分析技术取得了长足进步,已成为解决船舶结构强度问题强有力的工具,为加强学员对相关知识与技术的了解,本书介绍了舰艇强度计算中的有限元方法及其发展现状。

(3) 为了便于教学,本书给出了较为详细的习题。

本书共 8 章,主要内容为水面舰艇总纵弯曲强度、局部强度、上层建筑强度、应力集中问题、冲击动强度和有限元方法。

本书第 1 章至第 6 章由侯海量、陈长海、白雪飞编著;第 7 章主要由陈长海、张焱冰编著;第 8 章由侯海量编著。本书由海军工程大学朱锡教授、武汉理工大学吴卫国教授、华中科技大学程远胜教授主审,三位教授从内容体系到具体文字描述给出了许多宝贵而详细的意见和建议。同时,本书编著过程中得到了舰船与海洋学院及舰船结构与材料工程教研室各位领导与同事的大力支持和帮助,在此一并表示诚挚的感谢。

由于编者知识结构和水平有限,本书在内容上或编排上会有很多不足之处,希望广大读者批评指正。

编者
2019 年 12 月

目　录

第1章 绪 论

强度是指材料或结构抵抗外载荷的能力。舰艇强度是舰艇船体结构强度的简称,就其字面含义,是指舰艇船体结构在各种外载荷作用下不发生超过允许限度的变形或破坏的能力,以保证舰艇安全、正常地工作,是舰艇船体结构的固有特性。舰艇船体结构强度科学是研究和确定舰艇船体结构强度的方法体系,是研究确定舰船结构安全性的科学。其主要任务是建立舰艇船体结构强度的理论预报方法,并在舰艇建造前对船体结构进行强度计算和评价,作为船体结构设计的重要依据,确保舰船结构能承受和抵御正常服役过程中的各种载荷。

舰艇是一个复杂的水上工程结构物,是维护国家海防、保障海洋资源开发和海洋战略运输通道安全的主要力量,担负着航行(巡逻)、运输、战斗等各种任务。在完成上述各种任务的过程中,承受着各种外载荷的作用,如海水压力、波浪冲击力,设备、人员、油水以及结构自身的重力和舰艇运动所产生的惯性力,武器发射的后坐力,以及碰撞、触礁、搁浅和爆炸冲击等偶然作用力等。为了保证舰艇能很好地完成上述任务,抵抗各种外载荷作用,舰艇应具有适当的强度。

舰艇船体结构是舰艇的基础,为舰艇上各种武器装备、机械设备提供装载平台和人员提供生活、工作场所,是抵抗上述各种外载荷的主体。在这些外力作用下,船体结构会产生多大的变形,是否会产生塑性变形或断裂破坏,能否保证舰艇自身及各种武器装备、机械设备安全、正常的工作,是舰艇设计必须解决的问题;否则,舰艇在建造、下水、巡逻等过程中就可能产生船毁人亡的事故。大量海损事故的发生,促使造船工程师们对船体强度的计算方法进行深入和全面的研究,并逐步形成了目前较为通用的船体结构强度科学。

研究船体强度除了保证舰艇安全,防止海损事故的发生以外,另一个重要作用是为设计出重量轻、经济性好的船体结构提供设计计算方法。舰船作为运载平台,其装载能力是其重要性能之一,如果舰艇船体结构尺寸过大,造成结构自身重量过大,无法装载必需的武器装备和机械设备,即使船体结构强度再好,也不能满足舰艇总体性能的要求。

综上所述,舰艇船体结构强度科学的主要作用是为设计出既能保证结构强度,又具有重量轻、经济性好的船体结构提供设计计算方法。

1.1 舰艇强度的主要研究内容

舰艇强度的研究内容可从不同角度加以分解:从研究的主体可归纳为水面舰艇强度和潜艇强度。水面舰艇强度和潜艇强度在设计载荷(所承受的外力)和内力计算方法方面存在较大差异,如水面舰艇所受外力主要以弯曲载荷为主,并由重力、浮力和波浪冲击力大小确定,而潜艇所受外力主要以深水静水压力为主;水面舰艇船体结构应力计算主要采用结构力学的梁和板的弯曲理论为主,潜艇艇体结构应力计算主要采用板壳理论。因而水面舰艇强度和潜艇强度是舰艇强度所研究的两个不同方面。

从外力引起结构变形和破坏的观点来看,外力导致的破坏与变形可分为总体性的和局部性的。总体性破坏会危及舰船的安全,当它蔓延到一定区域后会使舰船断裂、沉没;而过大的船体变形会使设备、机械不能正常工作。至于局部性破坏,由于涉及的面较小,一般不会危及整艘舰船的安全,但会影响舰船执行任务,故也是应该尽量避免的。因此,舰艇强度的研究内容又可分为舰艇船体结构整体强度(或总体强度)和局部强度。大量的海损事故的分析统计表明,船体结构在波浪中整体弯曲(总纵弯曲、横向弯曲)或扭转破坏是舰艇结构整体破坏的主要形式,为此皮兹克(Pietzker)、埃特伍德(Attwood)等提出了船体梁的概念,主要是便于船体结构总纵弯曲的研究。船体梁又称为等值梁,它是由所有参与总纵弯曲的纵向连续构件组成。船体梁不仅阐明了甲板、船底和舷侧在总纵弯曲中的作用和应力水平,而且将不参与纵向弯曲的横向骨架和横舱壁分离出来,简化了计算。与此类似,在船体结构横向弯曲中通常研究由甲板横梁、舷侧肋骨和底部肋板组成的横向框架结构的弯曲,或以横舱壁为腹板结构、以甲板和底部为翼板的横向单元组合结构的弯曲问题。在船体结构整体扭转强度的研究,是将船体结构简化为等值薄壁梁的自由扭转或约束扭转问题。对舰艇而言,由于航行性能的特殊要求,其船体通常较为细长;由于生命力、不沉性的特殊要求,通常有较多的横向舱壁。因此,舰艇船体结构的整体强度以总纵弯曲强度为主,而横向强度和扭转强度大多不予考虑。

舰艇船体结构的局部结构破坏和变形是由局部载荷引起的,属于局部强度问题。水面舰艇结构局部强度主要包括甲板结构强度、舷侧结构强度、船底结构强度、舱壁结构强度、上层建筑结构强度、桅杆结构强度、尾轴架结构强度等。局部强度主要特点是仅考虑局部结构对载荷的响应,其应力不考虑与总强度问题的应力叠加。局部强度又分为板的强度、纵骨(骨架梁)强度和板架强度。

与材料不同的是,舰艇船体结构具有复杂的空间构型,其变形和破坏形式多种多样。从破坏的原因来看,舰艇船体结构的破坏包括:由于结构的应力达到或超过材料的屈服应力而发生塑性变形或断裂;作用于结构的压力载荷达到或超过结构的失稳临界载荷而发生失稳破坏;承受交变载荷的结构达到疲劳极限而发生疲劳破坏(裂纹);由于结构刚度不足导致的变形过大影响舰载武器装备的使用。

事实上,无论是水面舰艇强度,还是潜艇强度,或是整体强度与局部强度,除了由于研究对象的不同,而在研究方法上有所区别以外,其具体的研究步骤基本上是一致的,即首先确定被研究结构的受力,只有载荷明确,才能进一步研究结构的变形和应力;其次计算结构的变形和应力,研究在确定的外载荷情况下的结构响应;最后解决如何判断结构在该外载荷作用下是否安全的问题,给出强度衡量参数及相应的强度衡准或阈值。从该意义上说,舰艇强度的研究内容可分解为三大问题,即外力问题、内力问题和强度标准(衡准)问题。

外力问题主要研究结构的受力状况及其确定方法。舰艇所受外力主要有重力、浮力、静水压力、波浪冲击力、砰击力,根据不同研究结构及其强度要求,其外力选取种类也不同。例如,水面舰艇船体结构总纵强度主要考虑由于舰艇重力与浮力沿纵向分布不同所形成的垂向分布载荷,该载荷形成对船体的总纵弯曲力矩和垂向剪切力,从而使船体结构产生纵向弯曲变形。潜艇耐压壳体强度则主要考虑深潜状态的静外水压力,而分布载荷产生的总纵弯矩是次要的。目前,水面舰艇在波浪中的总纵弯曲力矩的计算最为复杂,并有多种计算分析方法,如静置波浪理论、动置波浪理论和随机波浪载荷理论等。静置波浪理论是在假设波速与船速相同的基础上,由重力和浮力分布经理论计算确定船体结构所受的载荷、剪力和弯矩。动置波浪理论考虑了船体在波浪上摇荡运动因素和水的动压力作用,并以“切片法”为理论基础,计算规则波浪上船体的波浪弯矩。该方法计算十分复杂,现规范采用经验修正公式为主。随机波浪载荷是通过研究不规则波浪船体弯曲力矩的分布特征,来确定弯曲力矩超过某特征值 M_1 的概率。

目前,计算内力主要有三种方法:

一是经典的理论计算方法,它以船舶结构力学和弹性力学为基础,通过适当假设,建立舰艇船体结构的力学模型并求解。如水面舰艇总纵强度力学模型为变断面等值梁(船体梁),计算方法为考虑失稳和局部弯曲应力修正的薄壁梁的弯曲理论;潜艇耐压壳体强度计算力学模型为带肋圆柱壳或圆锥壳,计算方法为薄壳理论;而局部强度力学模型多为板、梁和板架,计算方法为结构力学的梁和板的弯曲理论。

计算内力的第二种方法为数值计算,一般为有限元法,也有半解释的其他数值计算方法,如样条元法、有限差分法等。在实际工程中,结构强度的内力计算已越来越多地采用有限元法,这主要受益于计算机的快速发展和有限元商用构件的开发。较为有代表性的成熟的结构分析软件有 Sap 系列软件(包括 Sap-5、Sap-80、SuperSap 等)、abqus 软件、Ansys 软件和 MSC 系列软件(包括 Patran、Nastran、Dytran)等。采用有限元法进行船体结构强度计算的优越性是可以进行更为复杂的甚至是整船的结构应力计算分析,并可模拟真实载荷,考虑结构的弯、剪、扭综合受力及其应力叠加,可同时计算结构总体应力和局部应力。有限元法的局限性在于其计算精度和准确性依赖于软件的正确性和结构单元划分的粗细程度,以及计算中的参数选取等。计算内力的第三种方法是概率分析方法,通过研究结构的尺寸分布函数和材料强度分布函数,以及建造质量的随机性,来确定结构的可靠性和失效概率。

强度标准问题的研究主要是通过对外载荷种类、内力计算的精度以及建造质量的可靠程度的研究,结合实船试验测试结果和海损事故分析等经验,选取和制定合理的强度衡量参数和阈值。根据结构强度衡量参数的不同,强度标准分为危险应力法、许用应力法、极限弯矩法和失效概率法等。

1.2　水面舰艇强度的研究与发展简介

舰艇总纵强度是水面舰艇强度研究与发展过程的主线。早在 18 世纪中叶,欧拉在《横摇和纵摇时舰艇各部分承受的外力》一文中研究了作用于舰艇各部分的外力,并指出舰艇弯曲是这些力引起的主要变形。也就是说,应该将船体作为一根梁来研究它的弯曲变形。但是应用梁的弯曲理论来研究船体总强度的具体计算方法,到 19 世纪中叶才逐步发展起来,成为船体静置在波浪上的总纵强度计算的标准方法。这种标准总纵强度计算方法就是现在应用的总纵弯曲应力的第一次近似计算法。符合标准状态计算的船体强度,可相互直接进行比较。

1874 年 10 月,内河船"Mary"号在横渡大西洋时折断沉没。1877 年,威廉·约翰对这艘船进行了强度计算和分析。照通常方法计算,该船舷边角铁的最大应力为 138.4N/mm²,船底板最大应力为 101.5N/mm²。然而,当时的一些大船也达到了这样的应力范围,那为什么这条船会破裂呢?于是他第一次提出了对标准纵强度计算方法做修正的见解。考虑到甲板板受压发生皱折的影响,其有效的截面积应该进行折减,这与现在应用的纵弯曲应力第二次近似计算的方法基本上是一致的。

经过折减后计算所得的舷边角铁的应力达到 246.0N/mm²。可以认为,船是由舷边角铁屈服后引起甲板破裂而折断沉没的。他还认为,即使像"Mary"号这样薄的铁板船(甲板板厚约为 5mm,外板厚约为 6mm,龙骨板和舷边甲板厚约为 8mm),只要能保证其甲板的受压稳定性,也不致折断沉没。

这种考虑甲板受压皱折的有效面积折减方法,对船体强度计算是一个很大的发展。从理论上讲,船体强度的第一次近似计算,应用梁理论考虑了船体梁的主要变形特征,把空心薄壁结构的船体作为实心梁一样来计算,所以有"等值梁"的概念来适应这种理论。等值梁是把船体横剖面上各处的剖面积(如甲板、内外底板、纵桁、纵骨、船侧等的剖面积)集中放在横剖面上的中心线上的原高度处,这样就形成了复杂的近似于工字型材的剖面。但船体是薄壁结构,受压板材可能会发生皱折,使得剖面强度减弱,剖面减弱又将使压应力增加,以致折减更多的面积,所以需要进行第二次及更多次的近似强度计算。

可是威廉·约翰的这个修正强度计算方法并未得到足够重视。1905 年,拜尔斯(Biles)教授在关于"狼"号试验结果的分析报告中,没有利用因受压皱折的影响进行剖面折减的强度计算,只是用所谓标准强度的计算方法。他把实测结果与计算结果的差异归之于铆接接头的滑移影响。将船体结构的弹性模量 E_s 和构成结构的材料的弹性模量 E 取得不同。得出 $E_s \approx 0.7E$ 后,则从计算弯矩进行各式积分所得的挠度和实测的挠度大约相符。按计算弯矩 M,根据

$$\sigma = MZ/I \qquad (1-2-1)$$

求得的各点应力 σ,与从实际测量的应变 ε 根据

$$\sigma = E_s \varepsilon \qquad (1-2-2)$$

所得的应力相近。

И. Г. 布勃诺夫在威廉·约翰的基础上,进一步完善了总强度的第二次近似方法,也就成为目前所应用的标准方法。它不仅适用于纵骨架式船体的强度计算,也适用于横骨架式的船体强度计算。

А. Н. 克雷洛夫在 1896 年发表的《船舶在波浪上纵摇新理论及由此运动产生的应力》及在 1898 年发表的《航行中船体所受的应力》文中,第一次提出船舶在波浪中摇荡运动和船体的弯矩、剪力计算方法。根据这一方法所进行的计算,得出作用于船体上的弯矩比用静置在波浪上的方法所得的弯矩小很多,这可归之于摇荡时附加质量的影响,减小了作用于船体上的附加力。

船体航行于斜浪中或装载不对称引起船体的扭转。G. 威德勒(G. Vedeler)在 1924 年发表的《关于船体扭转》论文中提出了计算方法。只是近些年来出现了甲板上有长大舱口的矿石船和集装箱船等,计算扭转强度才成为必要。

近年来,概率方法成为研究工程问题的有力工具。而作用于船体的荷重,特别是波浪荷重是有很大的随机性的。很明显,应该用概率方法来研究船体强度问题。

1953 年,St. 丹尼斯和 W. J. 皮尔逊在《紊乱的波浪中船体的运动》一文中假定了不规则波浪是由无数的频率连续变化的正弦成分波浪组成。1954 年,由 E. V. 刘易士进行了船体模型试验,结果表明,将谱理论用于不规则波上的船体强度计算

是切实可行的。

1955 年,柯尔文-克洛可夫斯基(Korvin–Kroukovsky)提出了切片理论,并应用于船舶摇荡计算。1958 年,贾可布斯(Jacobs)使用这个理论计算船体的波浪弯矩。

概率方法现已广泛地用于船体强度问题的研究,除了波浪弯矩外,还有船底砰击、甲板上浪、首外漂砰击、结构破坏性分析以及结构设计等问题,使船体强度问题得到进步发展,理论与实际更能密切地结合。

习题

1. 水面舰艇强度和潜艇强度有何差异?
2. 舰艇结构整体破坏的主要形式有哪些?
3. 舰艇强度的三大科学问题是什么?
4. 内力计算主要方法有哪些?
5. 强度标准问题的主要研究方法是什么?

第 2 章　船体总纵弯曲力矩与剪力

2.1　概　　述

将舰船静置在波浪上,求出总纵弯曲力矩以及相应的总纵弯曲应力,并将它与许用应力进行比较以判定船体的强度,这是迄今为止船体总纵强度计算中的主要方法。将船静置在波浪上,就是假想舰船以波速在波浪的前进方向上航行,此时船体与波的相对速度为零。这样就可以认为船体是在重力和浮力作用下静平衡于波浪上的一根梁。由于重力和浮力沿船长的分布规律并不一致,因此两者在每单位船长上的差额构成作用在船体梁上的分布载荷。船体梁在这个载荷作用下发生总纵弯曲变形,并在船体梁断面上产生剪力和弯矩。

作用在船体断面上的弯矩通常写成下列形式:

$$M = M_s + M_w \tag{2-1-1}$$

式中　M——舰船静置在波浪上的总纵弯矩;

　　　M_s——舰船在静水中的弯矩,在既定船型时,只与重量及其船长的分布有关;

　　　M_w——舰船静置于波浪上的波浪附加弯矩,其值大小与波形范围内的船外形和波浪要素有关。

显然,总纵弯矩的大小与波浪要素和装载状态密切相关。由于选取波浪要素和装载状态的不同,弯矩值可能在很大的幅度内变化。因此,必须假定一个标准的波浪要素和装载状态,这样才能有一个统一的比较基础。

标准波浪的波形取为坦谷波,计算波长等于船长,波高则随船长而变化。计算总纵弯矩时按两种极端情况进行:一种是波峰在船中,波谷在首尾,此时船中部浮力较大,首尾处浮力较小,舰船处于中拱状态;另一种是波谷在船中,波峰在首尾,船中浮力较小,两端浮力较大,舰船处于中垂状态,如图 2-1-1 所示。《舰船通用规范》规定:计算中不计及史密斯修正,取波长等于舰艇设计水线长,即 $\lambda = L$。计算波高按下式确定:

$$h = 1.75 + 3.94\left(\frac{L}{100}\right) - 0.30\left(\frac{L}{100}\right)^2 \tag{2-1-2}$$

式中　h——计算波高(m);

　　　L——设计水线长(m)。

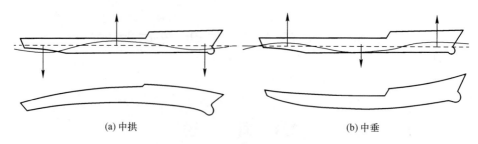

(a) 中拱　　　　　　　　　　　　　　　(b) 中垂

图 2-1-1　船体梁的弯曲状态

装载状态对于静水弯矩的影响是主要的。作为计算状态,原则上应该选取最不利的装载情况,同时也要考虑在实际上是可能的情况。

《舰船通用规范》规定:排水型舰艇(除两栖作战舰艇)应按舰艇正常排水量进行计算;两栖作战舰艇应按正常排水量和超载排水量状态下进行计算;典型超载排水量计算之静水弯矩和剪力有较大变化时,还应计算该状态波浪弯矩和剪力。

从梁的弯曲理论可知,当船体发生总纵弯曲变形时,船体横断面上的总纵弯曲正应力可按下式计算:

$$\sigma = \frac{M}{I}Z \qquad (2\text{-}1\text{-}3)$$

式中　M——计算断面上的弯矩;

　　　I——横断面绕水平中和轴的惯性矩;

　　　Z——应力计算点至中和轴的距离。

为了保证船体具有足够的强度,船体断面上的最大正应力 σ_{max} 不应超过许用应力 $[\sigma]$ 值,即

$$\sigma_{max} \leqslant [\sigma] \qquad (2\text{-}1\text{-}4)$$

如果某新设计的船满足上述要求,则认为该船的总纵强度是足够的。

上述计算方法是对所有水面舰船进行强度计算的标准计算方法。换言之,所有船的强度是在同一个计算原理的基础上进行比较。而作为比较标准的许用应力,则是以大量安全航行的船体总纵弯曲应力计算、海损事故的纵强度分析以及实船测量所得的大量应力数据为基础,并按照安全要求制定出来的。许用应力值的选择与结构的应力计算方法有关,因此,用标准计算方法判断船体强度乃是一种比较强度,并不是船体的真正强度。这种方法的优点是简单、方便,其不足之处在于没有准确考虑表征船体强度诸因素的变动性和随机性。

2.2 静水弯矩与剪力

2.2.1 概述

舰船在静水中处于平衡位置时,必须满足下述两个条件:一是作用在船体上的浮力等于船的重量;二是重心和浮心在同一铅垂线上。取坐标原点在尾垂线处,X轴沿船长方向,竖轴为Z轴,向上为正(图 2-2-1)并假定船的单位长度的重量为$w(x)$,船的重量为W,船长为L,则

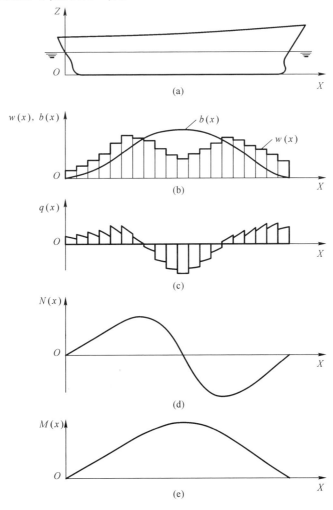

图 2-2-1 引起船体梁弯曲的外力

$$W = \int_0^L w(x)\,\mathrm{d}x \qquad (2\text{-}2\text{-}1)$$

舰船重心纵向坐标为

$$x_\mathrm{g} = \frac{1}{W}\int_0^L xw(x)\,\mathrm{d}x \qquad (2\text{-}2\text{-}2)$$

同样,若作用在船的单位长度上的浮力为 $b_\mathrm{s}(x)$,总浮力为 B,则

$$B = \int_0^L b_\mathrm{s}(x)\,\mathrm{d}x \qquad (2\text{-}2\text{-}3)$$

浮心的纵向坐标为

$$x_\mathrm{b} = \frac{1}{B}\int_0^L xb_\mathrm{s}(x)\,\mathrm{d}x \qquad (2\text{-}2\text{-}4)$$

根据平衡条件可得

$$\int_0^L w(x)\,\mathrm{d}x = \int_0^L b_\mathrm{s}(x)\,\mathrm{d}x \qquad (2\text{-}2\text{-}5)$$

$$\int_0^L xw(x)\,\mathrm{d}x = \int_0^L xb_\mathrm{s}(x)\,\mathrm{d}x \qquad (2\text{-}2\text{-}6)$$

能满足式(2-2-5)、式(2-2-6)的 $w(x)$ 和 $b(x)$ 可能有多种组合。一般情况下 $w(x)$ 和 $b(x)$ 的分布规律是不同的,其差值 $q(x)$ 即为作用在船体梁上的载荷强度:

$$q(x) = w(x) - b_\mathrm{s}(x) \qquad (2\text{-}2\text{-}7)$$

作用在船体梁断面上的剪力和弯矩的符号规定如图 2-2-2 所示,计算公式为

$$N(x) = \int_0^x q(x)\,\mathrm{d}x \qquad (2\text{-}2\text{-}8)$$

$$M(x) = \int_0^x N(x)\,\mathrm{d}x = \int_0^x\int_0^x q(x)\,\mathrm{d}x\mathrm{d}x \qquad (2\text{-}2\text{-}9)$$

由此可见,为了计算剪力和弯矩,必须先画出重量分布曲线 $w(x)$ 和浮力分布曲线 $b(x)$,然后求得载荷曲线 $q(x)$,再进行积分计算。

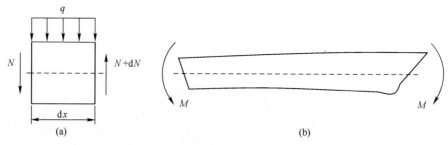

图 2-2-2　船体梁弯曲的载荷、剪力及弯矩的符号规定(图中剪力弯矩均为+)

2.2.2 重量分布曲线

1. 重量分布曲线的绘制方法

舰船在某一计算状态下(一般为正常排水量状态),描述全船重量沿船长分布状况的曲线称为重量分布曲线。其纵坐标表示船体梁单位长度上重量分布,即作用于单位长度上的重力。绘制重量分布曲线时,必须要有表明各项重量及其重心位置的重量、重心明细表,以及确定各项重量纵向分布范围的船体纵中剖面图,简称重量重心资料。

绘制重量分布曲线的方法:将舰船的各项重量按静力等效原则分布在相应的船长范围内,再逐项叠加即可得重量分布曲线。在手工计算中,通常将舰船重量按20 个理论站站距分布(民船的理论站号从船尾至船首,军船则是从船首至船尾编排),每个理论站距内的重量可以认为均匀分布,从而绘出阶梯形重量曲线,并以此来代替真实的重量分布曲线(图 2-2-3)。

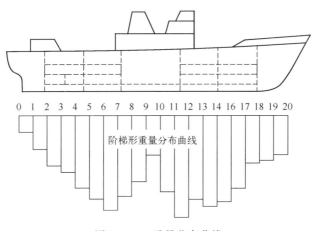

图 2-2-3 重量分布曲线

按上述方法求得的重量分布曲线虽然与实际情况仍有差别,但不会对剪力和弯矩的计算带来明显的误差,所以这种绘制重量分布曲线的方法是足够精确的。

2. 重量的分类

(1) 根据重量的变动情况分类:

① 不变重量,即空船重量,包括船体结构、舾装设备、机电设备等各项固定重量。

② 变动重量,即装载重量,包括货物、燃油、淡水、粮食、旅客、压载等各项可变重量。

这样划分,便于多工况计算,避免不必要的重复,在实用计算中是行之有效的措施之一。

（2）根据重量的分布情况分类：

① 总体性重量，即沿船体梁全长分布的重量，通常包括主体结构、油漆、索具等各项重量。

② 局部性重量，即沿船长某一区段分布的重量，通常包括货物、燃油、淡水、粮食、机电设备、舾装设备等各项重量。

在实际重量分布曲线计算过程中，首先确定计算状态（确定变动重量），再按总体性重量和局部性重量分别计算各理论站的重量分布，最后合成总的重量分布曲线，并应使重量分布曲线所围的面积总重量等于全船的重量，该面积的形心纵向坐标与舰船重心的纵向坐标相同。

3. 局部性重量的分布

1）局部重量的分配原则

对各项局部重量进行处理，并分配到各理论站时，必须遵循静力等效原则，具体分配原则如下：

（1）保持重量的大小不变，也就是说要使分配到各理论站的总重量等于该项实际重量；

（2）保持重量重心的纵向坐标不变，即要使分配到各理论站重量的合成重心纵坐标与该项重量的重心纵坐标相等；

（3）分配到理论站的范围与该项重量的实际分布范围相同或大体相同。

2）局部性重量的分配方法

（1）分布在两个理论站距内的重量。如图 2-2-4 所示，某项以任意规律分布在两个理论站距内的重量为 P，重心距 i 站的距离为 a。按局部重量的分配原则（3），用 $(i-1) \sim i$ 及 $i \sim (i+1)$ 两个理论站距内的阶梯形曲线代替真实重量分布。设两个理论站距内的重量分别为 P_1 和 P_2，根据局部重量的分配原则（1）和（2）可得

$$P_1 + P_2 = P, \quad (P_1 - P_2) \cdot \frac{\Delta L}{2} = P \cdot a$$

由此可得

$$\begin{cases} P_1 = P\left(0.5 + \dfrac{a}{\Delta L}\right) \\ P_2 = P\left(0.5 - \dfrac{a}{\Delta L}\right) \end{cases} \tag{2-2-10}$$

将 P_1 和 P_2 除以理论站距长度 ΔL，即可得到该项重量在两个理论站距内的分布重量。

（2）分布在三个理论站距内的重量。根据静力等效原则，此时只能列出两个方程式，所以一般是根据具体情况采用图 2-2-5 的假定分布规律进行分布。其

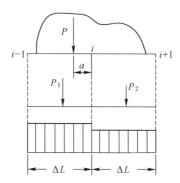

图 2-2-4　分布在两个理论站距内的重量

中,对于图 2-2-5(a)和(b)情况,先近似确定其中一个站距上的重量,可以比较简单地利用静力等效原则直接列出两个方程式,从而求得不同理论站距内的分布载荷强度。

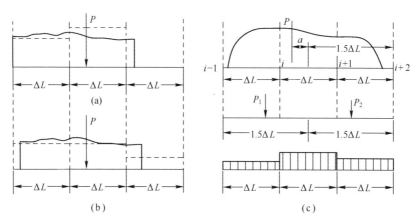

图 2-2-5　分布在三个理论站距内的重量

对于图 2-2-5(c)情况,可以如下进行:第一步,以 $1.5\Delta L$ 代替 ΔL,用式(2-2-10)求 P_1、P_2;第二步,直接利用式(2-2-10),将 P_1 和 P_2 分别向其相邻的两个理论站距内分布;第三步,对中间理论站距叠加来自 P_1 和 P_2 的相应分配值,将各理论站距内分配得到的重量分别除以 ΔL,便得到相应理论站距内的分布重量。

(3) 首、尾理论站外的重量。有些舰船在首、尾理论站之外有相当长的延伸部分。例如,尾凸出体或球鼻首,其重量可能超过空船重量的1%,且凸出部分超过理论站距一半之多。对于这一类重量,应按图 2-2-6 的方法进行分布。把首、尾理论站之外的重量移到相邻的两个理论站距内时,根据静力等效原则不改变其重量大小及其对船中的力矩大小,故不致引起船中部弯矩的变化。根据条件

$$P = P_1 - P_2, \qquad P \cdot a = \left(\frac{3}{2}P_2 - \frac{1}{2}P_1\right)\Delta L$$

可得

$$\begin{cases} P_1 = P\left(\dfrac{3}{2} + \dfrac{a}{\Delta L}\right) \\[2mm] P_2 = P\left(\dfrac{1}{2} + \dfrac{a}{\Delta L}\right) \end{cases}$$

$$(2\text{-}2\text{-}11)$$

式中　a——凸出部分重心距端点站的距离。

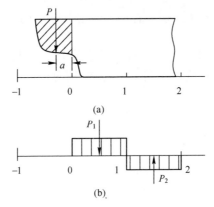

图 2-2-6　首、尾理论站外的重量

　　对于在更长范围内分布的重量,均可按上述方法处理,计算时只要将理论站距 ΔL 用分布范围内的等分段长度代替即可。例如,在 4 个理论站距内分布的重量,用分段长度 $2\Delta L$ 代替理论站距 ΔL。

　　桅杆、绞车及横舱壁等集中重量,也应在相应的适当站距内分布。如果该项重量不超过舰船重量的 1%,则可认为其均匀分布在相应理论站距内。

　　4. 总体性重量的分布

　　船体结构重量的分布是绘制重量分布曲线的主要项目之一。它常常在船体详细的结构设计完成之前就需要用到。此时,只知道总的重量和重心的纵向坐标,因此更需要用近似的和理想化的分布曲线来代替其真实的分布。下面介绍几种常用的总体性重量曲线的绘制方法。

　　1) 梯形法

　　一些舰船往往中部丰满,两端尖瘦,且中部具有平行中体,所以可以将船体和舾装重量近似地用图 2-2-7 所示曲线表示,即平行中体部分用均匀的重量分布,而两端部分用两个梯形分布(通常为简化计算,三部分的长度均为船长的 1/3)。

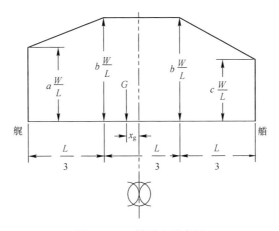

图 2-2-7　梯形法示意图

根据分布曲线所围的面积等于船体及舾装品的总重量 W,面积形心的纵向坐标与实际重量重心的纵向坐标下一致的条件,可求得梯形形状参数 a、b、c 之间的关系为

$$\begin{cases} 4b+a+c=6 \\ a-c=\dfrac{108}{7} \cdot \dfrac{x_g}{L} \end{cases} \qquad (2\text{-}2\text{-}12)$$

式中　x_g——船体重心距船中的距离(中后为正,m);

　　　L——船长(m)。

根据统计资料,对瘦形舰船,$b=1.195$,于是由式(2-2-12)求得

$$\begin{cases} a=0.61+\dfrac{54}{7}\dfrac{x_g}{L} \\ c=0.61-\dfrac{54}{7}\dfrac{x_g}{L} \end{cases} \qquad (2\text{-}2\text{-}13)$$

对肥型舰船,$b=1.174$,则

$$\begin{cases} a=0.652+\dfrac{54}{7}\dfrac{x_g}{L} \\ c=0.652-\dfrac{54}{7}\dfrac{x_g}{L} \end{cases} \qquad (2\text{-}2\text{-}14)$$

2) 围长法

假设船体结构单位长度的重量与该横剖面围长(包括甲板)成比例。这种方法适用于舰船主体结构重量的分布。设距尾垂线 x 剖面处单位长度的重量为 $w(x)$,则重量分布曲线表示为

$$w(x) = \frac{W_h \cdot l(x)}{A} \quad (\text{kN/m}) \qquad (2-2-15)$$

式中 W_h——舰船主体结构的总重量(kN);

  $l(x)$——x 剖面处包括甲板的围长(m);

  A——整个主船体的表面积(m^2)。

2.2.3 静水浮力曲线

舰船在静水中的某一计算状态下(一般为正常排水量状态),描述浮力沿船长分布状况的曲线称为静水浮力曲线。浮力曲线的纵坐标表示作用在船体梁上单位长度的浮力,其与纵向坐标轴所围的面积等于作用在船体上的浮力,该面积的形心纵向坐标即为浮心的纵向位置。浮力曲线通常按邦戎曲线求得,图 2-2-8 表示某计算状态下水线为 W-L 时,根据邦戎曲线求浮力曲线的方法。为此,首先应进行静水平衡浮态计算,以确定舰船在静水中的首、尾吃水。

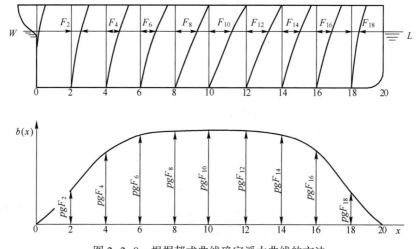

图 2-2-8 根据邦戎曲线确定浮力曲线的方法

进行静水平衡计算时,可应用逐步近似法。此时,应具有邦戎曲线、静水力曲线及舰船的重量重心等资料。

1. 浮态第一次近似计算

首先根据给定计算状态的舰船排水量 M(重量 $W=Mg$),从静水力曲线图上查得如下数据:平均吃水 $d_m(\text{m})$,浮心距船中的距离 x_b(中前为正,m),纵稳心半径 $R(\text{m})$,水线面面积 $A(\text{m}^2)$ 及其漂心距船中的距离 x_f(中前为正,m)。

若浮心与重心的纵向坐标之差不超过船长的 $0.05\% \sim 0.1\%$,则认为舰船已处于平衡状态。否则须进行纵倾调整,设纵倾角为 ψ(首下沉为正),由于实船的 R 远

大于 $\overline{KC}$，故可近似取 $R-\overline{KC}\approx R$，因而有 $\tan\psi\approx\psi\approx\dfrac{x_g-x_b}{R}$，如图 2-2-9 所示。

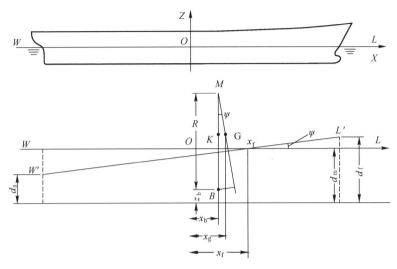

图 2-2-9 静水平衡计算

根据图 2-2-9，利用上述查得的有关参数便可确定舰船纵倾后的第一次近似首、尾吃水：

$$\begin{cases} d_{f_1}=d_m+\left(\dfrac{L}{2}-x_f\right)\dfrac{x_g-x_b}{R} \\[3mm] d_{a_1}=d_m-\left(\dfrac{L}{2}+x_f\right)\dfrac{x_g-x_b}{R} \end{cases} \quad (2\text{-}2\text{-}16)$$

首、尾吃水确定以后，利用邦戎曲线求出对应于该吃水线时的浮力分布，同时计算出总浮力 B_1 及浮心纵向坐标 x_{b1} 的第一次近似计算值。若求得的这两个数值不满足式(2-2-18)的精度要求，则应作第二次近似计算。

2. 浮态第二次近似计算

第二次近似计算可按下式确定新的首、尾吃水：

$$\begin{cases} d_{f_2}=d_{f_1}+\dfrac{W-B_1}{\rho gA}+\left(\dfrac{L}{2}-x_f\right)\dfrac{x_g-x_{b1}}{R} \\[3mm] d_{a_2}=d_{a_1}+\dfrac{W-B_1}{\rho gA}+\left(\dfrac{L}{2}+x_f\right)\dfrac{x_g-x_{b1}}{R} \end{cases} \quad (2\text{-}2\text{-}17)$$

式中　ρ——水的密度；

　　　g——重力加速度。

式(2-2-17)的意义在于对第一次近似计算得到的舰船浮态做进一步的修正。

式(2-2-17)中的第二项表示为消除浮力与重量的不等,舰船将上浮或下沉的值;第三项表示由于浮心和重心的纵向位置不一致,舰船将产生纵倾转动。利用式(2-2-17)可进行第三次或更高次近似计算,直到满足下述要求,才可终止:

$$\begin{cases} \left| \dfrac{W-B_i}{W} \right| \leqslant (0.1\sim 0.5)\% \\ \left| \dfrac{x_g - x_{bi}}{L} \right| \leqslant (0.05\sim 0.1)\% \end{cases} \tag{2-2-18}$$

式中　B_i——最后一次近似计算的总浮力值;

　　　x_{bi}——最后一次近似计算的浮心纵坐标。

此时,由于尚未真正达到平衡,其产生的弯矩最大误差通常不会超过最大弯矩值的5%。

3. 浮力曲线计算

在手工计算时,静水平衡计算可采用表格方式进行,当静水平衡计算完成时,即可作出浮力曲线。此时,作用于$(i,i+1)$理论站距内的浮力为

$$B_{i,i+1} = \rho g (F_i + F_{i+1}) \frac{\Delta L}{2} \tag{2-2-19}$$

式中　ρ——水的密度;

　　　g——重力加速度;

F_i,F_{i+1}——最后一次确定的第i理论站及第$i+1$理论站的浸水面积;

　　　ΔL——理论站间距。

2.2.4　静水载荷曲线

在某一计算状态下,描述引起船体梁总纵弯曲的载荷沿船长分布状况的曲线称为载荷曲线。其值等于重量曲线与浮力曲线之差,用$q(x)$表示,即

$$q(x) = w(x) - b(x) \tag{2-2-20}$$

当$w(x) > b(x)$时,$q(x)$为正值,并画在纵向坐标轴的上方;反之为负,画在纵向坐标轴的下方。图2-2-10为采用表格计算时的阶梯形载荷曲线。

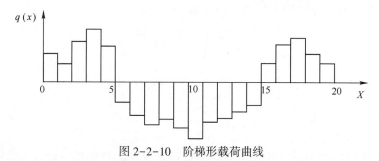

图 2-2-10　阶梯形载荷曲线

载荷曲线与纵向坐标轴线之间所围的面积之和(代数和)为零,该面积对纵轴上任一点的静力矩也为零,即

$$
\begin{cases}
\displaystyle\int_0^L q(x)\,\mathrm{d}x = \int_0^L w(x)\,\mathrm{d}x - \int_0^L b(x)\,\mathrm{d}x \\
\qquad = W - B = 0 \\
\displaystyle\int_0^L x q(x)\,\mathrm{d}x = \int_0^L x w(x)\,\mathrm{d}x - \int_0^L x b(x)\,\mathrm{d}x \\
\qquad = W x_{\mathrm g} - B x_B = 0
\end{cases}
\tag{2-2-21}
$$

载荷曲线的这一特点表明了作用在船体梁上的所有外力是平衡的。在进行剪力和弯矩的计算之前,应当对载荷曲线的这些性质进行检验,以判断舰船是否已处于所要求的平衡位置,或是在哪里发生了计算错误,以免造成不必要的计算返工。

2.2.5 静水剪力和弯矩曲线

船体梁在静水中所受到的剪力和弯矩沿船长分布状况的曲线分别称为静水剪力曲线和静水弯矩曲线。作用在船体梁任意剖面上的静水剪力和弯矩用下式计算:

$$
\begin{cases}
N_{\mathrm s}(x) = \displaystyle\int_0^x q_{\mathrm s}(x)\,\mathrm{d}x \\
M_{\mathrm s}(x) = \displaystyle\int_0^x N_{\mathrm s}(x)\,\mathrm{d}x = \int_0^x \int_0^x q_{\mathrm s}(x)\,\mathrm{d}x\,\mathrm{d}x
\end{cases}
\tag{2-2-22}
$$

式中　$q_{\mathrm s}(x)$——静水载荷,且有,

$q_{\mathrm s}(x) = w(x) - b_{\mathrm s}(x)$;

其中　$w(x)$——计算工况的重量分布曲线;

　　　$b_{\mathrm s}(x)$——计算工况的静水浮力曲线。

可见,静水载荷曲线的一次积分是静水剪力曲线,二次积分是静水弯矩曲线。

由于船体两端是完全自由的,因此,首、尾端点处的剪力和弯矩应为零,即剪力和弯矩曲线在端点处是封闭的。

在大多数情况下,载荷在舰船的中前和中后大致上是差不多的,所以剪力曲线大致是反对称的,零点在靠近船中的某处,而在离首、尾端约船长的1/4处具有最大正值或负值。此外,由于两端的剪力为零,即弯矩曲线在两端的斜率为零,所以弯矩曲线在两端与纵坐标轴相切。在计算过程,常利用这些性质来检查计算结果是否正确。

由于计算误差的累积,上述端点处剪力和弯矩为零的条件一般很难达到。一般计算的精度要求为

$$\left|\frac{N_s(L)}{N_{s,\max}}\right| \leqslant 0.01, \quad \left|\frac{M_s(L)}{M_{s,\max}}\right| \leqslant 0.05 \qquad (2-2-23)$$

式中 $N_{s,\max}$——最大(绝对值)静水剪力;

$M_{s,\max}$——最大(绝对值)静水弯矩。

对于民用船舶,精度要求可适当放宽,可取 $\left|\dfrac{N_s(L)}{N_{s,\max}}\right| \leqslant 0.05$。

此时,端点的不封闭值只需用图2-2-11所示的一根直线把剪力曲线和弯矩曲线封闭起来,并对各理论站的剪力弯矩按线性比例关系进行修正即可。比如,第 i 站剪力的修正值为

$$\Delta N_s(i) = -\frac{i}{20} N_s(20) \qquad (2-2-24)$$

弯矩的修正值为

$$\Delta M_s(i) = -\frac{i}{20} M_s(20) \qquad (2-2-25)$$

若不能满足式(2-2-23),则表示在计算过程中产生了较大误差(或浮力与重力相差过大,或浮心与重心纵向坐标相差过大),必须进行复查或重新计算。

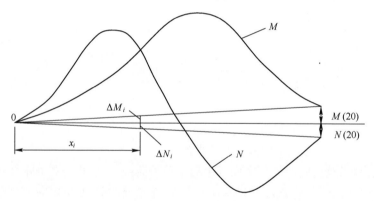

图2-2-11　剪力及弯矩不封闭值的直线修正法

2.3　静置波浪附加剪力和弯矩

2.3.1　概述

在静置波浪状态下,为了计算作用在船体梁上的剪力和弯矩,也必须首先计算重力和浮力沿船长的分布。舰船由静水进入波浪时,重量沿船长的分布状况是不

变的,即重量曲线 $p_w(x)$ 不变。但水线面发生了变化,从而导致浮力的重新分布。而舰船在波浪中的浮力沿船长的分布 $b_w(x)$ 可视为舰船在静水中的浮力分布 $b_s(x)$ 和由于波浪而产生的附加浮力分布 $\Delta b(x)$ 之和,即

$$b_w(x) = b_s(x) + \Delta b(x) \qquad (2-3-1)$$

因此,利用梁的理论,作用在船体梁上的载荷、剪力和弯矩分别为

$$q(x) = w(x) - b_w(x) = [w(x) - b_s(x)] + [-\Delta b(x)] \qquad (2-3-2)$$

$$\begin{aligned} N(x) &= \int_0^x q(x)\,\mathrm{d}x \\ &= \int_0^x [w(x) - b_s(x)]\,\mathrm{d}x + \int_0^x [-\Delta b(x)]\,\mathrm{d}x \\ &= N_s(x) + N_w(x) \end{aligned} \qquad (2-3-3)$$

$$\begin{aligned} M(x) &= \int_0^x N(x)\,\mathrm{d}x \\ &= \int_0^x N_s(x)\,\mathrm{d}x + \int_0^x N_w(x)\,\mathrm{d}x \\ &= M_s(x) + M_w(x) \end{aligned} \qquad (2-3-4)$$

式中　$N_s(x)$——静水剪力;

　　　$N_w(x)$——波浪附加剪力;

　　　$M_s(x)$——静水弯矩;

　　　$M_w(x)$——波浪附加弯矩。

其表达式如下:

$$N_s(x) = \int_0^x [w(x) - b_s(x)]\,\mathrm{d}x \qquad (2-3-5)$$

$$N_w(x) = \int_0^x [-\Delta b(x)]\,\mathrm{d}x \qquad (2-3-6)$$

$$M_s(x) = \int_0^x N_s(x)\,\mathrm{d}x \qquad (2-3-7)$$

$$M_w(x) = \int_0^x N_w(x)\,\mathrm{d}x \qquad (2-3-8)$$

波浪上的浮力曲线相对静水状态的浮力增量是引起静置波浪附加剪力和弯矩的载荷。由此可知,静置波浪附加剪力和弯矩与船型、波浪要素以及计算状态有关。

1. 波浪要素及计算状态

波浪要素包括波形、波长与波高。目前得到最广泛应用的是坦谷波理论。根据这一理论,二维波的剖面是坦谷曲线形状。图 2-3-1 所示的波面是从二

维波中截取的一段,粗黑线为波浪剖面形状,两相邻波峰或波谷之间的水平距离是波长,记为 λ;波高是由波谷底到峰顶的垂直距离,记为 h,坦谷波曲线形状的特点是,波峰陡峭,波谷平坦,波浪轴线上、下的剖面积不相等,故称为坦谷波。

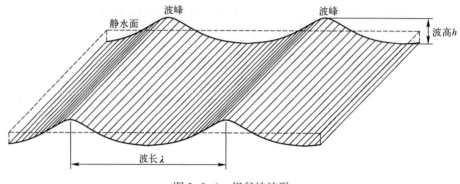

图 2-3-1　坦谷波波形

　　当舰船静置在波浪上的位置发生变化时,船体剖面上的弯矩也将发生变化。当波峰或波谷在船中时,浮力相对于静水线的改变最为明显。因此,在船中剖面会产生最大的波浪弯矩,这是可以判断出来的(严格说来,仅首、尾对称舰船的最大弯矩才发生在船中剖面)。但是,计算表明,在其他剖面中的最大弯矩并不发生在波峰或波谷在船中时。

　　怎样的波长才使弯矩为最大呢? 大量分析结果表明,当舰船静置在波浪上时,在波长稍大于船长时才得到最大的波浪弯矩,但此时的弯矩与波长等于船长时的弯矩相差不大。所以,在实际计算时,取计算波长等于船长,并且规定按波峰在船中和波谷在船中两种典型状态进行计算。

　　若舰船所航行的区域(如内河、湖泊等)没有等于船长的波浪,计算波长也总是取等于船长,因为舰船可能斜对着波浪航行。

　　波长 λ 和波高 h 间没有固定的关系。表 2-3-1 列出在世界各地测量各种长度的波浪所得最大波高。当然,平均波高要比最大值小得多。表 2-3-2 列出保证率 1% 的风波的最大波高。在这样小的保证率下,波高也比最大值小得多。

表 2-3-1　各种波长的最大波高

波长 λ/m	30	30~60	60~90	120~150	150~200
最大高长比 λ/h	1/5	1/9	1/10	1/15	1/17

表 2-3-2　风波的最大波高(保证率 1%)和相对于此波高的最大波长和周期

波高 h/m	波长 λ/m	周期 τ/s	λ/h
1.4	22	3.8	1/16
2.9	50	5.7	1/17
3.9	76	7.0	1/19
6.0	123	8.9	1/20
8.3	181	10.8	1/22
10.9	250	12.7	1/23
14.0	330	14.6	1/24
18.2	455	17.1	1/25
21.9	564	19.0	1/26

在世界的造船实践中都采用以波长来确定计算波高的各种公式,具有代表性的波高公式如下:

美国军用标准公式: $h = 1.1\sqrt{\lambda}\,(\text{ft}) = 0.6073\sqrt{\lambda}\,(\text{m})$

挪威船级社(DNV):

当计入史密斯修正,有　$h = 0.722\lambda^{0.6}\,(\text{ft}) = 0.45\lambda^{0.6}\,(\text{m})$

当不计史密斯修正,有　$h = 0.545\lambda^{0.6}\,(\text{ft}) = 0.34\lambda^{0.6}\,(\text{m})$

苏联和我国以前采用的军用标准 GJB64.1A 中波高 h 按下列公式确定:

当 $\lambda \leqslant 60\text{m}$ 时,有　　　　　　　$h = \dfrac{\lambda}{20} + 1\,(\text{m})$

当 $60\text{m} \leqslant \lambda \leqslant 120\text{m}$ 时,有　　$h = \dfrac{\lambda}{30} + 2\,(\text{m})$

当 $\lambda \geqslant 120\text{m}$ 时,有　　　　　　　$h = \dfrac{\lambda}{20}\,(\text{m})$

《舰船通用规范》中,波高 h 按下式确定:

$$h = 1.75 + 3.94\left(\frac{L}{100}\right) - 0.30\left(\frac{L}{100}\right)^2\,(\text{m})$$

上述波浪要素及计算状态形成了传统的标准计算方法,归纳如下:

(1) 将舰船静置于波浪上,即假想舰船以波速在波浪的传播方向上航行,舰船与波浪处于相对静止状态;

(2) 以二维坦谷波作为标准波形,计算波长等于船长,计算波高按有关规范或强度标准选取;

(3) 取波峰位于船中及波谷位于船中两种状态分别进行计算。

2. 坦谷波绘制方法

若以半径为 R 的圆盘(称为滚圆)沿直线 AB 滚动时,圆内—距圆心为 r 的定

点 P 所描绘的轨迹,即为一坦谷波曲线如图 2-3-2 所示。其绘制方法:将直线 AB(波长 λ)及滚圆圆周各分为数量相同的 n 等份(通常为 8 等份),分别以各等分点 $O_0,O_1,\cdots,O_n$ 为中心,顺次将滚圆逆时针旋转 $360°/n$,记下 P 点的不同位置 $P_0,P_1,\cdots,P_n$,连接各点的光滑曲线便为一坦谷波曲线。

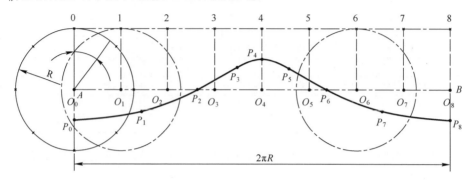

图 2-3-2 坦谷波绘制

滚圆半径 R 和半径 r(半波高)与波浪要素的关系为

$$R=\frac{\lambda}{2\pi}, \quad r=O_0P_0=\frac{h}{2}$$

式中:λ、h 分别为波长及波高。

在图 2-3-2 所示的坐标系中,可写出坦谷波的波面方程:

$$\begin{cases} x=\dfrac{\lambda}{2\pi}\theta+r\sin\theta \\ y=-r\cos\theta \end{cases} \tag{2-3-9}$$

式中 θ——圆盘滚动时的转角;

    y——波面距波浪轴线的垂向坐标;

    x——与 θ 或 y 相对应的纵向坐标。

2.3.2 静置波浪附加剪力及弯矩计算

由式(2-3-6)和式(2-3-8)可知,静置波浪附加剪力和弯矩由下式计算:

$$\begin{cases} N_w(x)=-\displaystyle\int_0^x \Delta b(x)\,\mathrm{d}x \\ M_w(x)=\displaystyle\int_0^x N_w(x)\,\mathrm{d}x =-\int_0^x\int_0^x \Delta b(x)\,\mathrm{d}x\mathrm{d}x \end{cases} \tag{2-3-10}$$

式中 $\Delta b(x)$——舰船在波浪中的浮力曲线相对于静水面的变化量。

如图 2-3-3 所示,应按下式计算 $\Delta b(x)$:

$$\begin{cases} \Delta b(x) = b_w(x) - b_s(x) = \rho g \Delta F(x) \\ \Delta F(x) = F_w(x) - F_s(x) \end{cases} \quad (2-3-11)$$

式中　ρ——水的密度；

　　　g——重力加速度；

　$b_w(x)$——舰船在波浪中的浮力曲线；

　$b_s(x)$——舰船在静水中的浮力曲线；

　$F_s(x)$——舰船在静水中各理论站横剖面的浸水面积；

　$F_w(x)$——在波浪上各理论站横剖面的浸水面积。

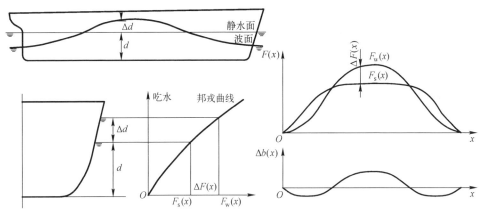

图 2-3-3　波浪浮力分布曲线

　　舰船由静水进入波浪,其浮态会发生变化。若以静水线作为坦谷波的轴线,当船中位于波谷时,由于坦谷波在波轴线以上的剖面积比在轴线以下的剖面积小,同时船体中部又较两端丰满,因此船在此位置时的浮力要比在静水中小,不能处于平衡,舰船将下沉 ζ 值;而当船中在波峰时,一般舰船要上浮一些。另外,由于船体首、尾线型不对称,舰船还将发生纵倾变化。

　　由此可见,为求静置波浪剪力和弯矩,首先必须确定舰船在波浪上的平衡位置。假定舰船静置在波浪上,尾垂线处较静水时下沉 ζ_0 值(下沉为正),纵倾角变化为 ψ 值(首下沉为正),则在距尾垂线 x 处剖面下沉或上浮的距离为

$$\zeta_x = \zeta_0 + x\psi \quad (2-3-12)$$

　　因此,求舰船在波浪上的平衡位置,实际上可归结为求波浪轴线的位置 ζ_0 和 ψ,如图 2-3-4 所示。

　　为求舰船静置在波浪上的平衡位置,仍然要利用静力平衡条件,即重力等于浮力,重心与浮心的纵向位置在同一铅垂线上。所以,舰船在波浪中的浮力变化量 $\Delta b(x)$ 必须满足:

$$\begin{cases} \int_0^L \Delta b(x)\,\mathrm{d}x = 0 \\ \int_0^L x\Delta b(x)\,\mathrm{d}x = 0 \end{cases} \tag{2-3-13}$$

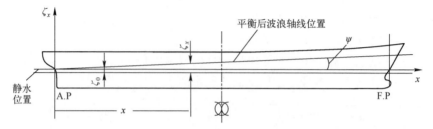

图 2-3-4　舰船在波浪上平衡位置的描述

确定舰船在波浪上平衡位置的方法一般采用直接法,该方法是由麦卡尔 (Muckle)提出的,故称为麦卡尔法。该方法是利用邦戎曲线来调整舰船在波浪上的平衡位置。因此,在计算时,要求舰船在水线附近为直壁式,同时舰船无横倾发生。根据实践经验,麦卡尔法适用于大型运输舰船。其运算步骤:使坦谷波波轴线与静水线重合,得到波峰在船中或波谷在船中的波形线 $A\text{-}A$,如图 2-3-5(a)所示。

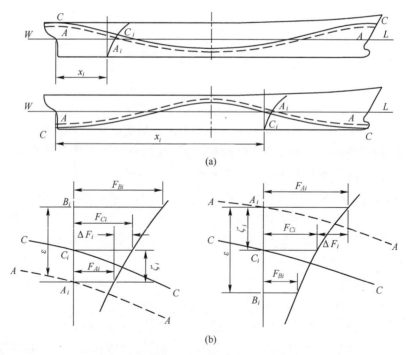

图 2-3-5　舰船在波浪中波轴线位置的确定方法

在各理论站线与波形线 A-A 的交点 A_i 处利用邦戎曲线量取剖面积 F_{Ai}，如图 2-3-5(b) 所示。实际平衡位置时波形线 C-C(与各站的交点为 C_i)，在中垂时 C_i 在 A-A 波形线之上，在中拱时 C_i 在 A-A 之下，如图 2-3-5(a) 所示。

因此，在各理论站 A_i 点之上(对于中垂情况)或 A_i 点之下(对于中拱情况)，以相同的比例量取 ε 值(ε 一般取 1~2m)，得点 B_i，并利用邦戎曲线量取 B_i 处的剖面积 F_{Bi}。于是利用水线附近舷侧为直壁式的假设(邦戎曲线在该段为直线)，实际波面下的浸水面积为

$$F_{Ci} = F_{Ai} + \Delta F_i = F_{Ai} + \frac{F_{Bi} - F_{Ai}}{\varepsilon} \zeta_i \qquad (2\text{-}3\text{-}14)$$

将式(2-3-12)代入式(2-3-14)可得

$$F_{Ci} = F_{Ai} + \frac{F_{Bi} - F_{Ai}}{\varepsilon} (\zeta_0 + x_i \psi) \qquad (2\text{-}3\text{-}15)$$

利用平衡条件，即排水量和浮心位置与静水中相等的条件

$$\begin{cases} \int_0^L F_C(x)\,\mathrm{d}x = V \\[2mm] \int_0^L F_C(x) \cdot x\,\mathrm{d}x = V \cdot x_\mathrm{b} \end{cases} \qquad (2\text{-}3\text{-}16)$$

式中　V——舰船在静水中的排水体积；

x_b——舰船在静水中的浮心至尾垂线的距离。

$$\begin{cases} \int_0^L F_A(x)\,\mathrm{d}x + \int_0^L \dfrac{F_B(x) - F_A(x)}{\varepsilon}(\zeta_0 + \psi x)\,\mathrm{d}x = V \\[4mm] \int_0^L F_A(x)\dfrac{x}{L}\,\mathrm{d}x + \int_0^L \dfrac{F_B(x) - F_A(x)}{\varepsilon}\dfrac{x}{L}(\zeta_0 + \psi x)\,\mathrm{d}x = V\dfrac{x_b}{L} \end{cases} \qquad (2\text{-}3\text{-}17)$$

令

$$\Sigma_2' = \int_0^L F_A(x)\,\mathrm{d}x$$

$$\Sigma_3' = \int_0^L F_A(x)\,\frac{x}{L}\,\mathrm{d}x$$

$$\Sigma_5' = \int_0^L [F_B(x) - F_A(x)]\,\mathrm{d}x$$

$$\Sigma_6' = \int_0^L [F_B(x) - F_A(x)]\,\frac{x}{L}\,\mathrm{d}x$$

$$\Sigma_7' = \int_0^L [F_B(x) - F_A(x)]\,\frac{x^2}{L^2}\,\mathrm{d}x$$

则式(2-3-17)变为

$$\begin{cases} \Sigma'_2 + \dfrac{\zeta_0}{\varepsilon}\Sigma'_5 + \psi\ \dfrac{L}{\varepsilon}\Sigma'_6 = V \\[2mm] \Sigma'_3 + \dfrac{\zeta_0}{\varepsilon}\Sigma'_6 + \psi\ \dfrac{L}{\varepsilon}\Sigma'_7 = V\dfrac{x_b}{L} \end{cases} \qquad (2\text{-}3\text{-}18)$$

从方程组(2-3-18)可解出未知数 ζ_0 和 ψ 值。在手工计算时,上述积分均用表格(见 2.4 节)进行。此时,将式(2-3-18)改写为

$$\begin{cases} \Sigma_2 + \dfrac{\zeta_0}{\varepsilon}\Sigma_5 + \dfrac{b}{\varepsilon}\ \dfrac{\Sigma_6}{20} = \dfrac{V}{\Delta L} \\[2mm] \Sigma_3 + \dfrac{\zeta_0}{\varepsilon}\Sigma_6 + \dfrac{b}{\varepsilon}\ \dfrac{\Sigma_7}{20} = \dfrac{V \cdot x'_b}{(\Delta L)^2} \end{cases} \qquad (2\text{-}3\text{-}19)$$

式中: $\Delta L = L/20$; $b \approx L\psi$ (图 2-3-4); x'_b 为浮心至尾垂线的距离, $x'_b = L/2 + x_b$; Σ_2 、 Σ_3 、 Σ_5 、 Σ_6 、 Σ_7 为计算算例表所列各栏数值积分值。

利用表格计算出上述五个积分系数后,由式(2-3-19)就可解出 ζ_0 和 b 值,于是得到舰船静置在波浪上的实际平衡位置。

利用式(2-3-15)计算或从邦戎曲线上直接量取各站横剖面浸水面积 F_{Ci} ,并按式(2-3-11)计算 $\Delta b(x)$ 。于是,按式(2-3-10)可求得静置波浪附加剪力和弯矩。这些计算可按表 2-4-2 进行。

当校核舰艇非中站各截面的船体强度时,应考虑波峰和波谷位置移动至该校核截面时对该截面波浪附加弯矩的影响,此时校核截面波浪附加弯矩的最大值按下式确定,即

$$M_X = \left[1 + 1.4\left(\frac{X}{L}\right)^2\right]M_{WX} \qquad (2\text{-}3\text{-}20)$$

式中　M_X ——坐标为 X 的截面中可能达到的最大波浪附加弯矩值(kN·m);

　　　X ——校核舰艇中站截面沿舰艇长度方向至所校核截面的纵坐标(m);

　　　M_{WX} ——波峰或波谷位于舰艇中站时, X 截面中所得的波浪附加弯矩值(kN·m);

　　　L ——设计水线长(m)。

2.3.3　静置波浪浮力修正

在上述静置波浪弯矩的计算中,作用于船体上的浮力是按静水压力计算的。但根据坦谷波理论,波面下的实际压力并不等于按计算点到波面距离求得静水压力:在波峰附近,其值较静水压力小;而在波谷附近,其值较静水压力大。因此,无论是中拱还是中垂状态,舰船在波浪中的实际浮力分布曲线(图 2-3-6 中的虚线)都比按静水压力求得的浮力分布曲线(图 2-3-6 中的实线)平缓。这种现象可以

通过水质点的圆周运动来说明。按坦谷波理论,波浪中的水质点在铅垂面内作等速圆周运动,从而产生离心力(图 2-3-7)。在波峰处,由于水质点受到的离心力与重力方向相反,故相当于水的密度减小;而在波谷处,水质点所受到的离心力与重力方向相同,故相当于水的密度增加;因而导致波峰处的实际压力小于静水压力,而在波谷处则大于静水压力,结果使浮力曲线趋于平缓。这种计及波浪水质点运动所产生的惯性力影响,即考虑波浪动水压力影响对浮力曲线所做的修正,称为波浪浮力修正,或史密斯修正。

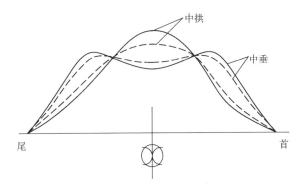

图 2-3-6　波浪浮力分布曲线的比较

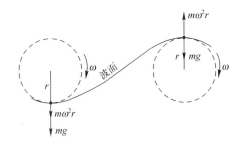

图 2-3-7　波浪水质点的受力

由于修正后的浮力曲线不论波峰在船中还是波谷在船中都将变得平坦些,因而波浪附加弯矩与剪力也将变小。计算结果表明:一般舰船在满载吃水时,波浪附加弯矩可减少 20%~30%,而总纵弯矩减少 10%~15%。但是,一般在总纵强度计算中不进行这项修正计算。这是因为波浪浮力修正对所有舰船都是差不多的,不进行这项修正,相当于作为安全储备考虑了。

2.4 总纵弯矩和剪力计算算例

剪力和弯矩计算过程十分繁琐,通常由计算机编程计算,但对其计算方法步骤必须清楚才能完成外力计算的编程工作。下面将结合算例给出剪力和弯矩的计算步骤。

2.4.1 主要参数及原始资料

1) 主要参数

计算船长 $L = 147\text{m}$

海水密度 $\rho = 1025\text{kg/m}^3$

船宽 $B = 20.8\text{m}$

重力加速度 $g = 9.81\text{m/s}^2$

2) 原始资料

全船重量重心汇总表

邦戎曲线图

总重量 $W = 18600\text{t}$

浮心纵向坐标 $x_b = -2.38\text{m}$

重心纵向坐标 $x_g = -2.68\text{m}$

水线面面积 $A = 2440\text{m}^2$

平均吃水 $d_m = 9.14\text{m}$

纵稳心半径 $R = 176.0\text{m}$

漂心纵向坐标 $x_f = -6.13\text{m}$

2.4.2 波形与波浪要素计算

波长 $\lambda = L = 147\text{m}$

波高 $h = 6\text{m}$

坦谷波垂向坐标值采用余弦级数展开式计算,即

$$y_B = r\cos\frac{2\pi}{\lambda}x + \frac{\pi r^2}{\lambda}\left(1 - \cos\frac{4\pi}{\lambda}x\right) \tag{2-4-1}$$

式中 r——半波高,取 $r = h/2$。

各理论站从坦谷波面到波轴线垂向坐标值 y_B(由波轴线向下为正,反之为负)按式(2-4-1)计算,计算值如表2-4-1所列。

表 2-4-1　坦谷波垂向坐标 y_B 计算值

中拱站号	0	1	2	3	4	5	6	7	8	9	10
	20	19	18	17	16	15	14	13	12	11	
y_B/m	3.000	2.890	2.560	2.015	1.275	0.385	-0.579	-1.512	-2.294	-2.816	-3.000

2.4.3　静水剪力和弯矩计算

1. 静水中平衡位置的确定

1）浮态第一次近似计算：

$$d_{f1} = d_m + \frac{x_g - x_b}{R}\left(\frac{L}{2} - x_f\right) \tag{2-4-2}$$

$$d_{a1} = d_m - \frac{x_g - x_b}{R}\left(\frac{L}{2} + x_f\right) \tag{2-4-3}$$

利用邦戎曲线，由表 2-4-2 计算浮力 B_1 和浮心坐标 x_{b1}，并有

$$B_1 = \rho g \Delta L \Sigma(3)，\quad x_{b1} = \Delta L \frac{\Sigma(4)}{\Sigma(3)} \tag{2-4-4}$$

式中：$\Sigma(3)$ 和 $\Sigma(4)$ 分别为表 2-4-2 中（3）和（4）求和值。

精度检查：

$$\left|\frac{W - B_1}{W}\right| < 0.1\%，\quad \left|\frac{x_g - x_{b1}}{L}\right| < 0.1\%$$

不满足精度要求时，应进行下一次近似计算。

根据原始数据和参数，由式（2-4-2）和式（2-4-3）计算得到首、尾吃水分别为 9.004m 和 9.255m。

排水体积为

$$V = \frac{W}{\rho} = \frac{18600}{1025} \times 10^3 \approx 18150(\text{m}^3)$$

由邦戎曲线（图 2-4-1）第一次近似计算得到浮力 B_1 和浮心坐标 x_{b1}，见表 2-4-2。

精度检查：

$$|(W - B_1)/W| = |(V - V_1)/V| = 0.341\% > 0.1\%$$

$$|(x_g - x_{b1})/L| = 0.092\% < 0.1\%$$

不满足精度，进行第二次近似计算。

2）第二次近似计算

$$d_{f2} = d_{f1} + \frac{W - B_1}{\rho y A} + \frac{x_g - x_{b1}}{R}\left(\frac{L}{2} - x_f\right) \tag{2-4-5}$$

$$d_{a2} = d_{a1} + \frac{W - B_1}{\rho y A} + \frac{x_g - x_{b1}}{R}\left(\frac{L}{2} - x_f\right) \tag{2-4-6}$$

由表 2-4-2 计算浮力 B_2 和浮心纵坐标 x_{b2},并有

$$B_2 = \rho \cdot g \Delta L \Sigma(5) , \quad x_{b2} = \Delta L \frac{\Sigma(6)}{\Sigma(5)}$$

式中:$\Sigma(5)$ 和 $\Sigma(6)$ 分别为表 2-4-2 中第(5)列和第(6)列求和值。

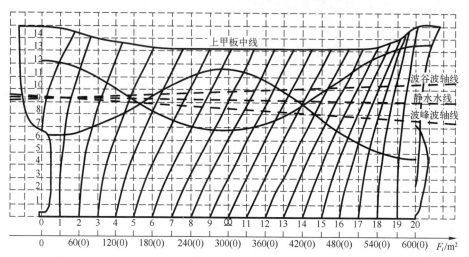

图 2-4-1 邦戎曲线

表 2-4-2 浮力和浮心计算

理论站号	力臂乘数	第一次近似 $d_{f1} = 9.004m, d_{a1} = 9.255m$		第二次近似 $d_{f2} = 9.040m, d_{a2} = 9.178m$		各站浸水面积成对和 /m²	理论站距上的浮力 (7)×$\rho g \Delta L/2$ /kN
		各站浸水面积 F_{Si} /m²	面积矩函数(2)×(3) /m²	各站浸水面积 F_{Si} /m²	面积矩函数(2)×(5) /m²		
(1)	(2)	(3)	(4)	(5)	(6)	(7)	(8)
0	-10	17.6	-176.0	16.6	-166.0	—	—
1	-9	35.0	-315.0	34.4	-309.6	51.0	1884.6
2	-8	70.2	-561.6	69.4	-555.2	103.8	3835.7
3	-7	102.8	-719.6	101.6	-711.2	171.0	6319.0
4	-6	134.4	-806.4	133.2	-799.2	234.8	8676.6
5	-5	157.0	-785.0	156.0	-782.0	289.6	10701.6
6	-4	169.2	-676.8	168.0	-672.0	324.4	11987.6
7	-3	180.0	-540.0	178.8	-536.4	346.8	12815.3

（续）

理论站号	力臂乘数	第一次近似 $d_{f1}=9.004m, d_{a1}=9.255m$		第二次近似 $d_{f2}=9.040m, d_{a2}=9.178m$		各站浸水面积成对和 /m²	理论站距上的浮力 （7）×$\rho g \Delta L/2$ /kN
		各站浸水面积 F_{Si} /m²	面积矩函数 (2)×(3) /m²	各站浸水面积 F_{Si} /m²	面积矩函数 (2)×(5) /m²		
8	−2	184.0	−368.0	182.8	−365.6	361.6	13362.2
9	−1	186.8	−186.8	185.4	−185.4	368.2	13606.1
10	0	185.0	0.0	184.4	0.0	369.8	13665.2
11	1	182.4	182.4	182.4	182.4	366.8	13554.4
12	2	178.2	356.4	178.0	356.0	360.4	13317.9
13	3	168.0	504.0	167.8	503.4	345.8	12778.4
14	4	153.2	612.8	152.8	611.2	320.6	11847.1
15	5	130.0	650.0	130.0	650.0	282.8	10450.3
16	6	102.6	615.6	103.0	618.0	233.0	8610.1
17	7	71.6	501.2	72.0	504.0	175.0	6466.8
18	8	41.6	332.8	42.0	336.0	114.0	4212.6
19	9	27.0	243.0	27.4	246.6	69.4	2564.5
20	10	20.0	200.0	19.8	198.0	47.2	1744.2
总和		2496.6	−937.0	2486.2	−877.0	4936.0	182400.2
修正值		18.8	12.0	18.2	16.0	—	—
修正后总和		2477.8	−949.0	2468.0	−893.0	4936.0	182400.22
V_i/m³		18211.8		18139.8			18139.8
x_{bi}/m		−2.815		−2.659			
$\lvert(V-V_i)/V\rvert\times100$		0.341		0.056			
$\lvert(x_g-x_{bi})/L\rvert\times100$		0.092		0.014			

注：表中各站的横剖面浸水面积 F_{Si} 取自邦戎曲线

精度检查：

$$\left|\frac{W-B_2}{W}\right|<0.1\%\ ;\ \left|\frac{x_g-x_{b2}}{L}\right|<0.1\%$$

不满足精度要求时，应进行下一次近似计算。重复以上计算直到满足舰船平衡计算的精度要求为止。

由式（2-4-5）和式（2-4-6）进行第二次近似计算，得到首、尾吃水分别为

9.040m 和 9.178m。

结合邦戎曲线,第二次近似计算得到浮力 B_1 和浮心坐标 x_{b1},见表 2-4-2。

精度检查:

$$\left|\frac{W-B_2}{W}\right| = \left|\frac{V-V_2}{V}\right| = 0.056\% < 0.1\%$$

$$\left|\frac{x_g - x_{b2}}{L}\right| = 0.014\% < 0.1\%$$

由此可见,满足精度要求。

2. 静水剪力及弯矩计算

静水剪力及弯矩由式(2-2-22)给出,其计算见表 2-4-3,其中站间重力取自重量汇总表,站间浮力由表 2-4-2 中第(8)列计算得出。表 2-4-3 计算应对第(5)列和第(9)列的 20 站剪力 $N(20)$ 和弯矩 $M(20)$ 进行精度检验,即

$$\left|\frac{N(20)}{N_{smax}}\right| \leq 0.01$$

$$\left|\frac{M(20)}{M_{smax}}\right| \leq 0.05$$

式中 N_{smax}——最大(绝对值)静水剪力;

M_{smax}——最大(绝对值)静水弯矩。

满足上式精度,说明计算误差在精度要求范围内;否则,应检查计算过程的正确性。

具体计算过程如下:

(1) 求出理论站间载荷,得到表 2-4-3 中的第(3)列。

(2) 对理论站间载荷进行自上而下求和,并对积分求和,分别得到表 2-4-3 中的第(4)列和第(5)列。

(3) 检验表 2-4-3 中的第(5)列的计算精度,得到

$$\left|\frac{N(20)}{N_{smax}}\right| = 0.009 < 0.01$$

静水剪力计算满足精度要求。

(4) 对表 2-4-3 中的第(5)列进行史密斯修正

$$\Delta N_s(i) = \frac{i}{20} N_s(20)$$

得到表 2-4-3 中的第(7)列。

(5) 将表 2-4-3 中的第(5)列减去第(7)列,得到各站间的静水剪力值,即表 2-4-3 第(8)列。

(6) 表 2-4-3 中的第(6)列乘以 $\Delta L/2$ 得到各站间的静水弯矩,即表 2-4-3 中第(9)列。

（7）对表 2-4-3 中的第（9）列进行史密斯修正

$$\left|\frac{M(20)}{M_{smax}}\right| = 0.033 < 0.05$$

静水弯矩计算满足精度要求。

（8）进一步对各站间的静水弯矩进行修正

$$\Delta M_s(i) = \frac{i}{20} M_s(20)$$

即表 2-4-3 中的第（10）列。

（9）将表 2-4-3 中的第（9）列减去第（10）列，得到各站间的静水弯矩值，即表 2-4-3 中的第（11）列。

表 2-4-3　静水剪力和弯矩计算

理论站号	理论站间重量 /kN	理论站间浮力 /kN	理论站间载荷（(2)-(3)）/kN	(4)自上而下和 /kN	(5)积分和 /kN	对(5)不封闭的修正值 /kN	剪力值 $(N=(5)-(7))$ /kN	(6)×$\Delta L/2$ /(kN·m)	对(9)不封闭的修正值 /(kN·m)	弯矩值 $(M=(9)-(10))$ /(kN·m)
(1)	(2)	(3)	(4)	(5)	(6)	(7)	(8)	(9)	(10)	(11)
0	—	—	—	0.0	0.0	0.0	0.0	0.0	0.0	0.0
1	4198.7	1884.6	2314.1	2314.1	2314.1	3.3	2310.7	8504.2	392.7	8111.5
2	6510.9	3835.7	2675.2	4989.2	9617.4	6.7	4982.6	35343.9	785.5	34558.5
3	8569.0	6319.0	2250.1	7239.3	21846.0	10.0	7229.3	80283.9	1178.2	79105.7
4	7872.5	8676.6	−804.0	6435.3	35520.5	13.4	6421.9	130537.9	1570.9	128967.0
5	7850.9	10701.6	−2850.7	3584.6	45540.4	16.7	3567.9	167360.9	1963.6	165397.3
6	8764.3	11987.6	−3223.3	361.3	49486.3	20.0	341.3	181862.1	2356.4	179505.7
7	14507.0	12815.3	1691.7	2053.0	51900.6	23.4	2029.6	190734.6	2749.1	187985.5
8	14301.0	13362.2	938.8	2991.8	56945.2	26.7	2965.1	209274.2	3141.8	206132.4
9	13574.1	13606.1	−32.0	2959.8	62896.9	30.0	2929.7	231146.3	3534.5	227611.7
10	10434.9	13665.2	−3230.3	−270.6	65586.6	33.4	−303.9	241029.2	3927.3	237101.9
11	11271.7	13554.4	−2282.7	−2553.2	62762.6	36.7	−2590.0	230651.8	4320.0	226331.8
12	10643.9	13317.9	−2674.0	−5227.3	54981.9	40.1	−5267.3	202058.4	4712.7	197345.7
13	12063.4	12778.4	−715.0	−5942.3	43812.3	43.4	−5985.7	161010.4	5105.5	155904.9
14	12179.1	11847.1	332.0	−5610.3	32259.8	46.7	−5657.0	118554.6	5498.2	113056.5
15	11926.0	10450.3	1475.7	−4134.6	22514.9	50.1	−4184.7	82742.1	5890.9	76851.2
16	9639.3	8610.1	1029.2	−3105.4	15274.9	53.4	−3158.8	56135.2	6283.6	49851.6
17	7025.9	6466.8	559.1	−2546.2	9623.3	56.7	−2603.0	35365.6	6676.4	28689.3

（续）

理论站号	理论站间重量/kN	理论站间浮力/kN	理论站间载荷((2)-(3))/kN	(4)自上而下和/kN	(5)积分和/kN	对(5)不封闭的修正值/kN	剪力值(N=(5)-(7))/kN	(6)×ΔL/2/(kN·m)	对(9)不封闭的修正值/(kN·m)	弯矩值(M=(9)-(10))/(kN·m)
18	5233.6	4212.6	1021.0	-1525.2	5551.9	60.1	-1585.3	20403.1	7069.1	13334.0
19	3111.7	2564.5	547.2	-978.0	3048.6	63.4	-1041.5	11203.5	7461.8	3741.7
20	2789.0	1744.2	1044.8	66.8	2137.3	66.8	0.0	7854.5	7854.5	0.0
注:各理论站间重量取自重量汇总表										

2.4.4 静置波浪附加剪力及弯矩计算

1. 舰船在波浪中平衡位置的确定

用麦卡尔法(直接计算法)计算舰船在波浪上(波峰或波谷在船中)的平衡位置。取静水线 d_{f0}、d_{a0} 作为波轴线,按波峰(或波谷)在船中,在邦戎曲线图上量取各站浸水面积 F_{Ai},再取 $\varepsilon = -1m$(或 $1m$),即波轴线向下(或向上)移动1m,量取各站横剖面浸水面积 F_{Bi} 按表2-4-4进行计算。

根据表2-4-4中数据,按下式计算波轴线移动参数 ζ_0 和 b:

$$\Sigma_2 + \frac{\zeta_0}{\varepsilon} \cdot \Sigma_5 + \frac{b}{\varepsilon} \cdot \frac{\Sigma_6}{20} = \frac{V}{\Delta L}$$

$$\Sigma_3 + \frac{\zeta_0}{\varepsilon} \cdot \Sigma_6 + \frac{b}{\varepsilon} \cdot \frac{\Sigma_7}{20} = \frac{V \cdot x'_b}{(\Delta L)^2}$$

式中:$V = \dfrac{W}{\rho \cdot g}$;$x'_b = \dfrac{L}{2} + x_b$,$x_b$ 为经浮态调整后的静水浮心纵坐标;$\Delta L = \dfrac{L}{20}$;$\varepsilon = -1$(或 1)。

将表2-4-4中 $\sum_2$、$\sum_3$、$\sum_4$、$\sum_5$、$\sum_6$、$\sum_7$ 代入上式,并解联立方程式可得 ζ_0 和 b 值,由此求得平衡时的波轴线位置:

首吃水　　　$d_f = d_{f0} + \zeta_0 + b$

尾吃水　　　$d_a = d_{a0} + \zeta_0$

本节算例按波谷在船中的工况,即中垂状态进行计算。

取静水平衡水线($d_{f0} = d_{f2} = 9.040m$,$d_a = d_{a2} = 9.178m$)作为波轴线,按波谷在船中位置的情形,根据邦戎曲线(图2-4-1)量出浸水面积 F_{Ai};再取 $\varepsilon = 1$,即波轴线向上移动1m,量出各站横剖面的波面浸水面积 F_{Bi},然后按表2-4-4进行计算。

表 2-4-4 舰船在波浪中平衡位置计算

理论站号 力臂乘数 i	以静水线为波轴线的波面浸水面积 F_{Ai}/m^2	$i \cdot F_{Ai} =$ $(1) \times (2)$	移轴后的波面浸水面积 F_{Bi} $/m^2$	$F_{Bi} - F_{Ai} = (4)$ $-(2)/m^2$	$i \cdot (F_{Bi} - F_{Ai})$ $= (1) \times (5)$	$i^2 \cdot (F_{Bi} - F_{Ai})$ $= (1) \times (6)$
(1)	(2)	(3)	(4)	(5)	(6)	(7)
0	30.7	0.0	40.0	9.3	0.0	0.0
1	69.6	69.6	84.4	14.8	14.8	14.8
2	104.4	208.8	120.2	15.8	31.6	63.2
3	129.0	387.0	147.6	18.6	55.8	167.4
4	144.4	577.6	164.4	20.0	80.0	320.0
5	148.4	742.0	168.2	19.8	99.0	495.0
6	141.2	847.2	162.6	21.4	128.4	770.4
7	135.8	950.6	157.4	21.6	151.2	1058.4
8	129.2	1033.6	150.4	21.2	169.6	1356.8
9	126.0	1134.0	147.2	21.2	190.8	1717.2
10	121.8	1218.0	142.6	20.8	208.0	2080.0
11	122.0	1342.0	143.4	21.4	235.4	2589.4
12	125.0	1500.0	145.8	20.8	249.6	2995.2
13	127.4	1656.0	147.2	19.8	257.4	3346.2
14	128.4	1797.6	148.0	19.6	274.4	3841.6
15	123.4	1851.0	141.2	17.8	267.0	4005.0
16	111.4	1782.4	127.6	16.2	259.2	4147.2
17	90.0	1530.0	103.2	13.2	224.4	3814.8
18	63.6	1144.8	74.0	10.4	187.2	3369.6
19	42.2	801.8	49.4	7.2	136.8	2599.2
20	17.3	346.0	23.0	5.7	114.0	2280.0
$\sum$	$\sum_2 = 2231.2$	$\sum_3 = 20920.2$	$\sum_4 = 2587.8$	$\sum_5 = 356.6$	$\sum_6 = 3334.6$	$\sum_7 = 41031.4$

注：0 站和 20 站浸水面积折半，表示首、尾项折半，相应于梯形积分过程

将各计算值代入，经整理得到

$$2231.2 + 356.6 \times \zeta_0 + \frac{3334.6}{20} \times b = \frac{18150}{7.35}$$

$$20920.2 + 3334.6 \times \zeta_0 + \frac{41031.4}{20} \times b = \frac{18150 \cdot 70.82}{7.35^2}$$

求解上述两个方程式，得到 $\zeta_0 = 0.0547\text{m}$，$b = 1.3116\text{m}$。

首吃水　　$d_f = 9.040 + 0.0547 + 1.3116 = 10.406\ (\text{m})$

尾吃水　　$d_a = 9.178 + 0.0547 = 9.232\ (\text{m})$

2. 静置波浪附加剪力及弯矩计算

求得平衡位置后,即从邦戎曲线上量读出舰船处于波浪平衡状态下的横剖面浸水面积 F_{Ci},并进行检验平衡精度要求的计算。舰船在波浪上平衡位置的计算见表 2-4-5。

表 2-4-5　波浪中平稳位置浮力计算

理论站号	$d_f = 10.406\text{m}, d_a = 9.232\text{m}$			
	横剖面浸水面积 F_{Ci}/m^2	力臂乘数	面积矩函数 $(3) = (1) \times (2)/\text{m}^2$	
	(1)	(2)	(3)	
0	0	62.2	−10	
1	1	71.0	−9	
2	2	107.6	−8	
3	3	133.4	−7	
4	4	150.8	−6	
5	5	156.0	−5	
6	6	150.8	−4	
7	7	147.2	−3	
8	8	141.4	−2	
9	9	139.6	−1	
10	10	136.4	0	
11	11	138.4	1	浮力计算结果 $B = \rho \cdot g \cdot \Delta L \cdot \sum (1)$
12	12	142.2	2	
13	13	145.4	3	
14	14	147.0	4	
15	15	141.8	5	
16	16	129.0	6	
17	17	105.6	7	
18	18	76.4	8	
19	19	51.2	9	
20	20	51.6	10	
总和	2525.0	0	−950.4	
修正项	56.9	0	−53.0	
修正后总和	2468.1	0	−897.4	
$\sum$	$\sum (1)$	$\sum (2)$	$\sum (3)$	

注:表中各站横剖面浸水面积 F_{Ci} 取自邦戎曲线

检查表 2-4-5 中的精度：

$$\left|\frac{W-B}{W}\right|=0.052\%<0.1\%$$

$$\left|\frac{x_g-x_b}{L}\right|=0.005\%<0.1\%$$

由此可见，满足精度要求。

静置波浪附加剪力及弯矩计算见表 2-4-6 第（1）列~第（10）列。计算中先检验表 2-4-6 中第（5）列及第（6）列不封闭值满足计算精度要求，即

$$\left|\frac{(5)_{20}}{(5)_{max}}\right|<0.01$$

$$\left|\frac{(6)_{20}}{(6)_{max}}\right|<0.05$$

再对不封闭值按图 2-2-11 所示方法进行修正（见表 2-4-6 中第（8）列及第（10）列）。从而求得修正后的最大静置波浪附加剪力及弯矩。

检验表 2-4-6 中第（5）列及第（6）列不封闭值的计算精度：

$$\left|\frac{(5)_{20}}{(5)_{max}}\right|=0.001<0.01$$

$$\left|\frac{(6)_{20}}{(6)_{max}}\right|=0.002<0.05$$

由此可见，满足计算精度要求。

然后，对表 2-4-6 中第（7）列及第（9）列的剪力和弯矩值分别进行史密斯修正，分别得到修正后的各站间的静置波浪附加剪力和弯矩值，分别见表 2-4-6 中第（8）列和第（10）列。

在计算过程中，波面下横剖面浸水面积 F_{Ci} 和静水下横剖面浸水面积 F_{Si} 指的是每一站号所对应的横剖面面积。而在站间横剖面浸水面积的增量 ΔF_i 时，需要首先对波面下横剖面浸水面积 F_{Ci} 和静水下横剖面浸水面积 F_{Si} 分别进行成对和计算；然后计算站间横剖面浸水面积的增量 ΔF_i。需要说明的是，表 2-4-6 中理论站号 1 处的站间横剖面浸水面积的增量指的是 0~1 站之间的值，其他依此类推。

表 2-4-6 总纵弯矩及剪力计算(波谷在船中)

理论站号	波面下横剖面浸水面积 F_{Ci} /m²	静水下横剖面浸水面积 F_{Si} /m²	站间横剖面浸水面积的增量($\Delta F_i=(3)-(2)$)/m²	(5)的自上而下和/m²	(5)的积分和(按↓箭头方向计算)/m²	波浪附加剪力($N_w=\rho g\frac{\Delta L}{2}\times\frac{i}{20}\times(5)$)/kN	修正后的波浪附加剪力($N_w=(7)-N_{w20}$)/kN	波浪附加弯矩($M_w=\rho g(\frac{\Delta L}{2})^2\times\frac{i}{20}\times(6)$)/(kN·m)	修正后的附加弯矩($M_w=(9)-\frac{i}{20}\times M_{w20}$)/(kN·m)	合成剪力及弯矩计算			
										静水剪力 N_s /kN	静水弯矩 M_s /(kN·m)	合成剪力($N=(8)+(11)$)/kN	合成弯矩($M=(10)+(12)$)/(kN·m)
(1)	(2)	(3)	(4)	(5)	(6)	(7)	(8)	(9)	(10)	(11)	(12)	(13)	(14)
0	62.2	16.6	—	—	—	0.0	0.0	0.0	0.0	0.0	0.0	0.0	0.0
1	71.0	34.4	−82.2	−82.2	−82.2	−3037.5	−3037.2	−11163.0	−11110.0	2310.7	8111.5	−726.4	−2998.5
2	107.6	69.4	−74.8	−157.0	−321.4	−5801.6	−5800.9	−43646.9	−43541.0	4982.6	34558.5	−818.3	−8982.5
3	133.4	101.6	−70.0	−227.0	−705.4	−8388.3	−8387.2	−95795.0	−95636.1	7229.3	79105.7	−1157.9	−16530.5
4	150.8	133.2	−49.4	−276.4	−1208.8	−10213.8	−10212.3	−164158.0	−163946.1	6421.9	128967.0	−3790.4	−34979.1
5	156.0	156.4	−17.2	−293.6	−1778.8	−10849.4	−10847.6	−241565.4	−241300.6	3567.9	165397.3	−7279.7	−75903.3
6	150.8	168.0	17.6	−276.0	−2348.4	−10199.4	−10196.8	−318918.4	−318600.7	341.3	179505.7	−9855.6	−139095.0
7	147.2	178.8	48.8	−227.2	−2851.6	−8395.7	−8393.1	−387254.2	−386883.5	2029.6	187985.5	−6363.5	−198898.0
8	141.4	182.8	73.0	−154.2	−3233.0	−5698.2	−5695.8	−439049.3	−438625.0	2965.1	206132.4	−2730.1	−232493.2
9	139.6	185.4	87.2	−67.0	−3454.2	−2475.9	−2472.5	−469088.8	−468612.1	2929.7	227611.7	457.2	−241000.4
10	136.4	184.8	93.8	26.8	−3494.4	990.3	994.0	−474548.0	−474018.4	−303.9	237101.9	690.1	−236916.5
11	138.4	182.4	92.0	118.8	−3348.8	4390.0	4394.1	−454775.2	−454192.6	−2590.0	226331.8	1804.1	−227860.8
12	142.2	178.0	79.8	198.6	−3031.4	7338.9	7343.3	−411671.5	−411035.9	−5267.3	197345.7	2076.0	−213690.3
13	145.4	167.8	58.2	256.8	−2576.0	9489.5	9494.3	−349827.1	−349138.6	−5985.7	155904.9	3508.7	−193233.7
14	147.0	152.8	28.2	285.0	−2034.2	10531.6	10536.8	−276249.3	−275507.8	−5657.0	113056.5	4879.8	−162451.4
15	141.8	130.0	−6.0	279.0	−1470.2	10309.9	10315.4	−199656.7	−198862.3	−4184.7	76851.2	6130.8	−122011.1
16	129.0	103.0	−37.8	241.2	−950.0	8913.1	8919.0	−129012.8	−128164.9	−3158.8	49851.6	5760.2	−78313.3
17	105.6	72.0	−59.6	181.6	−527.2	6710.7	6717.0	−71595.0	−70694.7	−2603.0	28689.3	4114.0	−42005.4
18	76.4	42.0	−68.0	113.6	−232.0	4197.9	4204.5	−31506.2	−30552.8	−1585.3	13334.0	2619.2	−17218.9
19	51.2	27.4	−58.2	55.4	−63.0	2047.2	2054.2	−8555.6	−7549.3	−1041.5	3741.7	1012.8	−3807.6
20	51.6	19.8	−55.6	−0.2	−7.8	−7.4	0.0	−1059.3	0.0	0.0	0.0	0.0	0.0

注:F_{Ci}取自于表2-4-5,F_{Si}取自表2-4-2

2.4.5 总纵弯矩及剪力计算

将静水弯矩及剪力与静置波浪附加弯矩及剪力分别按代数和相加即得总纵弯矩及剪力。其计算见表 2-4-6 第(11)列~第(14)列,各理论站剪力、弯矩的分布如图 2-4-2 所示。

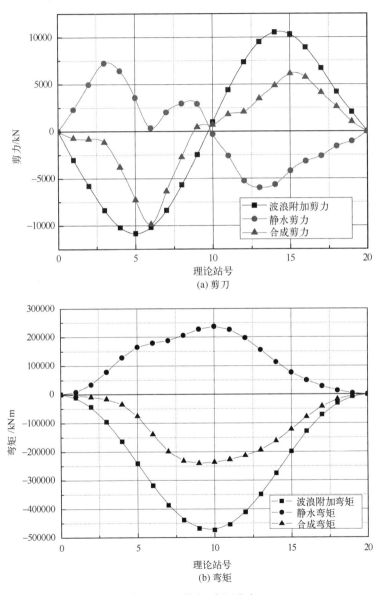

图 2-4-2 剪力、弯矩分布

2.5 动置波浪弯矩和剪力

采用将舰船静置在波浪上的方法来确定舰船在波浪上航行时作用在船体上的外力,虽然反映了舰船承受外力的主要特征,但它忽略了舰船在波浪中摇摆运动的因素。为了对这样的计算方法所引起的后果进行分析,有必要探讨舰船动置在波浪上时的附加弯矩值。

当舰船在波浪上运动时,使船体受到波浪附加弯矩的力可分解如下:

(1) 由于水线变化而引起的浮力变化;

(2) 由于船体运动,波浪结构受到扰动而引起的压力变化;

(3) 运动时产生的水阻力,主要为阻尼力;

(4) 运动时,由于船体周围的水,将随着舰船一起振荡,因而引起了附连水质量力;

(5) 运动时,船体的惯性力。

从舰船总强度来看,当舰船正对着波浪航行时,将是最不利的情况,因此下面只讨论这种航行状态。在这种航行条件下,舰船除产生升沉和纵摇运动外,在不平的水面上航行,由于阻力的改变,还将同时产生水平的前后往复振荡。但由于后者对前两项运动以及对附加弯矩的影响甚微,因此在讨论中可以忽略。

舰船在波浪上的纵摇理论及计算动置在波浪上的附加弯矩是由 A. H. 克雷洛夫所创立的。虽然近年来对于作用在船体上的上述各种力的确定发展得更加完善和细致,也更加繁复,但对舰船运动处理的基本原理,其能在实际计算中应用的仍然是以克雷洛夫的方法为基础的。

下面研讨计算舰船动置于波上的附加弯矩时,尽可能使这种计算能说明及反映舰船动置于波上时受力的主要特征,而不致使计算方法过于繁杂。为此目的,下面将介绍 A. H. 克雷洛夫-布勃洛夫比较近似的求这种弯矩的方法。

在以下的讨论中,为了决定在运动中的舰船位置,采用了两套坐标系统:第一套是随着舰船移动的坐标系统 XOZ,其原点取在舰船与附连水质量的惯心处,其中 X 轴沿着船长方向,Z 轴垂直向下;第二套是固定于空间的坐标系统 $\xi O \zeta$,如图 2-5-1 所示,当舰船在静水平衡位置时,X 轴离静水面的距离为 a,此时两套坐标系统互相重合。于是,如果要决定舰船摇动时在空间中的位置,只须决定与其相连的坐标系 XOZ 相对于空间固定坐标系统 $\xi O \zeta$ 的位置即可。也就是说,只要决定 O 的位移 ξ_0 及 ζ_0,以及坐标轴 OX 的转角 ψ 即可。由于舰船沿着水平轴 $O\xi$ 作等速运动,不引起惯性力,因此也不会引起弯矩和剪力的变化,只须决定 ζ_0 和 ψ。这两个坐标是时间 t 的函数,可由舰船的摇摆运动微分方程式解出。设 ζ_0 在船下沉时取为正,而 ψ

在船首倾时取为正。

在求动置波浪弯矩之前,先做下列假设:

(1) 船形舷侧为直壁;

(2) 水压力是静水柱压力,如果根据图 2-3-6 关于水动压力的影响,它对于静置或动置时来讲,引起的弯矩变化百分数都差不多,在以下讨论中就不再加以修正;

(3) 舰船前进速度对压力的影响可以忽略,根据试验资料指出,这个影响并不大;

(4) 波浪为余弦波,其波形方程式相对于静水线为

$$\zeta_\theta = r_0 \cos 2\pi \left(\frac{\xi}{\lambda} - \frac{t}{\tau} \right) \tag{2-5-1}$$

式中　ζ_θ——波面位移,如图 2-5-1 所示;

　　　r_0——半波高;

　　　ξ——质点水平位置;

　　　λ——波长;

　　　t——时间;

　　　τ——波动周期。

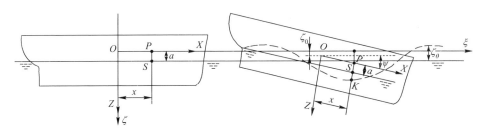

图 2-5-1　船体动置波浪示意图

首先根据波形方程式(2-5-1)求得由于水线变化而产生的浮力变化 q_1;其次可求得各断面上下运动时所受的水阻力 q_2;然后考虑附连水的影响,计算得出附连水质量力 q_3;最后在考虑波动影响的基础上,得出船体的惯性力 q_4。将浮力变化 q_1、水阻力 q_2、附连水质量力 q_3 和船体惯性力 q_4 相加即可得出船舶动置于波浪上的载荷强度分布 q_{wd}。从而分别求得船体动置于波浪上的附加剪力和弯矩值:

$$N_{wd}(x) = \int_0^x q_{wd}(x)\,\mathrm{d}x \tag{2-5-2}$$

$$M_{wd}(x) = \int_0^x N_{wd}(x)\,\mathrm{d}x \tag{2-5-3}$$

按照上述方法求得的动置波浪附件剪力和弯矩是在直壁面假设的条件下得出

的,称为第一次近似计算。需再考虑坦谷波和船侧非直壁影响的情况下,进行第二次近似计算。一般来讲,考虑坦谷波后,其结果的修正不大;若考虑非直壁的影响,则运动微分方程式将变为非线性方程式,求解十分复杂。因此,在考虑非直壁舷侧时,通常采用数值积分的方法进行求解。

采用上述思路求解动置波浪附件剪力和弯矩,即使只进行第一次近似计算,也都是非常繁琐的。因此,目前通常采用的是经验公式求解法。

对于船体动置于波浪上的情形,其波浪附加弯矩的计算思路如下:

(1) 计算出船中处的船体波浪附加弯矩 M_{wd},即船体第 10 站处的波浪附加弯矩 $(M_{wd})_{10}$,此处的波浪附加弯矩也近似为船长范围内的最大波浪附加弯矩值;

(2) 根据图 2-5-2 中各站处的波浪附加弯矩沿船长的分布,即与 $(M_{wd})_{10}$ 的比例关系,求得各理论站处的波浪附加弯矩值 $(M_{wd})_i$。

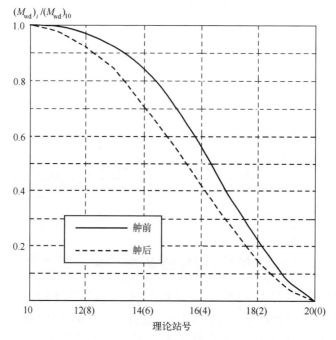

图 2-5-2 动置波浪附加弯矩沿船长分布

船中处的船体波浪附加弯矩 M_{wd} 按式(2-5-4)计算。其中,对于波谷状态的中垂波浪附加弯矩的线型影响系数 K_B 按式(2-5-7)计算,对于波峰状态的中拱波浪附加弯矩的线型影响系数 K_B 按式(2-5-8)计算。按极限波浪工况和巡航工况分别进行船体中剖面处的波浪附加弯矩 M_{wd} 的计算,即 h 分别采用式(2-5-5)的 h_1 和式(2-5-6)的 h_2 进行计算。其余参数相应按式(2-5-9)、式(2-5-10)和式(2-5-11)计算。

$$M_{wd} = 0.5 h K_B A_1 A_2 B L^2 \times 10^{-2} \tag{2-5-4}$$

$$h_1 = 0.621 + 11.3(L/100) - 1.60(L/100)^2 \tag{2-5-5}$$

$$h_2 = 0.615 + 7.31(L/100) - 1.04(L/100)^2 \tag{2-5-6}$$

$$K_B = 1.437\alpha [0.032 + 0.013(C_b/\alpha - 0.60)] \tag{2-5-7}$$

$$K_B = (0.56 + 0.40\alpha)[0.025 + 0.032(C_b/\alpha - 0.60)] \tag{2-5-8}$$

$$A_1 = 1 - (3 + 25F_{rw})M_s/(DLg) + 1.5F_{rw} \tag{2-5-9}$$

$$A_2 = 1.25(0.62 - B/L) - 2(T/L - 0.03) \tag{2-5-10}$$

式中　M_{wd}——动置波浪附加弯矩（MN·m）；

　　　h_1——极限波浪工况计算波高（m）；

　　　h_2——巡航工况计算波高（m）；

　　　K_B——计及线型影响的系数；

　　　A_1——计及航速和静水弯矩的影响系数；

　　　A_2——动水压力修正系数；

　　　B——正常排水量时的船中处水线宽（m）；

　　　L——正常排水量时的设计水线长（m）；

　　　α——水线面系数；

　　　C_b——方形系数；

　　　M_s——静水弯矩，中拱为正（kN·m）；

　　　D——计算排水量（t）；

　　　g——重力加速度（m/s^2）；

　　　T——正常排水量时船中部吃水（m）；

　　F_{rw}——考虑失速的确定波浪附加弯矩的计算航速（弗劳德数（Froude）），可按舰艇在风浪中航行时实际可能达到的航速确定，但计算航速在一般情况下不低于 22kn；巡航波浪工况时，采用式（2-5-11）所示的航速（弗劳德数），极限波浪工况时，采用 10kn 航速。

$$Fr_w = \left[0.012(LT)^{\frac{1}{4}} + 0.27\right]\frac{V_m}{30} \tag{2-5-11}$$

其中　V_m——设计最大航速。

对于船体动置于波浪上的情形，其波浪附加剪力的计算思路如下：

（1）计算船长 $0.25L$ 处的船体波浪附加剪力 Q_{wd}，即船体第 5 站附近的波浪附加剪力 $(Q_{wd})_5$，此处的波浪附加剪力亦近似为船长范围内的最大波浪附加剪力值；

（2）根据图 2-5-3 中各站处的波浪附加弯矩沿船长的分布，即与 $(Q_{wd})_5$ 的比例关系，求得各理论站处的波浪附加剪力值 $(Q_{wd})_i$。

船长 $0.25L$ 处的动置波浪附加剪力 Q_{wd}，即 $(Q_{wd})_5$ 的大小按下式计算：

$$Q_{wd} = 3.5 M_{wd}/L \qquad (2-5-12)$$

式中　Q_{wd}——动置波浪附加剪力(MN)；

　　　M_{wd}——动置波浪附加弯矩(MN·m)，按式(2-5-4)计算；

　　　L——正常排水量时的设计水线长(m)。

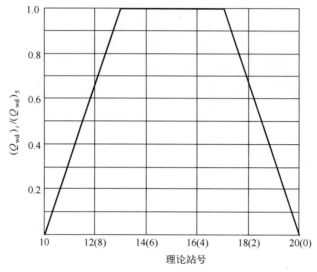

图 2-5-3　动置波浪附加剪力沿船长分布

　　动置波浪弯矩的计算思路与静置波浪弯矩相比，主要是考虑了波浪波形的变化及舷侧的船型因素。两者的差别主要体现在弯矩的分布上，动置波浪附加弯矩的分布较静置波浪附加弯矩更符合实情，但弯矩值不一定比静置波浪附加弯矩值大。1916 年，A. П. 范·德·弗利特用解析方法分析了船体首、尾对称直壁型船舶在船中部位的弯矩值，指出动置在波浪上的弯矩值与静置于波浪上的弯矩值相差不大。随后，库尔久莫夫对"旧金山"号(S. S. SanFranciso)实船航行资料进行分析后得出结论:若静置在波上的附加弯矩值超过静水弯矩值的 28%，则船中的动置波浪附加弯矩值小于静置波浪附加弯矩值。1954 年，路易司(E. V. Lewis)进行了一系列的船模试验，结果表明，在规则波上的最大动置弯矩(包括谐摇状态)都小于静置弯矩。只有在逆波航行船速增大至 30kn 时，才接近于静置波浪弯矩值。随后，他又通过试验指出，最大的动置波浪弯矩值与静置波浪弯矩值的差别一般不超过 10%。对具有较大吃水的大船，由于在波上其端部通常不露出水面，因而也很少发生波浪冲击现象。在这种条件下，目前实际所用的将船体静置于波浪上求船中部附加弯矩作为计算弯矩值的方法，还是有充分根据的。换句话说，采用对于船中位置而言，静置波浪附加弯矩的计算方法还是较为合理的。至于船端弯矩，则由大量计算指出,在船端的动置波浪弯矩有可能大于静置波浪弯矩,甚至有可能较修正后的静力弯矩值大得多。

综合来看,尽管在船端的动置波浪弯矩有可能大于静置波浪弯矩,但是动置波浪法计算得到的整体弯矩值较静置波浪法要小,尤其在船中部位;动置波浪弯矩分布相对而言,较为平缓。从另一角度来看,动置波浪弯矩与静置波浪弯矩相比,主要是改变了波浪弯矩的分布状况。由于动置波浪弯矩考虑了波浪要素的影响和船体舷侧的型线变化,因此更符合实情。不过,在结构设计过程中,采用静置波浪法进行舰船结构的强度设计还是合理可行的,且偏于安全。

2.6 砰击振动弯矩及剪力

一般将舰艇因升沉、摇摆使船体与波浪表面发生猛烈撞击的现象称为砰击。舰艇由于快速性的特殊要求,在较大风浪中仍要求快速航行,因而将遭受较大的周期性砰击力,并产生砰击振动。特别是在迎浪航行或遇到台风时,砰击更为严重。砰击多发生在船体首部,影响区为 $(30\% \sim 35\%)L$ 范围。砰击种类可分为底部砰击、外张砰击(舷侧、横摇)和上浪砰击。砰击力有如下特点:①幅值大,峰值压力可达 $40 \sim 60m$ 水柱高,周期性发生时,使船体产生交变的垂向加速度;②作用时间短,一般为毫秒量级;③对船体虽为局部冲击力,但使船体产生总体振动,并产生总体砰击振动弯矩 M_d。

船体砰击振动弯矩的计算,可通过动力平衡方程进行求解,即

$$\begin{cases} \dfrac{\partial N}{\partial x} = -p(x,t) + \mu(x)\ddot{y}(x,t) \\[2mm] \dfrac{\partial M}{\partial x} = -N \\[2mm] M = EI(x)\dfrac{\partial^2 y(x,t)}{\partial x^2} \end{cases} \qquad (2-6-1)$$

式中 $\mu(x)$——船体单位长度总质量,是船体单位长度质量与附连水质量之和;

$p(x)$——砰击力分布载荷;

$y(x,t)$——船体垂向位移;

$EI(x)$——船体抗弯刚度;

N、M——截面剪力、弯矩。

由(2-6-1)可得

$$\mu(x)\ddot{y}(x,t) + \frac{\partial^2}{\partial x^2}\left[EI(x)\frac{\partial^2 y(x,t)}{\partial x^2}\right] = p(x,t) \qquad (2-6-2)$$

由式(2-6-2)可求解船体垂向振动位移$y(x,t)$。若最大砰击振动弯矩发生在砰击力作用之后,则此时$p(x,t)=0$,船体所受载荷仅为惯性力;船体产生的最大砰击振动弯矩将与惯性力极值$q_d(x)$相对应,并有

$$\begin{cases} q_d(x) = -\mu(x)\ddot{y}(x,t)\big|_{\text{极值}} \\ N_d = \int_0^x q_d \mathrm{d}x \\ M_d = \int_0^x \int_0^x q_d \mathrm{d}x\mathrm{d}x \end{cases} \qquad (2-6-3)$$

关于船体砰击振动弯矩的详细解法请参见《船舶结构力学手册》第Ⅱ分册。由于船体砰击振动弯矩的具体求解较为复杂,因而《舰船通用规范》中采用公式和图表的方式给出了船体砰击振动弯矩M_d的计算方法,其船体中站处砰击振动弯矩为

$$\begin{cases} M_d = -1.961\left[a+b(C_b-0.6)\right]B^2L\dfrac{h_r}{\overline{\lambda}_r} & \text{(中垂状态)} \\ M'_d = -M_d/3 & \text{(中拱状态)} \end{cases} \qquad (2-6-4)$$

式中:a、b为系数,由图2-6-1和图2-6-2确定;C_b为方形系数;B、L为设计水线宽和长(m);$\overline{\lambda}_r$为谐振波相对波长,由图2-6-3确定;h_r为谐振波高(m),当舰艇航区不受限制时,有

$$h_r = 1.75+3.94\left(\dfrac{\lambda_r}{100}\right)-0.30\left(\dfrac{\lambda_r}{100}\right)^2 \qquad (2-6-5)$$

其中 λ_r——谐振波长,$\lambda_r = \overline{\lambda}_r \cdot L(\text{m})$。

当舰艇航行区域受限制时,式(2-6-5)确定的波高应不超过限制航区的最大波高;否则,取限制航区的最大波高作为谐振波高。另外,由图2-6-3计算谐振波相对波长时,舰艇航速应取各种可能波高下的实际最大航速,并分别进行舰艇砰击振动弯矩的计算。沿船长其他截面舰艇砰击振动弯矩按图2-6-4确定。应说明,在舰艇砰击振动弯矩计算时,其速度取计算波高下的实际最大航速,即应考虑舰艇在计算波高中航行时的失速,这一问题目前还没有确定的理论计算方法。在实船实测数据不足的情况下,现行的方法是在最大设计速度的基础上下浮20%左右。

《水面舰艇结构设计计算方法》(GJB/Z119—99)也给出砰击振动弯矩和剪力的计算。位于波谷状态(中垂状态)的船体中剖面处的砰击振动弯矩为

$$M_d = 0.5hKB^2L\times10^{-2} \qquad (2-6-6)$$

式中 M_d——砰击振动弯矩(MN·m);

　　　h——计算波高;

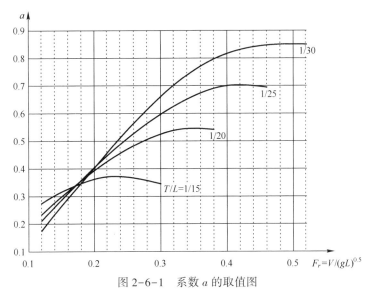

图 2-6-1　系数 a 的取值图

V—舰艇航速(m/s);L—设计水线长(m);g—重力加速度(m/s²);T—舰艇吃水(m)。

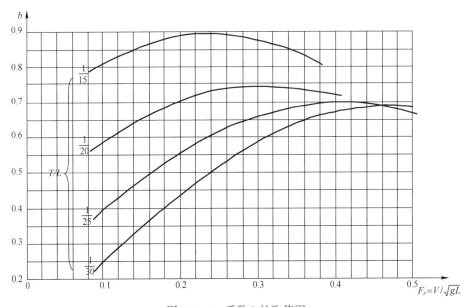

图 2-6-2　系数 b 的取值图

V—舰艇航速(m/s);L—设计水线长(m);g—重力加速度(m/s²);T—舰艇吃水(m)。

K——系数;

B——正常排水量时的船中处水线宽(m);

L——正常排水量时的设计水线长(m)。

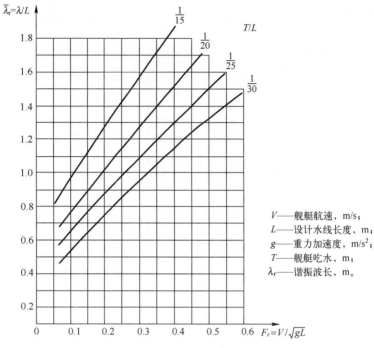

图 2-6-3 谐振相对波长 $\overline{\lambda}_r$ 的取值图

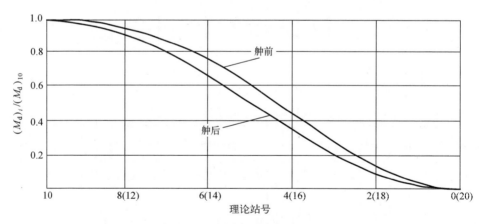

图 2-6-4 砰击振动弯矩 M_d 分布

$(M_d)_i$——第 i 站的砰击振动弯矩(kN·m)。

K 和 h 分别按以下公式计算：

$$K = 0.1338\sqrt{L/T} - 0.4486 \qquad (2\text{-}6\text{-}7)$$

$$h = 1.75 + 3.94(L/100) - 0.30(L/100)^2 \qquad (2\text{-}6\text{-}8)$$

其中　T——正常排水量时船中部吃水（m）。

位于波峰状态（中拱状态）的船体中剖面处的砰击振动弯矩取位于波谷状态（中垂状态）砰击弯矩计算值的 0.4。

船长 $0.25L$ 处的船体砰击剪力按以下公式计算：

$$Q_d = 3.5M_d/L \tag{2-6-9}$$

式中　Q_d——砰击振动剪力（MN）；

　　　M_d——砰击振动弯矩（MN·m），按式（2-6-6）计算；

　　　L——正常排水量时的设计水线长（m）。

计算出船中剖面处的砰击振动弯矩后，根据砰击弯矩 M_d 沿船长的分布（图 2-6-4）即可得到船长方向各部位的砰击振动弯矩值。同理，计算出 $0.25L$ 处的砰击剪力后，根据砰击剪力 Q_d 沿船长的分布（图 2-6-5）即可得到船长方向各部位的砰击剪力值。

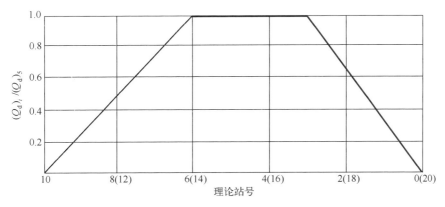

图 2-6-5　砰击振动剪力 Q_d 分布

2.7　砰击振动弯矩及剪力计算算例

2.7.1　原始资料

正常排水量时的设计水线长　　$L = 135\text{m}$

正常排水量时的船中处水线宽　$B = 19.5\text{m}$

正常排水量时船中部吃水　　　$T = 7.5\text{m}$

方形系数　　　　　　　　　　$C_b = 0.66$

无限风浪的海面上航行的航速　$V = 11\text{kn}$

2.7.2 砰击振动弯矩计算

1. 按《舰船通用规范》计算

船中部处于波谷状态(中垂状态)砰击振动弯矩按《舰船通用规范》计算步骤如下:

舰船的航速为

$$V = 11\text{kn} = 0.514 \times 11 = 5.65\text{m/s}$$

从而得到弗劳德数

$$Fr = \frac{V}{\sqrt{gL}} = \frac{5.65}{\sqrt{9.81 \times 135}} = 0.155$$

$$\frac{T}{L} = \frac{7.5}{135} = \frac{1}{18}$$

查图 2-6-3 得到,相对谐振波长 $\overline{\lambda}_r = 0.98$。由此得到

$$\lambda_r = \overline{\lambda}_r L = 0.98 \times 135 = 132(\text{m})$$

将 λ_r 代入式(2-6-5)得到谐振波高 $h_r = 6.43\text{m}$。

查图 2-6-1 和图 2-6-2 分别得到系数 $a = 0.31, b = 0.73$。从而得到中垂状态船中处的砰击振动弯矩值:

$$M_d = -1.961[a + b(C_b - 0.6)]B^2 L \frac{h_r}{\lambda_r}$$

$$= 1.961 \times [0.31 + 0.73 \times (0.66 - 0.6)] \times 19.5^2 \times 135 \times \frac{6.43}{0.98}$$

$$= -234070(\text{kN} \cdot \text{m})$$

中拱状态船中处的砰击振动弯矩为

$$M'_d = -M_d/3 = 78023.4(\text{kN} \cdot \text{m})$$

2. 按"水面舰艇结构设计计算方法"计算

按式(2-6-7)计算得到系数 K:

$$K = 0.1338\sqrt{135/7.5} - 0.4486 = 0.119$$

按式(2-6-8)计算得到计算波高:

$$h = 1.75 + 3.94(135/100) - 0.30(135/100)^2 = 6.52(\text{m})$$

将 K 和 h 代入式(2-6-6),得到中垂状态船中处的砰击振动弯矩值:

$$M_d = 0.5 \times 6.52 \times 0.119 \times 19.5^2 \times 135 = -199322.2(\text{kN} \cdot \text{m})$$

中拱状态船中处的砰击振动弯矩为

$$M'_d = -0.4M_d = -0.4 \times (-199322.2) = 79728.9 (\text{kN} \cdot \text{m})$$

比较上述两种计算方法可知,按"水面舰艇结构设计计算方法"计算得到的中垂状态船中处的砰击振动弯矩值比按《舰船通用规范》计算值要小,中拱状态船中处的砰击振动弯矩则反之。两种方法的计算结果相对误差在15%以内,还是可以接受的。从另一角度来看,按《舰船通用规范》计算得到中垂状态船中处的砰击振动弯矩偏于危险,但对船体结构校核来说则偏于安全。

计算出船中处的砰击振动弯矩值后,按照图2-6-4中砰击振动弯矩沿船长分布的比例关系,可得到各理论站位处的砰击振动弯矩值。

2.7.3 砰击振动剪力计算

船体 $0.25L$ 处的砰击振动剪力统一按式(2-6-9)计算。

若采用《舰船通用规范》计算得到的砰击振动弯矩,则得到中垂状态下,船体 $0.25L$ 处的砰击振动剪力为

$$Q_d = 3.5M_d/L = 3.5 \times (-234070)/135 = -6068.5 (\text{kN})$$

中拱状态下,船体 $0.25L$ 处的砰击振动剪力为

$$Q_d = 3.5M_d/L = 3.5 \times (78023.4)/135 = 2022.8 (\text{kN})$$

若采用"水面舰艇结构设计计算方法"计算得到的砰击振动弯矩,则得到中垂状态下,船体 $0.25L$ 处的砰击振动剪力为

$$Q_d = 3.5M_d/L = 3.5 \times (-199322.2)/135 = -5167.6 (\text{kN})$$

中拱状态下,船体 $0.25L$ 处的砰击振动剪力为

$$Q_d = 3.5M_d/L = 3.5 \times 79728.9/135 = 2067.0 (\text{kN})$$

计算出 $0.25L$ 处(第5理论站处)的砰击振动剪力值后,按照图2-6-5中砰击振动剪力沿船长分布的比例关系,可得到各理论站位处的砰击振动剪力值。

习题

1. 重量分布曲线一般怎么确定?分跨两个理论站的重量怎样处理?首尾垂线以外重量怎样处理?

2. 叙述静水中浮力曲线的计算方法和主要步骤。

3. 计算波浪附加弯矩时能否直接用静水面为波轴线求各剖面波面吃水及浸水面积,为什么?

4. 叙述静置波浪附加弯矩的计算思路和步骤。

5. 史密斯修正的主要内容是什么?其产生的原理是什么?为何一般强度计算不用?

6. 空船的重量分布曲线可用抛物线和矩形之和表示,即把空船重量的一半作

为均匀分布,另一半作为二次抛物线分布,如图所示。试证明距船中 x 处单位长度的重量为

$$w(x) = \frac{W}{2l}\left\{0.5 + 0.75\left[1 - \left(\frac{x}{l}\right)^2\right]\right\} \quad (\text{kN/m})$$

式中:W 为空船重量(kN);l 为船长的一半(m)。

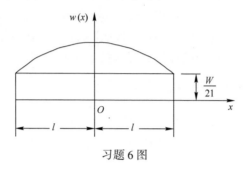

习题 6 图

7. 某长方形货驳长 10m,均匀装载正浮于静水中。若认为货驳自身质量沿船长均匀分布,此时在货驳中央加 10t 集中载荷。试画出其载荷、剪力和弯矩曲线,并求出最大剪力和最大弯矩。

8. 一长方形浮码头,长 20m、宽 5m、深 3m,空载时吃水 1m(淡水)。当中部 8m 范围内承受均布载荷时,吃水增加到 2m。假定船体质量沿船长均匀分布。试作出该载荷条件下的浮力曲线、载荷曲线、静水剪力和弯矩曲线,并求出最大剪力与最大弯矩值。

9. 某箱形船长 100m、宽 18m,在淡水中正浮时吃水 5m。假定船体质量沿船长均匀分布。将 150t 载荷加在船中后 50m 处一点上,试画出其载荷、剪力和弯矩曲线,并计算此时船中弯矩值。

10. 水线面形状如图所示的一直壁式船,静置于 $y = \frac{h}{2}\cos\frac{2\pi z}{L}$ 的余弦波上,试计算波谷在船中时的最大静置波浪弯矩。

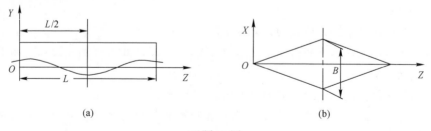

(a)   (b)

习题 10 图

11. 若将习题 8 中的船静置于波高 $h = 0.5\text{m}$ 的余弦波上,试求最大静合成弯矩。

12. 叙述动置波浪附加弯矩的计算思路和步骤,并简述其与静置波浪附加弯矩的区别。

13. 已知某船 $L = 195\text{m}$, $B = 27\text{m}$,船中吃水 $T = 7.8\text{m}$,方形系数 $C_\text{b} = 0.68$,无限风浪海面上航行的航速 $V = 22\text{kn}$。试求该船各理论站处的砰击振动弯矩和剪力值。

第3章 船体总纵弯曲内力及强度标准

3.1 概　　述

在研究船体总纵强度时,把连续纵向构件构成的船体视为变断面的空心薄壁梁(称为船体梁),采用一般梁的弯曲理论来计算船体总纵弯曲应力,即

$$\sigma_1 = \frac{M}{I} \cdot Z \tag{3-1-1}$$

式中　M——计算剖面的总纵弯矩(中拱时为正);

　　　I——计算剖面对水平中和轴的惯性矩;

　　　Z——所求应力点至水平中和轴的垂直距离(向上为正)。

式(3-1-1)通常可化为下列形式:

$$\sigma_1 = \pm\frac{M}{W} \tag{3-1-2}$$

式中:$W = I/|Z|$,称为船体剖面模数,它是表征船体结构抵抗弯曲变形能力的一种几何特征量,也是衡量船体总纵强度的一个重要参数。

3.1.1 简单梁弯曲理论的近似性及其修正

采用式(3-1-1)或式(3-1-2)进行船体总纵强度计算存在较大的近似性,简单梁弯曲理论针对实心梁基本上是正确的,但实际船体为空心薄壁梁。此时,除了简单梁弯曲应力以外,还应考虑以下两方面对船体梁弯曲应力的影响:

(1)作用于"薄壁"上的局部载荷引起的局部弯曲应力;

(2)总纵弯曲压应力作用下板与骨架失稳而造成的船体梁承载构件折减及剖面模数的减小。

事实上,薄壁空心梁在横向局部载荷作用下,薄壁将产生局部弯曲变形,该局部弯曲变形是叠加在船体梁总纵弯曲之上的。因此,局部弯曲应力与总纵弯曲应力要进行叠加,为此现代舰船强度理论的总纵弯曲应力计算引进了"局部弯曲应力叠加"修正,该修正方法由布勃诺夫提出。

薄壁船体失稳修正是威廉·约翰(W·John)于1874年提出的,薄壁空心梁在轴向压应力作用下,薄壁结构容易产生失稳,并使船体梁的承载能力降低,应力将

重新分布。在相同外力作用下,船体总纵弯曲应力将增加。

综上所述,现代舰船强度理论首先根据式(3-1-1)计算总纵弯曲应力初始近似值,然后计算局部弯曲应力 σ_2。根据弯曲应力初始值和局部弯曲应力 σ_2 计算薄壁结构的稳定性,并进行失稳折减,求出折减后船体剖面模数 W。再由式(3-1-2)进行总纵弯曲应力的第二次近似计算。依次类推,直至失稳修正造成船体剖面模数的误差在某规定要求之内为止。求出真实总纵弯曲应力 σ_1 以后,再将局部弯曲应力 σ_2、σ_3、σ_4 与总纵弯曲应力 σ_1 叠加,求出船体结构的叠加应力。最后根据船体结构许用应力标准,判断是否满足强度要求。

3.1.2　船体总纵强度中的应力分类及构件种类

船体是由许多构件组成的复杂结构,每一构件各自承担着一定的作用,其受力与变形是极其复杂的。但共同的特点是,在承受外部载荷后,将有序地传递着所受到的力,并发生相应的变形。

同一构件在受力和传递力过程中可能受到多种力的作用,产生多种应力。为了区分和计算这些应力,将船体构件中的应力分为总纵弯曲应力、板架弯曲应力、纵骨弯曲应力和板的弯曲应力,分别记为 σ_1、σ_2、σ_3 和 σ_4。例如,纵骨架式船底板(图 3-1-1),由直接承受的水压力产生了板格弯曲应力(记为 σ_4);纵骨受板传来的水压力作用而产生弯曲变形时,与纵骨相连的一部分外板又将随纵骨一起弯曲而产生弯曲应力(记为 σ_3);纵骨又将载荷传递给肋板和底纵桁,使船底板架产生弯曲变形,并在船底板中产生板架弯曲应力(记为 σ_2)。此外,在船底板中还有总纵弯曲应力(记为 σ_1)。这就是船体构件的多重作用的工作特点。

为了考虑船体构件的这种多重作用的工作特点,曾经按照纵向构件在传递载荷过程中所产生的应力种类和数目,把纵向强力构件分为四类:

(1)只承受总纵弯曲的纵向构件,称为第一类构件,如不计甲板横荷重的上甲板纵向构件;

(2)同时承受总纵弯曲和板架弯曲的纵向构件,称为第二类构件,如船底纵桁、内底板;

(3)同时承受总纵弯曲、板架弯曲及纵骨弯曲的纵向构件,或者同时承受总纵弯曲、板架弯曲及板的弯曲(横骨架式)的纵向构件,称为第三类构件,如纵骨架式中的船底纵骨或横骨架式中的船底板;

(4)同时承受总纵弯曲、板架弯曲、纵骨弯曲及板的弯曲的纵向构件,称为第四类构件,如纵骨架式中的船底板。

以上各种弯曲,除总纵弯曲外均称为局部弯曲。

在强度计算中,考虑船体构件承受多种作用,产生多种应力的工作特点,根据

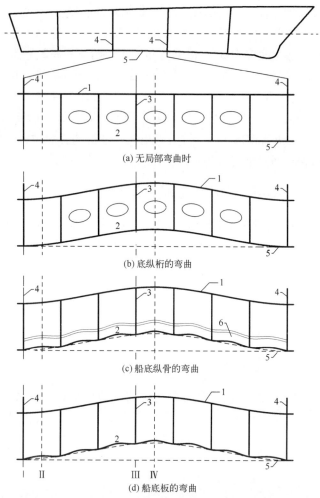

图 3-1-1　船底结构在横荷重作用下的工作图形
1—内底;2—底纵桁;3—肋板;4—横舱壁;5—船底板;6—船底板。

上述应力分类法,采用构件中弯曲应力的代数和,即叠加应力来校核船体总纵强度。很明显,这样的合成应力法仅是为分析方便而采用的一种假定性有条件的计算方法,并不确切反映船体构件的真实受力情况。

尽管如此,考虑了构件参加抵抗总纵弯曲的有效程度,以及构件的多重作用特点来校核船体强度,应当说还是比较合理的。在船体总纵强度计算方法的发展过程中是一个进步。

3.1.3　计算剖面与船体梁有效构件

为了进行总纵强度校验,首先确定对哪些剖面进行计算。显然,仅须对可能出现最大弯曲应力的剖面进行计算,这些剖面称为危险剖面。危险剖面主要由两个条件确定,即总纵弯曲力矩大而剖面抗弯模数小。由总纵弯曲力矩曲线可知,最大弯矩一般在船中 0.4 船长范围内,所以船中剖面应为计算剖面,一般取此范围内的最弱剖面——含有最大的舱口或其他开口的剖面,如机舱、货舱开口剖面。此外,一般还要对强度最弱剖面进行计算,如船体骨架形式改变处剖面、上层建筑端部剖面、最大剪应力作用处剖面、主体材料分布变化处剖面以及由于重量分布特殊可能出现相当大的弯矩值的某些剖面。

《舰船通用规范》规定,初步设计时,应对 1~3 个典型剖面进行船体总纵强度计算与校核;技术设计时,应对 3~5 个典型剖面进行船体总纵强度计算与校核。

在计算剖面中,并非所有纵向布置的构件都能有效地参加抵抗总纵弯曲,因此,在计算剖面确定后,还要确定哪些构件能有效地参加抵抗总纵弯曲变形,即哪些构件可计入船体梁的计算中。通常,纵向连续并能有效地传递总纵弯曲应力的构件均应计入,习惯上称这些构件为纵向连续构件。甲板板、外板、内底板、内龙骨、纵桁、纵骨等都是纵向连续构件,计算船体剖面模数时均应计入。

长度较短的纵向构件应视作间断构件,如船楼、甲板室、开口间的甲板等。它们参加总纵弯曲的有效性取决于它们的长度及与主体的连接情况,《舰船通用规范》具体规定如下:

(1) 在校核截面处,凡长度大于型深的纵向构件,如甲板、底部以及舷侧等的纵向构件,可考虑计入等值梁截面,但机座和舭龙骨均不计入。

(2) 在船中 0.5L 范围内,长度大于 0.15L 且不小于 6 倍上层建筑高度,并至少支持在三个横舱壁上的等截面单层上层建筑可计入等值梁截面。在端部的阴影部分不应计入,如图 3-1-2 所示。

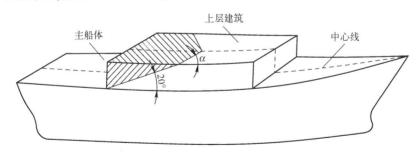

图 3-1-2　不计入船体梁上层建筑端部区域

图 3-1-2 中的 α 角按下式计算:

$$\alpha = \arctan \sqrt{\frac{2t_{\mathrm{m}}+1.5t_{\mathrm{d}}}{1.5t}} \qquad (3-1-3)$$

式中　t_{m}——上层建筑侧壁厚度(cm);

t_d——上层建筑纵舱壁厚度(cm);

　t——上层建筑甲板厚度(cm);

　α——角度(°)。

对于变截面上层建筑以及多层上层建筑参与总纵弯曲的有效程度应作专门计算后确定。

(3)具有开口的强力甲板,如开口所损失的面积未得到补偿,则在计算等值梁要素时,应按下述方法进行等效:

①甲板开口宽度如小于0.20甲板宽度,在计算时甲板截面面积中可不予扣除。这时开口区域甲板平均计算应力 σ 应按下式计算:

$$\sigma = 10\frac{M}{W}\frac{A}{A_0} \qquad (3-1-4)$$

式中　σ ——甲板平均计算应力(MPa);

　　M ——作用在该船体截面处的 M_W 和 M_S 之和(kN·m);

　　W ——该船体剖面不扣除开口面积的甲板剖面模数(cm²·m);

　　A ——不扣除开口的甲板横截面面积(cm²);

　　A_0——扣除开口后的甲板横截面面积(cm²)。

②若甲板开口宽度大于0.20甲板宽度,且开口长度大于两倍开口宽度时,在计算甲板截面面积中应完全扣除开口面积。这时开口区域甲板平均计算应力应按下式计算:

$$\sigma = 10\frac{M}{W_0} \qquad (3-1-5)$$

式中　σ ——甲板平均计算应力(MPa);

　　W_0——扣除开口面积后的甲板剖面模数(cm²·m)。

③甲板开口宽度大于0.20甲板宽度,但开口长度小于两倍开口宽度时,在计算甲板截面积中可部分扣除开口面积。这时船体截面要素计算可按下式规定的相当甲板截面积值 A_1 进行:

$$A_1 = A\left[1-0.5\times\frac{a}{b}\left(1-\frac{A_0}{A}\right)\right] \qquad (3-1-6)$$

式中　A_1——相当甲板截面面积(cm²);

　　a——开口长度(m);

　　b——开口宽度(m)。

甲板中平均计算应力可按下式计算:

$$\sigma_{av} = \frac{M}{W}\frac{A}{A_0}\left[1-0.5\times\frac{a}{b}\left(1-\frac{WA_0}{W_0A}\right)\right] \qquad (3-1-7)$$

（4）从计算截面中扣除开口时，在开口前后，由开口四角引出的与船体中纵剖线成 20°角的相交直线所包围的甲板构件不计入等值梁截面中，如图 3-1-3 所示。

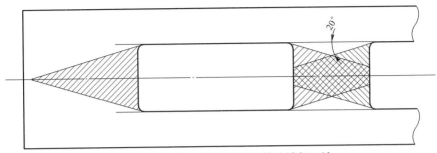

图 3-1-3　不计入船体梁开口端的端部区域

3.2　船体总纵弯曲应力第一次近似计算

根据梁的弯曲理论，船体梁剖面总纵弯曲应力计算由式（3-1-1）确定，即

$$\sigma = \frac{M}{I} \cdot Z$$

利用第 2 章的知识，对于一定计算状态，可求出作用于船体剖面上的弯矩 M 值。为了计算剖面弯曲应力 σ，还必须首先计算剖面对水平中和轴的惯性矩 I 以及剖面任意构件至水平中和轴的距离 Z 等剖面要素。

3.2.1　船体剖面要素计算

由于船体结构对称于中纵剖面，一般只需对半个剖面进行剖面要素的计算。具体步骤如下：

（1）画出船体计算剖面的半剖面图，如图 3-2-1 所示。

（2）对纵向强力构件进行编号，并注意把所有至中和轴距离相同的构件列为一组进行编号；选取参考轴 $O'-O'$，该轴可选在离基线（0.45～0.50）型深处。

（3）利用表 3-2-1 进行计算，并分别求出各组构件剖面积 A_i，其形心位置至参考轴的距离 Z_i（按所选定的符号法则，在参考轴以上的构件 Z_i 取为正的），静力矩 $A_i Z_i$，惯性矩 $A_i Z_i^2$。对于高度较大的垂向构件，如舷侧板等，还要计算其自身惯性矩 $i_0 = A_i h_i^2 / 12$（h_i 为该构件的垂直高度，这种表达式也适用于倾斜板的剖面）。

需要指出的是，剖面惯性矩的计算过程中，参考轴的选取是任意的，以方便计算为原则。若为了在量取各构件离参考轴的距离不出现负号，可取基线为参考轴。这样，每个构件离参考轴的距离均为正，因而不需要考虑正、负号的问题。对于横向的小构件，如舷侧纵骨和底纵桁上的纵向加筋等，可不计其自身惯性矩；但对于甲板板和船底板等大板材，仍需计及自身惯性矩。

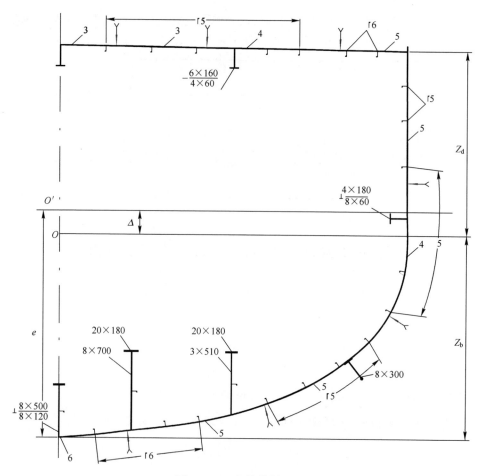

图 3-2-1　船体横剖面图

表 3-2-1　船体剖面要素及应力第一次近似计算

1	2	3	4	5	6	7	8	9	10	11	12
构件编号	构件名称	构件尺寸/cm	剖面积A_i/cm²	距参考轴高Z_i/m	静力矩$A_i \cdot Z_i$/(cm²·m)	惯性矩$A_i \cdot Z_i^2$/(cm²·m²)	自身惯性矩i_0/(cm²·m²)	距中和轴距离Z_i'/m	弯曲应力/(N/mm²) 中拱	弯曲应力/(N/mm²) 中垂	临界应力/(N/mm²)
1 2 3 ⋮											
Σ		A		B		C					

由表 3-2-1 可得

$$\begin{cases} \sum A_i = A \\ \sum A_i Z_i = B \\ \sum (A_i Z_i^2 + i_0) = C \end{cases} \qquad (3\text{-}2\text{-}1)$$

剖面水平中和轴至参考轴的距离为

$$\Delta = \frac{B}{A} \quad (\text{m}) \qquad (3\text{-}2\text{-}2)$$

根据移轴定理,剖面对水平中和轴的惯性矩为

$$I = 2(C - \Delta^2 A) = 2\left(C - \frac{B^2}{A}\right) \quad (\text{cm}^2 \cdot \text{m}^2) \qquad (3\text{-}2\text{-}3)$$

任意构件至中和轴的距离为

$$Z_i' = Z_i - \Delta = Z_i - B/A \quad (\text{m}) \qquad (3\text{-}2\text{-}4)$$

最上层连续甲板和船底板是船体剖面中离中和轴最远的构件,构成了船体梁的上、下翼板。构成船体梁上翼板的最上层连续甲板通常称为强力甲板。设中和轴至强力甲板和船底板的垂直距离分别为 Z_d 和 Z_b,则强力甲板和船底处的剖面模数分别为

$$W_d = \frac{I}{Z_d}, \quad W_b = \frac{I}{Z_b} \qquad (3\text{-}2\text{-}5)$$

对于一般舰船,中和轴离船底较近,即 $Z_d > Z_b$,因此 $W_d < W_b$。所以,强力甲板处剖面模数也称为船体剖面的最小剖面模数。

3.2.2 异种材料的面积换算

在计算构件剖面积时,除了注意哪些构件不能计入船体梁以外,还应注意哪些构件采用了与船体基本材料不同弹性模量的材料,例如部分结构采用铝合金的钢质船舶。此时,材料不同的结构部分其纵向弯曲应变相同,但应力大小不同。因此,在计算时应首先将其换算成相当于基本材料的剖面积。

若设被换算的构件的剖面积为 a_i,其应力为 σ_i,弹性模量为 E_i;与其等效的基本材料的剖面积为 a,应力为 σ,弹性模量为 E。则根据变形相等且承受同样的力 P,可得

$$\varepsilon = \frac{\sigma_i}{E_i} = \frac{\sigma}{E} \quad \text{或} \quad \varepsilon = \frac{P}{a_i E_i} = \frac{P}{aE} \qquad (3\text{-}2\text{-}6)$$

因而有

$$a = a_i \frac{E_i}{E} \quad \text{或} \quad \sigma = \sigma_i \frac{E}{E_i} \qquad (3\text{-}2\text{-}7)$$

在计算时可认为船体梁仅由一种基本材料构成,而把与基本材料弹性模量 E 不同的构件剖面积乘以两材料的弹性模量之比 E_i/E,同时又不改变该构件的形心位置。因此,对薄壁构件,相当于仅对板厚做上述变换。如果是垂直板,则其自身惯性矩为

$$i_0 = \frac{a_i h_i^2}{12} \cdot \frac{E_i}{E}$$

式中 h_0——垂直板的高度。

3.2.3 总纵弯曲应力第一次近似计算

利用表 3-2-1 第 10 和 11 列,可进行总纵弯曲应力第一次近似计算。表 3-2-1 第 12 列记录剖面各构件的临界应力值(该值在下节中计算给出),比较第 10 列(或第 11 列)和第 12 列可看出在第一次近似计算中产生失稳的构件数量。

构件中的总纵弯曲应力为

$$\sigma_i = \frac{M}{I} Z_i' \times 10 \quad (\text{N/mm}^2) \tag{3-2-8}$$

式中:弯矩 M 以 $\text{kN} \cdot \text{m}$ 计,中拱时为正。

按式(3-2-8)求得的应力 σ_i 称为总纵弯曲应力第一次近似计算值。

3.3 船体梁构件稳定性检验及失稳折减

3.3.1 构件的稳定性检验

根据 3.2 节的计算结果并结合表 3-2-1,可判断船体构件在总纵弯曲压应力作用下是否丧失其稳定性。若总纵弯曲压应力超过构件的临界应力,则认为该构件发生失稳,需进行失稳折减。为了对失稳构件进行折减,必须首先确定船体外板、甲板板、内底板和作为龙骨、纵桁及其他纵向构件腹板、翼板的所有板、纵向骨材以及板架的临界应力 σ_{cr}。

在确定板的临界应力时,通常不考虑材料不服从胡克定律对稳定性的影响。按相应的理论公式确定的临界应力超过材料屈服极限 σ_s,则在计算中取 $\sigma_{cr} = \sigma_s$。但对纵向骨材和板架,必须考虑材料不服从胡克定律对稳定性的影响。

1. 板的稳定性计算

在计算船体板的稳定性时,通常认为板自由支持在相应骨架梁所形成的支持周界上。在这样的计算中,忽略了骨架梁的抗扭影响,并产生了某些通常是不大的、偏于安全方面的误差。一般情况下,板的稳定性计算中不考虑材料非线性修

正,因此其欧拉应力 σ_E 和临界应力 σ_{cr} 是一致的。下面列出确定船体钢板临界应力的计算公式。

1）横骨架式板格

对于横骨架式船体而言,其甲板板的临界应力按以下公式计算(图3-3-1):

$$\sigma_{cr} = 19.6 \times \left(\frac{100t}{a}\right)^2 \times \left(1 + \frac{a^2}{c^2}\right)^2 \quad (\text{N/mm}^2) \qquad (3-3-1)$$

式中　t——板厚;

　　　a——横梁间距;

　　　c——甲板纵桁间距。

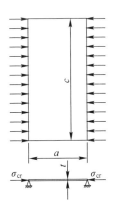

图 3-3-1　横骨架式甲板板稳定性的计算图形

手动计算时,可采用表3-3-1进行计算。

表 3-3-1　横骨架式板格稳定性计算

构件名称	编号	板短边 a /cm	板长边 c /cm	板厚度 t /cm	$\left(\frac{100t}{a}\right)^2$	$\frac{a}{c}$	$\left(1+\frac{a^2}{c^2}\right)^2$	板的临界应力 σ_{cr} /(N/mm^2)
甲板板								
⋮								
外底板								
桁材								

对于横骨架式船体而言,其舷顶列板的厚度较舷侧外板大很多,计算其临界应力时,把它作为三边自由支持、第四边完全自由的板处理(图3-3-2)。其临界应力按下式确定:

$$\sigma_{cr} = 19.6 \times \left(\frac{100t}{a}\right)^2 \left[1 + 0.426 \times \left(\frac{a}{b_s}\right)^2 - 0.143 \times \frac{a}{b_s\left(4+\frac{a^2}{b_s^2}\right)}\right] \quad (\text{N/mm}^2)$$

$$(3-3-2)$$

式中 t——舷顶列板厚度；

    b_s——舷顶列板宽度。

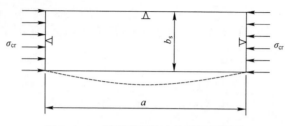

图 3-3-2 舷顶列板稳定性的计算图形

若甲板边板厚度大大超过邻近甲板板厚度，则式(3-3-2)也可用来确定甲板边板的临界应力。

对于横骨架式船体而言，其舷侧外板的临界应力按下式计算：

$$\sigma_{cr} = 19.6 \times \left(\frac{100t}{a}\right)^2 \quad (\text{N/mm}^2) \tag{3-3-3}$$

式中 t——舷侧外板厚度；

    a——肋距。

对船底板和内底板，板格的纵边可作为自由支持处理，但板格的横边由于实肋板的刚性较大，应为弹性固定，它对板的临界应力影响较大。实用上可按下述公式计算：

$$\sigma_{cr} = 19.6 \times k \times \left(\frac{100t}{a}\right)^2 \times \left(1 + \frac{a^2}{c^2}\right)^2 \quad (\text{N/mm}^2) \tag{3-3-4}$$

式中 a——肋距；

    t——板厚；

    c——底纵桁间距；

    k——考虑实肋板对板边固定程度的影响系数，每一挡肋距设一实肋板时，$k=1.50$，每两挡肋距设一实肋板时，$k=1.25$，每三挡肋距设一实肋板时，$k=1.00$。

2）纵骨架式板格

对于纵骨架式船体而言，纵骨加强的甲板板、船底板等，其临界应力按下式计算（图 3-3-3）：

$$\sigma_{cr} = 76 \times \left(\frac{100t}{a}\right)^2 \quad (\text{N/mm}^2) \tag{3-3-5}$$

式中 t——板厚；

    b——纵骨间距。

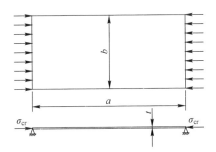

图 3-3-3　纵骨架式船体板稳定性的计算图形

手算时可采用表 3-3-2 进行计算。

表 3-3-2　纵骨架式板格稳定性计算

构件名称	编号	板短边 b /cm	板长边 a /cm	板厚度 t /cm	$\left(\dfrac{100t}{a}\right)^2$	板的临界应力 σ_{cr} /(N/mm²)
甲板板						
⋮						
外底板						

3）组合梁面板与腹板

甲板纵桁、舷侧纵桁、龙骨、底纵桁及其他纵向构件计算自由翼板面板临界应力时,把它作为三边自由支持、第四边完全自由的无限长均匀受压矩形板处理,其临界应力按下式确定:

$$\sigma_{cr} = 8.2 \times \left(\frac{100t}{b_1}\right)^2 \quad (\text{N/mm}^2) \tag{3-3-6}$$

式中　t——板厚;

　　　b_1——自由翼板的半宽(翼板对称于腹板的梁)或自由翼板宽度(自由翼板设在腹板一侧的梁)。

腹板的临界应力可按沿腹板高度承受线性规律变化的压缩应力(也可近似当作均匀压缩应力)的自由支持板进行计算。

4）舷侧外板的剪切稳定性

舷侧外板还承受总纵弯曲剪力的作用,所以还应检验其剪切稳定性。其临界应力一般按纯剪条件下的四周自由支持板计算(图 3-3-4):

$$\tau_{cr} = 102 \cdot \left(\frac{100t}{b}\right)^2 \quad (\text{N/mm}^2) \tag{3-3-7}$$

式中　t——板厚;

　　　b——纵骨间距。

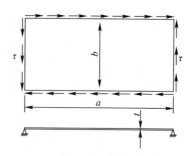

图 3-3-4　舷侧外板剪切稳定性的计算图形

2. 纵骨的稳定性计算

在检验纵骨的稳定性时,将其视为自由支持在相应的横向构件(强横梁、强肋骨、肋板等)上的单跨梁(图 3-3-5),其理论欧拉应力按下式计算:

$$\sigma_{E} = \frac{\pi^2 iE}{a^2(f+b_e t)} \quad (N/mm^2) \qquad (3-3-8)$$

式中　i——包括带板的纵骨剖面惯性矩,此时带板宽度按梁弯曲问题带板宽度选取;

　　　a——横向构件间距;

　　　f——不包括带板的纵骨剖面积;

　　　b_e——稳定性问题的带板宽度;

　　　t——带板厚度;

　　　E——材料弹性模量。

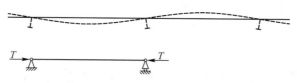

图 3-3-5　纵骨稳定性的计算图形

计算纵骨稳定性时,带板宽度应考虑受到压缩应力大于临界应力时的折减。此时,带板的宽度可按下式确定:

$$b_e = \frac{b}{2}(1+\varphi) \qquad (3-3-9)$$

式中　b——纵骨间距;

　　　φ——折减系数(其值不大于 1),且有

$$\varphi = \frac{\sigma_{cr}}{\sigma_i}$$

其中　σ_{cr}——板的临界应力;

σ_i——作用在板上的压缩应力。

纵骨稳定性带板宽度手算时可采用表 3-3-3 进行计算。

表 3-3-3 纵骨稳定性带板宽度计算

构件号		纵骨间距	板的欧拉应力 σ_E	总纵弯曲应力 σ_1	折减系数	$1+\varphi$	带板宽度
纵骨	板	b /mm	/(N/mm^2)	/(N/mm^2)	$\varphi=\dfrac{\sigma_E}{\sigma_i}$		$(b_e=(1+\varphi)\cdot b/2)$ /mm

按式(3-3-8)求得的欧拉应力,若超过材料的比例极限,则必须对理论欧拉应力进行修正,以考虑材料不服从胡克定律对稳定性的影响。在造船界常利用图 3-3-6 曲线进行修正,或者按下式确定纵骨的临界应力:

$$\sigma_{cr}=\begin{cases} \sigma_E & \left(\sigma_E\leqslant\dfrac{1}{2}\sigma_s\right) \\ \sigma_s\left(1-\dfrac{\sigma_s}{4\sigma_E}\right) & \left(\sigma_E>\dfrac{1}{2}\sigma_s\right) \end{cases} \qquad (3\text{-}3\text{-}10)$$

式中　σ_{cr}——纵骨临界应力;

　　　σ_s——材料屈服应力。

纵骨稳定性手算时可采用表 3-3-4 进行计算。

表 3-3-4 纵骨的稳定性计算

1	2	3	4	5	6	7	8	9	10	11	12	13	14
名称	剖面形状	构件号	尺寸 /mm	构件截面积 F /cm^2	至参考轴距离 Z /cm	静力矩 FZ /cm^3	惯性矩 FZ^2 /cm^4	自身惯性矩 i_0 /cm^4	对中和轴惯性矩 $(i=C-B^2/A)$ /cm^4	$f+b_e t$ /cm^2	$\dfrac{\pi^2 E}{a^2}$	欧拉应力 σ_E /(N/mm^2)	临界应力 σ_{cr} /(N/mm^2)
甲板纵骨			$\bar{b}\times tf$										
			$\sum$	A		B	C						
⋮													
外底纵骨													
注:$\bar{b}$—弯曲带板宽;b_e—稳定性带板宽;a—纵骨跨距;f—纵骨型材剖面面积													

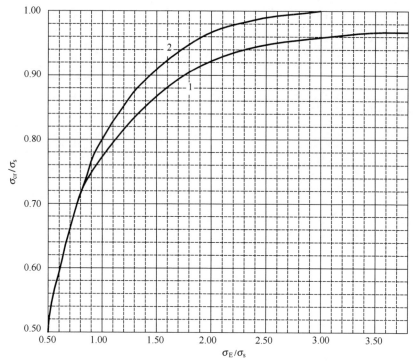

图 3-3-6　欧拉应力修正曲线

注:低碳钢按曲线 1 进行折算,低合金钢按曲线 2 进行折算。

3. 甲板板架的稳定性计算

对具有甲板纵桁的甲板板架,可利用下述方法进行甲板稳定性计算:首先,将纵桁视为自由支持在横舱壁并被横梁形成的弹性支座支承的受压杆;然后,确定该甲板纵桁的临界应力 σ_{cr1},并将板架稳定性用纵桁的稳定性表征。目前,甲板板架稳定性计算多采用有限元法。

3.3.2　船体构件的失稳折减

1. 剖面折减的概念

当船体总纵弯曲时,纵向骨架梁在计算载荷下是不允许丧失稳定性的。如果失稳,则该纵骨剖面面积应全部折减。因此,在船体构件中只需考虑板丧失稳定性后的剖面折减。

第一次近似计算出总纵弯曲应力之后,若所得压应力大于相应构件的临界应力,则表明该构件失稳。由前述分析,板由于失稳,在同一水平高度上的应力沿板宽不再保持均匀分布,与纵向骨架梁相连部分板宽内应力较高,板宽的中间部分应力较低,如图 3-3-7 所示。这说明船体板不能完全有效地参加抵抗总纵弯曲。此时,为了仍能运用简单梁的公式计算总纵弯曲应力,一般采用折减系数 φ 把船体剖面中的一部分失稳的板构件剖面积化为假想的不失稳的刚性构件剖面积。具体做法如下:

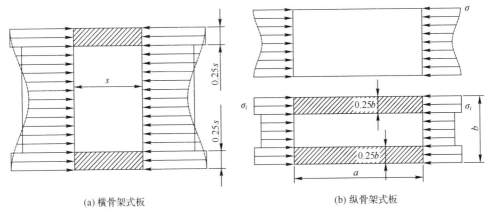

(a) 横骨架式板　　　　　　　　　　　(b) 纵骨架式板

图 3-3-7　板失稳后的应力分布

(1) 将纵向强力构件分为刚性构件和柔性构件两类。刚性构件包括受压不失稳的刚性骨架梁、舭列板及与刚性骨架梁、舭列板等相毗连的每一侧宽度等于该板格短边长度 0.25 的那一部分板。由于刚性构件的临界应力较大,因此,它能承受一般船体总纵弯曲的压应力。

(2) 将柔性构件用某个虚拟的刚性构件代替,但要保持剖面上承受的压力值不变,即

$$\sigma_{cr}A = \sigma_i A' \qquad (3\text{-}3\text{-}11)$$

式中　A——被代替的柔性构件实际剖面积;

　　　A'——虚拟的刚性构件剖面积;

　　　σ_{cr}——板格柔性构件的临界应力;

　　　σ_i——刚性构件承受的压应力。

由此可得

$$A' = \frac{\sigma_{cr}}{\sigma_i}A \qquad (3\text{-}3\text{-}12)$$

并记

$$\varphi = \frac{\sigma_{cr}}{\sigma_i} = \frac{A'}{A} \qquad (3\text{-}3\text{-}13)$$

称为折减系数。这样,可用板的临界应力与该板所受到的总纵弯曲应力之比来确定折减系数。由于利用折减系数将柔性构件的剖面积化为相当的刚性构件的剖面

积,从而保证仍可运用简单梁弯曲公式来计算总纵弯曲应力。

2. 板折减系数的计算公式

在船体总纵强度计算中,已丧失稳定性的板的折减系数通常按下述公式确定。

1)纵骨架式板格

对于只参加抵抗总纵弯曲的构件(如上甲板),有

$$\varphi = \frac{\sigma_{cr}}{\sigma_i} = \beta \qquad (3-3-14)$$

式中 σ_{cr}——按式(3-3-5)确定的板格临界应力;

σ_i——与所计算的板在同一水平线上刚性构件中的总纵弯曲压应力绝对值;

β——考虑初挠度及横荷重影响的系数,$\beta = 2-(b/75t)$(b 为纵骨间距),若 $\beta>1$,则取 $\beta=1$。

折减系数应为 $0 \leqslant \varphi \leqslant 1$,若 $\varphi>1$,则应取 $\varphi=1$。

对于同时参加抵抗总纵弯曲及板架弯曲的构件(如船底板、内底板),有

$$\varphi = \frac{\sigma_{cr} \pm \sigma_2}{\sigma_i} \qquad (3-3-15)$$

式中 σ_2——相应构件的板架弯曲应力(应考虑其正、负符号,拉伸为正,压缩为负)。

参加抵抗总纵弯曲及板架弯曲的板的折减系数手算时可采用表 3-3-5 进行计算。

表 3-3-5 失稳后板的折减系数计算

构件名称		构件编号	计算剖面位置	应力/(N/mm²)				折减系数 $\varphi = \frac{\sigma_{cr} \pm \sigma_2}{\mid \sigma_1 \mid}$
				临界应力 σ_{cr}	板架弯曲 σ_2	$\sigma_{cr}+\sigma_2$	总弯曲应力 σ_1	
中桁材	内底板		舱壁处跨中					
	外底板		舱壁处跨中					
	⋮							

船底板架弯曲应力的计算见4.2节。式(3-3-15)中 σ_2 可取其等于邻近中内龙骨构件的应力,且不考虑此应力沿板架宽度由龙骨向两舷的变化。具体计算中可能出现两种情况:若 σ_2 为拉应力,则 $\sigma_2>0$,该板格非但不会因板架弯曲应力而失稳,反而提高了它抵抗总纵弯曲压力的能力;若 σ_2 为压应力,则 $\sigma_2<0$,该板因承受板架弯曲应力而降低了它抵抗总纵弯曲压应力的能力。特别是,若 σ_2 超过了板所能承受的最大压应力,在板架弯曲压应力作用下该板就要进行折减,不再能承受总

纵弯曲压应力 σ_i，故该构件的折减系数 $\varphi = 0$，为全部折减掉。

上述计算处理方法是认为同时承受两种应力的构件，先承受板架弯曲应力，再承受总纵弯曲应力。当然，这只是为了简化计算而采用的一种近似处理问题的方法。

对于承受经常性载荷的下甲板或水面以下的舷侧板，本来也是同时作用有总纵弯曲应力和板架弯曲应力，但因其离中和轴较近，且不如船底结构在保证总纵强度中的重要性大，因此只按承受总纵弯曲压应力看待，即按式（3-3-14）计算折减系数。

2）横骨架式板格

若计算中不考虑初挠度及横荷重的影响，则

$$\varphi = \frac{\sigma_{cr}}{\sigma_i} \tag{3-3-16}$$

式中　σ_{cr}——板格的临界应力。

按上述公式确定的折减系数应为 $0 \leqslant \varphi \leqslant 1$，若 φ 大于 1，则应取 $\varphi = 1$。

3.4　船体总纵弯曲应力第二次及更高次计算

从折减系数的计算中可以看到，折减系数的大小与总纵弯曲压应力值有关，而总纵弯曲压应力的大小又与构件的折减系数有关，因此总纵弯曲应力的计算必定是一个逐步近似的过程。当然，若总纵弯曲压应力均未超过板的临界应力，则不必进行折减计算，可直接按第一次近似总纵弯曲应力值进行强度校核。

在船体板的稳定性检验后，若有构件失稳，则须按前述相应公式计算折减系数，并进行失稳构件的面积折减。接着，进行总纵弯曲应力的第二次近似计算。

在第二次近似计算时，通常利用表 3-4-1 进行船体剖面要素的修正计算。表中第（3）列，对折减构件应填入需要进行折减的剖面积，该值等于板的剖面总面积减去属于刚性构件部分的剖面积。在填算表 3-4-1 时，参考轴仍取为第一次近似计算所采用的参考轴。对折减构件 i 的剖面积的修正值为

$$\Delta A_i = A_i (\varphi_i - 1) \tag{3-4-1}$$

式中　A_i——构件 i 需进行折减的剖面积；

　　　φ_i——按第一次近似总纵弯曲应力确定的折减系数。

于是，所有需折减的构件，其折减面积、折减静矩和折减惯性矩总和分别为

$$\begin{cases} \Delta A = \sum A_i (\varphi_i - 1) \\ \Delta B = \sum \Delta A_i Z_i \\ \Delta C = \sum \Delta A_i Z_1^2 \end{cases} \tag{3-4-2}$$

表 3-4-1　船体剖面要素修正计算

构件编号	需折减的构件名称	剖面积 A_i /cm²	折减系数 φ_i	φ_i-1	(3)×(5) $A_i(\varphi_i-1)$ /cm²	距参考轴距离 z_i /m	静力矩 ((6)×(7)) /(cm²·m)	惯性矩 ((7)×(8)) /(cm²·m²)
(1)	(2)	(3)	(4)	(5)	(6)	(7)	(8)	(9)
1 2 ⋮	Ⅱ折减构件				ΔA_i ⋮		ΔB_i ⋮	ΔC_i ⋮
	Ⅰ第一次近似计算结果				A		B	C
	Σ				A_1		B_1	C_1

折减后剖面总面积、总静矩和总惯性矩为

$$\begin{cases} A_1=A+\Delta A \\ B_1=B+\Delta B \\ C_1=C+\Delta C \end{cases} \tag{3-4-3}$$

修正后的船体剖面中和轴至参考轴的距离为

$$\Delta_1=\frac{B_1}{A_1} \quad (\text{m}) \tag{3-4-4}$$

剖面惯性矩为

$$I_1=2\left(C_1-\frac{B_1^2}{A_1}\right) \quad (\text{cm}^2\cdot\text{m}^2) \tag{3-4-5}$$

任一构件至中和轴的距离为

$$Z_i'=Z_i-\Delta_1 \quad (\text{m}) \tag{3-4-6}$$

任一构件第二次近似计算总纵弯曲应力为

$$\sigma_i'=\frac{M}{I_1}Z_i'\times10 \quad (\text{N/mm}^2) \tag{3-4-7}$$

如果第二次近似计算的总纵弯曲应力与第一次近似计算值相差不大于 5%，则可用第二次近似计算值进行总纵强度校核；否则，必须进行第三次近似计算。

第三次近似计算仍可利用表 3-4-1。此时，可以用第二次近似计算的结果 A_1、B_1 和 C_1 作为计算的基础；构件折减系数仍按上述公式确定，但应取第二次近似计算所得的应力作为 σ_i；折减构件的面积修正量为 $\Delta A_i'(\varphi_i'-\varphi_i)$，其中 φ_i'、φ_i 分别为按第二次及第一次近似计算结果确定的折减系数；其余各项计算与第二次近似计算完全一样。

若第三次近似计算得到的总纵弯曲应力值与第二次近似计算值相差仍超过 5%，则说明该结构设计不甚合理，应考虑新的设计方案，如设法提高柔性构件的稳定性等。

最后需要指出的是,上述第二次及更高次近似计算均应分别对舰船在中拱状态和中垂状态下进行。这是因为在不同弯曲状态下构件所受的应力不同,包括大小和正、负号的差别等,从而导致构件的折减系数不同。

3.5 总纵强度问题中的应力合成

为了按合成应力校核总纵强度,在总纵弯曲应力确定后,需进行局部弯曲应力计算。对纵骨架式船底,由于底部构件的折减系数还与板架弯曲应力有关,故船底板架弯曲应力的计算应在第一次近似总纵弯曲应力确定后即予以进行。关于局部弯曲应力计算中的具体处理方法将在第 4 章中介绍。这里仅强调指出,为进行应力合成,在局部弯曲应力的计算中,水压力等横荷重的取法应与总纵弯曲应力的计算状态相对应,也就是说取静置波浪上该局部结构对应的水压力和设备重力作为计算载荷,以保证是在同一计算状态下的应力合成。

总纵强度校核时,应对船体结构四类构件可能出现最大合成应力的点,求其合成应力。

3.5.1 第二类构件应力合成

计算第二类构件合成应力时(图 3-5-1),通常假定总纵弯曲应力在舱长范围内是相同的,而板架弯曲应力假定在一个肋距内是相同的,一般取靠近中桁材的船底外板和内底板的 σ_2 与 σ_1 叠加。若计算发现旁桁材构件 σ_2 大于中桁材 σ_2,则应对距中桁材最近的一根旁桁材进行第二类构件的应力合成。

进行应力合成的关键是选好危险剖面和危险点。对于第二类构件而言,危险剖面为舱壁间底纵桁跨中和跨端部,而危险点则视中拱、中垂弯曲状态不同而不同,具体见表 3-5-1。

表 3-5-1 第二类构件应力合成危险剖面与危险点

总纵弯曲状态	中拱		中垂	
底纵桁应力	$\sigma_1 < 0$		$\sigma_1 > 0$	
底纵桁危险剖面	跨中	跨端	跨中	跨端
危险点	下缘($\sigma_2 < 0$)	上缘($\sigma_2 < 0$)	上缘($\sigma_2 > 0$)	下缘($\sigma_2 > 0$)
合成应力	$\sigma_1 + \sigma_2$		$\sigma_1 + \sigma_2$	

进行应力叠加合成时,还必须注意各个应力的符号,正号代表拉应力,负号代表压应力。

求得合成应力之后,就应将它们与相应位置的许用应力进行比较,以判断船体结构的总纵强度是否满足许用应力要求。

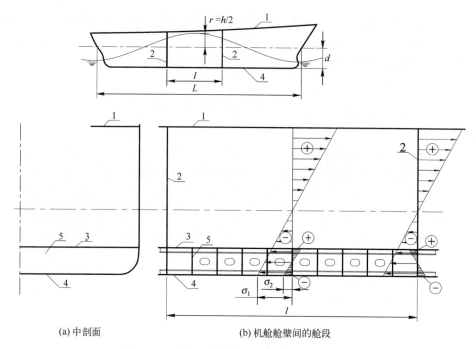

(a) 中剖面　　　　　　　　　　　(b) 机舱舱壁间的舱段

图 3-5-1　第二类构件的应力合成图(中拱)

1—甲板;2—横舱壁;3—内底;4—船底;5—肋板。

3.5.2　第三类构件应力合成

第三类构件以邻近底纵骨为应力合成对象,如图 3-5-2 所示。与第二类构件一样,第三类构件的危险剖面为纵骨跨中和跨端部。但在板架舱段内,纵桁跨中和跨端部的纵骨,其应力状态是相反的,必须都要加以考核。

第三类构件的应力合成危险剖面与危险点,全部考虑较为复杂,一般可认为最大合成应力发生在同号应力叠加状态,具体见表 3-5-2。

表 3-5-2　第三类构件应力合成危险剖面与危险点

总纵弯曲状态	中拱		中垂	
外底纵骨的 σ_1	$\sigma_1 < 0$		$\sigma_1 > 0$	
外底纵骨的危险部位	舱跨中($\sigma_2 < 0$)		舱壁处($\sigma_2 > 0$)	
外底纵骨危险剖面	跨中	跨端	跨中	跨端
危险点	下缘 $\sigma_3 < 0$	上缘 $\sigma_3 < 0$	上缘 $\sigma_3 > 0$	下缘 $\sigma_3 > 0$
合成应力	$\sigma_1 + \sigma_2 + \sigma_3$		$\sigma_1 + \sigma_2 + \sigma_3$	

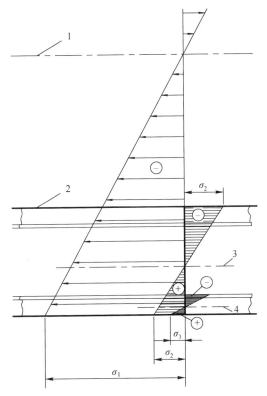

图 3-5-2　纵骨剖面中三类应力的叠加图

1—船体剖面中和轴；2—内底；3—船底板架的中和轴；4—船底纵骨的中和轴。

3.5.3　第四类构件应力合成

第四类构件主要是以外底板作为应力合成的对象，如图 3-5-3 所示。与第三类构件应力合成思路相同，认为最大合成应力发生在同号应力叠加状态，其同号应力叠加状态见表 3-5-3。

表 3-5-3　第四类构件应力合成危险剖面与危险点

总纵弯曲状态	中拱	中垂
外底板总纵弯曲应力	$\sigma_1 < 0$	$\sigma_1 > 0$
外底板危险部位	舱段跨中 $\sigma_2 < 0$	舱段端部 $\sigma_2 > 0$
危险剖面	纵骨跨中 $\sigma_3 < 0$	纵骨端部 $\sigma_3 > 0$，板边
危险点	下缘 $\sigma_4 < 0$	下缘 $\sigma_4 > 0$
合成应力	$\sigma_1 + \sigma_2 + \sigma_3 + \sigma_4$	$\sigma_1 + \sigma_2 + \sigma_3 + \sigma_4$

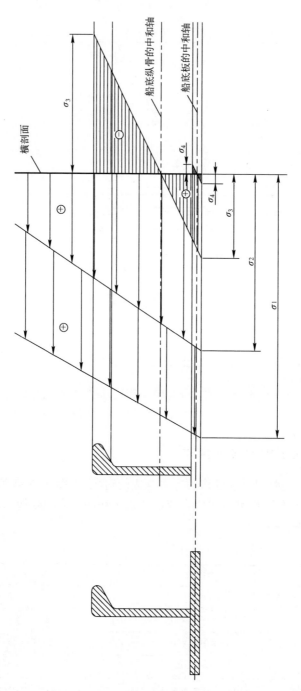

图3-5-3 船底板剖面中四类应力的叠加图

3.6 船体总纵弯曲剪应力

船体总纵弯曲时,在横剖面上除存在弯曲应力外,还由于剪力的作用而产生剪应力。对于像船体这样的薄壁结构,确定剪应力在其剖面上的分布,对合理决定板厚也是十分重要的。总纵弯曲时,最大剪力一般作用在距首尾端约 1/4 船长附近的剖面上,因此需校核这些剖面船体构件承受剪应力的强度和稳定性。

下面研究剖面上剪应力与弯曲应力的平衡关系式。从船体梁微段 $\mathrm{d}x$ 中切出外板弧长为 s 的一微块 $\mathrm{d}x \cdot s$(图 3-6-1),其中纵向切口,上端在任选的某一边界原点处,下端在离原点的弧长为 s 处。

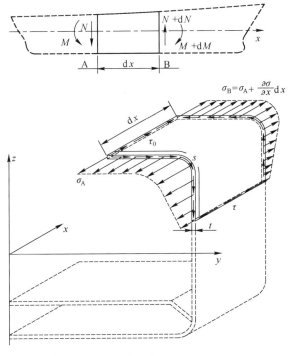

图 3-6-1 分析剪应力的船体梁微块

此时,在各个切割面上作用着弯曲应力和剪应力,由于板厚很小,认为剪应力顺着板面方向且沿板厚均匀分布。沿船体梁轴向纵向力的平衡方程为

$$\tau t \mathrm{d}x = \int_0^s \left(\frac{\partial \sigma}{\partial x} \mathrm{d}x \right) t \mathrm{d}s + \tau_0 t_0 \mathrm{d}x \tag{3-6-1}$$

式中:τ_0、t_0 为原点处纵向剪力和板厚;τ、t 为 S 弧长计算点纵向剪应力和板厚;σ

为沿 S 弧长分布的正应力,且有

$$\sigma = \frac{M}{I}z, \quad N = \frac{\partial M}{\partial x} \tag{3-6-2}$$

其中　M、N——剖面弯矩和剪力;

　　　I——船体横剖面对水平中和同的惯性矩。

将式(3-6-2)代入式(3-6-1)可得

$$\tau t = \frac{N}{I}\int_0^s zt\mathrm{d}s + \tau_0 t_0 \tag{3-6-3}$$

τt 一般称为"剪力流",并且记为

$$q = \tau t, \quad q_0 = \tau_0 t_0 \tag{3-6-4}$$

积分

$$m^0(S) = \int_0^s zt\mathrm{d}s \tag{3-6-5}$$

表示从 $S=0$ 的点(计算弧长 S 的原点)起到所求剪应力点为止的剖面积对中和轴的静矩(对纵骨架式结构尚应包括纵骨剖面积的静矩),它是剖面几何要素和沿剖面位置 S 的函数,m^0 上角标"0"表示该面积矩与 $S=0$ 的点有关。

由此,式(3-6-4)变为

$$q = \frac{Nm^0(S)}{I} + q_0 \tag{3-6-6}$$

或

$$\tau = \frac{Nm^0(S)}{It} + \tau_0 \frac{t_0}{t} \tag{3-6-7}$$

式中　t——所求剪应力点处的板厚;

　　　t_0——$S=0$ 处的板厚;

　　　q_0——该处的剪流。

因为 N 和 I 对整个剖面来说是常量,且 $N = N_s + N_w$。而 $m^0(S)$ 是剖面几何要素和沿剖面位置 S 的函数,也是完全确定的。因此,剩下的问题就是决定原点处的剪流 q_0。对于有舱口等开口结构(称为开式剖面结构),S 的原点可设在开口处,此时,$\tau_0 = 0$,从而式(3-6-7)简化为

$$\tau = \frac{Nm^0(S)}{It} \tag{3-6-8}$$

此时,若将 N/I 视为一个比例因子,剪流 q 的分布和面积静矩 $m^0(S)$ 的分布是相同的,只是单位不同。至于剪流 q 方向,手工计算时,完全可以由观察决定。因为船体梁腹板上的剪流方向总是与总的剪力 N 的方向相同而被确定为向上或向下。因此,对开式剖面构件,主要是通过沿积分路线计算静矩 $m^0(S)$。静矩 $m^0(S)$

的最大值为积分至船体梁中和轴处,因此最大剪应力 τ_m 也发生在中和轴处,并有

$$\tau_m = \frac{NS_m}{It} \tag{3-6-9}$$

式中　S_m——剖面对中和轴的最大静矩。

对于有纵舱壁的闭式剖面结构,式(3-6-9)计算的最大剪应力将有 10% 左右的误差,且式(3-6-9)计算值偏小。

3.7　船体挠度

船体总纵弯曲时的挠度,可分为弯曲挠度和剪切挠度两部分,即

$$v(x) = v_1(x) + v_2(x) \tag{3-7-1}$$

式中　$v_1(x)$ ——弯曲挠度;

　　　$v_2(x)$ ——剪切挠度。

将原点取在船尾端,X 轴指出船首方向,Z 轴垂直向上,则作用在任意横剖面上的弯矩 $M(x)$(中拱为正)所引起的船体弯曲挠度曲线的曲率为 v''。根据梁的理论,可得

$$EI(x)v_1'' = -M(x) \tag{3-7-2}$$

式中　$I(x)$——距船尾 x 处的船体梁的剖面惯性矩;

　　　E——船体材料弹性模量。

将式(3-7-2)进行两次积分,求得船体弯曲挠曲线方程为

$$v_1(x) = -\iint_0^{x}{}_0^{x} \frac{M(x)}{EI(x)} \mathrm{d}x\mathrm{d}x + ax + b \tag{3-7-3}$$

式中:a、b 为任意积分常数。

因为在计算船体挠曲线时,计算挠度通常是剖面相对于船舶两端的挠度,故在确定任意常数时可假定两端的挠度等于零,即当 $x=0$ 及 $x=L$ 时,$v=0$。由此可得

$$v_1(x) = \frac{1}{E}\left[\frac{x}{L}\int_0^L\int_0^x \frac{M(x)}{I(x)}\mathrm{d}x\mathrm{d}x - \int_0^x\int_0^x \frac{M(x)}{I(x)}\mathrm{d}x\mathrm{d}x \right] \tag{3-7-4}$$

如图 3-7-1 所示,式(3-7-4)的第一项是连接 O、A 两点的直线。而直线 $\overline{OA}$ 与积分曲线 OBA 之间的差值便为船体的挠度 $v_1(x)$。

式(3-7-4)的积分即弯曲挠度计算可以用表 3-7-1 进行计算。为了进行积分,必须具有一定数量的沿船长间距相等的被积函数值。此间距通常取为 1/20 船长,但在某些情况下将船长划分为 10 段就可达到足够的精度。一般可以选取计算五个典型剖面的惯性矩,画出船体剖面惯性矩变化曲线。

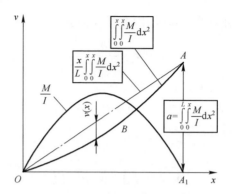

图 3-7-1 弯曲挠度的计算

表 3-7-1 船体梁弯曲挠度计算

1	2	3	4	5	6	7	8	9	10	11	12
理论站号 i	弯矩 M /(kN·m)	惯性矩 I /m⁴	$\dfrac{M}{I}$ /(kN/m³)	第(4)栏成对和 /(kN/m³)	第(5)栏自上而下和 /(kN/m³)	第(6)栏成对和 /(kN/m³)	第(7)栏自上而下和 /(kN/m³)	第(8)栏 $\left(\dfrac{L}{40}\right)^2$ /(kN/m)	第(9)栏 $\dfrac{i}{20}$ /(kN/m)	第(10)-(9)栏 /(kN/m)	挠度 $v_1=\dfrac{(11)}{E}$ /m
0											
1											
⋮											
19											
20											

在船体梁总纵弯曲时,船体剖面还会因剪力作用而发生上下移动,产生剪切挠度,如图 3-7-2 所示。剪切挠度方程可根据剪力功与剪切变形能相等的条件求得。

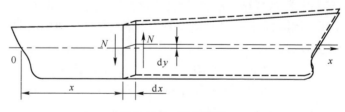

图 3-7-2 剪切挠度

设距尾端 x 处的微段 $\mathrm{d}x$ 上作用着剪力 $N(x)$,由剪力引起的剪切变形为 $\mathrm{d}v_2$,则剪力 $N(x)$ 所做的功等于 $(1/2)N(x)\mathrm{d}v_2$。剖面上任一点的剪应力 τ 引起的剪应变 $\gamma=\tau/G$,则剪切变形能为 $\gamma\tau/2=\tau^2/(2G)$。所以,在 $\mathrm{d}x$ 微段内的剪切变形能为 $\int_A \dfrac{1}{2}\cdot\dfrac{\tau^2}{G}\cdot\mathrm{d}A\mathrm{d}x$,式中,$A$ 为 x 剖面处的船体面积。

由剪力功和剪切变形能相等的条件,即

$$\frac{1}{2}N \cdot \mathrm{d}v_2 = \frac{1}{2G}\mathrm{d}x\int_A \tau^2 \mathrm{d}A \qquad (3\text{-}7\text{-}5)$$

从而得到剪切挠度为

$$v_2 = \int_0^x \mathrm{d}v_2 = \int_0^x \frac{\mathrm{d}x}{NG}\int_A \tau^2 \mathrm{d}A \qquad (3\text{-}7\text{-}6)$$

由于船体横剖面形状及在横剖面上剪应力 τ 的分布比较复杂,要实施上式积分计算非常困难。实用上采用下述近似方法,即

$$\tau = \frac{N}{A_\omega} \qquad (3\text{-}7\text{-}7)$$

式中:A_ω 为船体横剖面承受剪切的相当面积,一般只计及船体垂向构件的剖面积。

于是,式(3-7-6)可改写为

$$v_2 = \int_0^x \frac{\mathrm{d}x}{NG}\int_{A_\omega}\left(\frac{N}{A_\omega}\right)^2 \mathrm{d}A = \frac{1}{G}\int_0^x \frac{N}{A_\omega}\mathrm{d}x \qquad (3\text{-}7\text{-}8)$$

因为在首尾端剪切挠度为零,通常把剪切挠度方程写为

$$v_2 = \frac{1}{G}\left[\int_0^x \frac{N}{A_\omega}\mathrm{d}x - \frac{x}{L}\int_0^L \frac{N}{A_\omega}\mathrm{d}x\right] \qquad (3\text{-}7\text{-}9)$$

式(3-7-9)的积分可用表3-7-2进行计算。

表 3-7-2　船体梁剪切挠度计算

1	2	3	4	5	6	7	8	9	10
理论站号 i	剪力 N /kN	剪切面积 A_ω /cm²	(2)/(3) /(kN/cm²)	第(4)栏成对和 /(kN/cm²)	第(5)栏自上而下和 /(kN/cm²)	$(6)\dfrac{\Delta L}{2}$ /(kN/cm²)	$(7)20\dfrac{i}{20}$ /(kN/cm)	(7)-(8) /(kN/cm)	剪切挠度 ($v=(9)/G$) /m
0 ⋮ 20									

由于剪切挠度一般仅为弯曲挠度的 10% 左右,因此通常都不计算。为了简略估计剪切挠度值,可假定船体是剖面积为 A_ω 的等剖面箱形梁。于是,式(3-7-9)可改写为

$$\begin{aligned}
v_2 &= \frac{1}{GA_\omega}\left[\int_0^x N(x)\,\mathrm{d}x - \frac{x}{L}\int_0^L N(x)\,\mathrm{d}x\right] \\
&= \frac{1}{GA_\omega}\Big\{[M(x) - M(0)] - \frac{x}{L}[M(L) - M(0)]\Big\} \qquad (3\text{-}7\text{-}10) \\
&= \frac{M(x)}{GA_\omega}
\end{aligned}$$

由此可知,只要把弯矩曲线缩小 $1/(GA_\omega)$,就可得到剪切挠度曲线的近似值。若利用船中剖面的 A_ω,所得的挠度值偏低。

弯曲挠度与剪切挠度之和即为船体总纵弯曲的总挠度。《舰船通用规范》规定船体的总挠度与船长之比应小于 $1/500$。

3.8 船体极限弯矩

计算极限弯矩,实际上就是计算极限状态下的船体最小剖面模数。为此,应首先确定船体剖面上的应力分布,然后用第二次近似计算总纵弯曲应力的方法,求折减后的剖面模数。

通常,船体横剖面的中和轴偏于船底一边,因此,极限弯矩应对下述两种情况进行计算:

(1) 在强力甲板中作用着等于屈服极限 σ_s 的拉应力(中拱状态);

(2) 在强力甲板中作用着等于骨架梁临界应力 σ_{cr} 的压应力(中垂状态)。另外,计算该临界应力时,要考虑材料不符合胡克定律的修正。

假定在极限弯矩作用下,船体刚性构件中的应力沿型深方向按线性规律分布(图3-8-1),即

$$\sigma_d = \sigma_s \text{ 或 } \sigma_{cr}, \ \sigma_b = \sigma_d \frac{z_b}{z_d} \tag{3-8-1}$$

因此,对任意构件中的应力,可按下述关系式确定:

$$\sigma_i = \frac{z_i}{z_{max}} \sigma_{max} \tag{3-8-2}$$

式中 z_i——任一构件距中和轴的距离;

z_{max}——离中和轴最远构件至中和轴的距离;

σ_{max}——离中和轴最远构件中的应力,它等于 σ_s 或 σ_{cr}。

求得各构件的应力之后,按下式计算受压构件的折减系数:

$$\varphi_i = \frac{\sigma_{cr}}{\sigma_i} \tag{3-8-3}$$

式中:σ_{cr} 为按 3.3 节公式确定的板的临界应力;若 $\sigma_{cr} > \sigma_i$,则取 $\varphi = 1$。

剖面折减计算过程与总纵弯曲应力第二次近似计算完全一样。

对于中和轴位置接近型深一半的船舶,如果强力甲板作用着等于屈服极限的拉应力,则经过折减计算之后,由于中和轴的移动,可能使压应力一侧离中和轴最远的构件中的应力超过屈服极限。因此,往下的计算应以压应力一侧作用着等于屈服极限或骨架梁的临界应力进行。

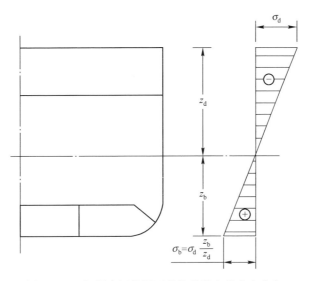

图 3-8-1　极限弯矩作用下船体构件上的应力分布

若按此步骤求得的船体最小剖面模数 W_{yh}(强力构件拉应力达到材料屈服极限时的船体梁最小剖面模数)或 W_{ys}(强力构件压应力达到其临界应力时的船体梁最小剖面模数)小于 $0.95W$(W 为总纵强度第一次近似计算的最小剖面模数),需再进行一次近似计算,直至前后两次计算值相差不超过 5% 为止。此外,对舰艇而言,最终之 W_{yh} 或 W_{ys} 不得小于总纵强度第一次近似计算 W 的80%。否则,就表明船体构件的稳定性没有充分保证。此时,必须修改船体结构设计,以提高船体梁主要构件的稳定性。

若求得的极限弯矩与总纵弯矩之比值过大,则表明船体具有不必要的过大的强度储备,说明船体结构材料没有得到充分利用。若比值低于要求的强度储备系数值 n,则认为结构强度没有得到保证。强度储备系数由下式确定:

$$n = \frac{M_j}{M} = \frac{\sigma_s W_{yh}}{[\sigma]W} = \frac{1}{K}\frac{W_{yh}}{W} \qquad (3-8-4)$$

由上式可看出,影响强度储备系数 n(过载能力)的因素是:安全系数 K 值越小,则过载能力越大;若总纵弯曲计算应力比许用应力 $[\sigma]$ 低,则相当于减小了 K 值,因而也相当于增大了过载能力;若在极限状态下板的折减过大,必然降低 W_{yh} 或 W_{ys},因而也就降低了过载能力。因此,为了提高船体梁过载能力,应尽可能降低板在极限弯矩作用下的折减程度。在设计中,应保证甲板边板、舷顶列板及平板龙骨的临界应力达到结构材料的屈服极限。也就是说,这些构件在极限弯矩作用下不应当失稳。

3.9 船体强度标准

3.9.1 概述

船体强度标准问题是船体强度的基本问题之一。强度标准问题的实质是根据外载荷的作用及其变化特性以及船体结构内力计算精度来研究和决定船体结构的危险应力值、许用应力值(或强度储备系数)和极限载荷强度值。

船体强度科学中,外力计算、内力计算与强度标准三大问题是相互关联的,并配套作用。与强度计算方法中的应力法和极限载荷法相对应,强度标准也采用应力标准和极限载荷标准两类。应力标准是指用强度计算中的结构计算应力与规定的许用应力或危险应力相比较,来确定船体结构是否满足强度要求。而极限载荷标准是直接用计算的船体结构极限承载能力,即极限载荷,与实际载荷进行比较,从而给出船体结构的过载能力,来确定船体结构是否满足强度要求。设船体极限载荷(强度)值为 P_j,实际载荷为 P_0,则有 $P_j = nP_0$,式中 n 为过载能力或极限状态下的强度储备系数。

应力标准有危险应力标准和许用应力标准两种方法。危险应力标准是将强度储备要求(过载能力)置于计算载荷中,由此计算出的结构应力与危险应力比较,可表示为

$$\begin{cases} P_1 = n_1 p_0 \\ \sigma \leqslant \sigma_s \end{cases} \tag{3-9-1}$$

式中:P_1 为计算载荷;P_0 为实际载荷;n_1 为强度储备系数($n_1 \geqslant 1$);σ 为计算应力;σ_s 为材料屈服应力。

由于危险应力标准与极限载荷标准是基本一致的,也是给出了船体的过载能力,因此,采用了极限载荷标准后,危险应力标准即不再采用。目前大多数规范采用许用应力标准与极限载荷标准配合使用。许用应力标准是将强度储备要求置于许用应力中,而计算载荷直接取实际载荷值,可表示为

$$\begin{cases} P_1 = P_0 \\ \sigma \leqslant [\sigma] = \dfrac{\sigma_s}{n_2} = K\sigma_s \end{cases} \tag{3-9-2}$$

式中:$[\sigma]$ 为许用应力;n_2 为强度储备系数;K 为安全系数,$K = 1/n_2$。

一般来说,当外力与内力成正比时,应力满足叠加原理,许用应力标准与危险应力标准是一致的,即 $n_1 = n_2$。但是在外载荷变化过程中船体结构大多数情况下是很难满足应力叠加原理的。对于船体梁来说,不同载荷(应力)水平下,

构件的失稳折减是不同的,甚至产生局部应力屈服的非线性因素;对于局部构件而言,不同载荷(应力)水平下,其复杂弯曲的轴向力不同,因此危险应力标准中的强度储备系数 n_1 反映了船体最终破坏状态下的强度储备(或过载能力),而许用应力标准中的强度储备系数 n_2 反映了船体计算应力状态下的名义强度储备,并有 $n_1 < n_2$。

事实上,在船体结构强度计算和强度标准计算中采用"强度储备"的方法,只是造船工程师们采用的一种"技巧",采用这一"技巧"可以绕过计算应力不能精确表达船体结构的真实应力这一困境。不管怎样,目前的许用应力标准和极限载荷标准中的"强度储备系数"和"过载能力系数"所确定的船体结构安全裕度仍然是不明确的和未知的。要更准确地考查船体结构强度标准问题,必须对载荷形式、结构形式、材料性能、建造公差、建造和使用过程中的环境条件,以及其他因素进行更为精确地分析和研判。

3.9.2　危险应力和强度储备系数的确定方法

舰船结构强度标准制定过程中的关键技术是如何确定危险应力和强度储备系数 n(或称安全系数 $K = 1/n$)。危险应力和强度储备的选取应考虑的因素主要有外载荷形式、结构的作用及其所产生的应力的性质和材料的强度等。而材料尺寸和力学特性参数的离散性,以及建造质量和建造公差的不确定性,在现代舰船强度理论中还无法精确考虑。危险应力是指使结构产生破坏所对应的最小应力,而危险应力与许用应力的比值即为强度储备系数。

就外载荷而言,可从两个方面分类:

① 按载荷随时间作用过程中变化情况可分为不变载荷、交变载荷和冲击载荷,其中交变载荷和冲击载荷又统称为动载荷;

② 按载荷作用频率情况可分为经常性载荷和偶然性载荷。

不变载荷主要有船体重力、静水压力等;交变载荷主要有波浪附加弯曲力矩,机械运转的不平衡力以及摇摆的惯性力等;冲击载荷主要有波浪冲击力、砰击力、爆炸冲击波压力、武器发射时的后坐力等。上述载荷中作用较频繁属经常性载荷的有重力、外水压力、液舱水压、主动力系统不平衡力(包括主机、轴、桨)、摇摆惯性力、波浪冲击力、波浪附加弯矩等,而破损水压力、甲板上浪水压力、下水时作用力、后坐力、最大波浪弯曲力矩、爆炸冲击波压力等属于偶然性载荷。

对应不同载荷状态船体结构危险应力的一般取值:

(1) 不变载荷且经常性载荷作用下,危险应力取为材料屈服极限 σ_s,并有

$$|\sigma| \leqslant \sigma_s (最大正应力破坏准则)$$

$$|\tau| \leqslant \tau_s (最大剪应力破坏准则)$$

（2）交变载荷且经常性载荷作用下,危险应力取结构疲劳极限,其公式为

$$\sigma_F = 0.25\sigma_s(3\pm\sigma_{min}/\sigma_{max})$$

式中:σ_{min}、σ_{max}分别为最小和最大正应力绝对值,当最大应力和最小应力均为拉应力或压应力时,公式取正号,否则取负号;σ_F为疲劳(交变)状态下的危险应力,并有

$$|\sigma|\leqslant\sigma_F$$

（3）偶然性载荷作用下,危险应力标准一般可提高 10%~33%,具体大小视偶然程度及载荷形式而定,如对于偶然爆炸载荷,危险应力可取接近材料强度极限σ_b,而破损水压力、甲板上浪水压力作用下,危险应力仍可取σ_s。

在保证材料性能和建造质量,并采用通常的方法确定和计算载荷及应力时,强度储备系数一般给出以下取值建议:

（1）经常性载荷作用下,强度储备系数取 $n=1.65$,安全系数 $K=1/n\approx0.60$,许用应力标准为$[\sigma]=0.6\sigma_s$;

（2）偶然性载荷作用下,强度储备系数取 $n=1.25$,安全系数 $K=1/n\approx0.8$,许用应力标准为$[\sigma]=0.8\sigma_s$。

强度储备系数的取值除考虑载荷性质以外,还要考虑各部位结构的作用及其所产生的应力的性质这一因素对强度储备系数的影响。船体结构中,船体强力骨架结构在保证船体总体强度和保持船体总体形状方面具有更重要的作用,而船体板在局部强度起主要作用。与此相对应,作用于船体结构中的应力也分为两类,即总体应力和局部应力。一般总体应力由船体梁总体弯曲变形或板架整体弯曲变形引起,并造成船体强力骨架、支柱等主要结构承受较大应力,一旦总体应力超过危险应力,就将造成整个船体结构的破坏或发生不可允许的变形。局部应力是指由局部载荷引起的板和纵骨的局部弯曲应力,一般情况下,局部应力仅引起局部结构的变形或破坏,而不会引起船体总体的失效。

显然,总体应力及船体梁和强力骨架对应的强度标准应该更保守,更保证安全,其强度储备系数应取大一些;而局部应力及局部板和纵骨对应的强度标准可偏于危险一些,强度储备系数可取小一些。

3.9.3 总纵强度校核衡准

船体总纵强度标准主要包括许用应力标准、结构稳定性标准、极限弯矩强度标准和船体刚度标准。

1. 许用应力标准

如前所述,船体有四类构件:第一类构件仅受船体梁弯曲应力 σ_1 的作用;第二类构件受船体梁弯曲应力 σ_1 和板架弯曲应力 σ_2 的作用;第三类构件受船体梁弯曲

应力 σ_1、板架弯曲应力 σ_2 和纵骨弯曲应力 σ_3(或横骨架中板弯曲应力);第四类构件除受纵骨架式结构第三类构件所受应力以外,还受纵骨架板的弯曲应力。《舰船通用规范》规定的该四类构件的正应力许用应力标准为

$$\sigma_{\max} \leqslant [\sigma] = 0.38\sigma_s \text{(第一类构件)}$$

$$\sigma_{\max} \leqslant [\sigma] = 0.46\sigma_s \text{(第二类构件)}$$

$$\sigma_{\max} \leqslant [\sigma] = 0.56\sigma_s \text{(第三类构件)}$$

$$\sigma_{\max} \leqslant [\sigma] = 0.56\sigma_s \text{(第四类构件)}$$

式中:σ_s 为材料屈服极限,$\sigma_{\max}$ 为最大合成应力。

按舰艇静置在波浪上所计算的剪应力校核船体强度时,无论中拱、中垂,其计算剪应力均应满足:

$$\tau \leqslant 0.25\sigma_s$$

式中:τ 为计算剪应力。

2. 结构稳定性标准

《舰船通用规范》船体总纵强度中规定的结构稳定性标准主要有板的稳定性要求和骨架稳定性要求,具体要求见表 3-9-1。

表 3-9-1　结构稳定性标准

构 件 部 位	船体中部(0.5L)	船体首、尾部
甲板边板、舷则顶板、平板龙骨	$\sigma_{cr} > \sigma_s$ 或 $\sigma_{cr 板架}$	
舷侧板	$\tau_{cr} > 2\tau$	$\tau_{cr} > 2\tau$
全部纵向骨架	$\sigma_E > 2\sigma_s$	$\sigma_E > 1.5\sigma_s$

注:σ_s 为材料屈服极限;τ 为构件计算剪应力;τ_{cr} 为构件的临界剪应力;σ_{cr} 为构件的临界应力;σ_E 为构件计算欧拉应力

3. 极限弯矩强度标准

船体极限弯矩是指使船体梁剖面内离中和轴最远点强力构件的应力达到材料屈服极限 σ_s(受拉伸时)或板架的临界应力 σ_{cr}(受压缩时)的总纵弯曲力矩。

由梁的稳定性理论可知,梁的临界应力 σ_{cr} 由梁的欧拉应力 σ_E 经非弹性修正后给出,相应的理论公式为 $\sigma_{cr} = \sigma_s(1 - 0.25\sigma_s/\sigma_E)$,其中 σ_s 为材料屈服应力。当梁欧拉应力 σ_E 趋于无穷大时,才有 $\sigma_{cr} = \sigma_s$;而 $\sigma_E = 2\sigma_s$ 时,实际修正值为(根据材料不同而不同见图 3-3-6):$\sigma_{cr} \approx (0.92 \sim 0.96)\sigma_s$。因此,一般情况下,船体板架的临界应力 $\sigma_{cr} < \sigma_s$。当船体梁剖面离中和轴最远点的强力构件的应力达到 σ_s(受拉)或 σ_{cr}(受压)时,船体梁将进入整体塑性失效或板架整体失稳失效,这是不允许的。

根据上述定义,极限弯矩 M_j 的计算公式由下式给出:

$$M_j = \sigma_s W_{yh} \quad 或 \quad M_j = \sigma_{cr} W_{ys}$$

式中: W_{yh} 为强力构件拉应力达到材料屈服极限时船体梁最小剖面模数; W_{ys} 为强力构件压应力达到其临界应力时的船体梁最小剖面模数。

《舰船通用规范》中规定,船体极限弯矩强度标准为

$$\begin{cases} \dfrac{M_j}{M_s + M_w} \geqslant 2.6 \\[3mm] \dfrac{M_j}{M_s + M_w + M_d} \geqslant 1.5 \end{cases}$$

式中: M_s、M_w、M_d 分别为舰船计算静水弯矩、波浪附加弯矩和砰击振动弯矩。

需说明的是,船体极限弯矩强度标准的两个计算公式所限制的船体强度有不同的侧重点。第一个公式与许用应力条件 $\sigma_1 \leqslant 0.38\sigma_s$ 相关,其中 $1/0.38 \approx 2.6$,这就要求在极限弯矩作用下,船体梁的剖面模数不能有太多的折减,否则许用应力条件将失去作用。第二个公式重点在考核高海情和高速航行状态下,由于砰击振动弯矩的作用,船体是否有足够的强度储备。一般情况下,高速舰艇(最大航速大于30kn)和中垂波浪弯矩较大时,第二个公式的限制条件更严。

4. 船体刚度标准

船体刚度是指船体结构抵抗变形的能力。船体刚度主要用船体总纵弯曲挠度来衡量。随着高强度合金钢在船体结构中的应用,船体刚度要求应该给予足够的重视。这是因为船体变形过大时,不仅会影响主机和轴系的转动,而且会引起船体较大的振动响应,特别是船体尾部在螺旋桨脉动压力和轴系不平衡力作用下的船体尾部振动响应。《舰船通用规范》对钢质船体刚度的要求是

$$v_{max} \leqslant L/500$$

式中: v_{max} 为船体总纵弯曲时最大总挠度; L 为舰船设计水线长。

3.10 总纵弯曲内力计算算例

3.10.1 原始资料

1. 参考图或计算书

(1)基本结构图;

(2)典型横剖面结构图;

(3)甲板板架稳定性计算书;

(4)弯矩与剪力计算书。

2. 原始数据

计算区域舱长　　　$L = 1300.00\text{cm}$

板架计算宽度　　　$B = 9.6\text{m}$

材料弹性模量　　　$E = 210\text{GPa}$

材料屈服极限　　　$\sigma_s = 355.00\text{MPa}$

重力加速度　　　　$g = 9.8\text{m/s}^2$

甲板板架临界应力　$\sigma_{cr} = 333.70\text{MPa}$

3. 计算载荷

波浪弯矩和砰击振动弯矩的计算载荷如表 3-10-1 所列。

表 3-10-1　计算荷重数据

舰艇所处状态	计算水压头 /m	静水弯矩+波浪弯矩($M_s + M_w$) /(kN·m)	砰击振动弯矩 M_d /(kN·m)
中拱	5.684	43866.64	14876.2
中垂	0.836	-53773.10	-44628.6

4. 强度标准

总纵强度：

$$\sigma_1 \leqslant 0.38\sigma_s = 134.9\text{MPa}$$

$$\sigma_1 + \sigma_2 \leqslant 0.46\sigma_s = 163.3\text{MPa}$$

$$\sigma_1 + \sigma_2 + \sigma_3 \leqslant 0.56\sigma_s = 198.8\text{MPa}$$

$$\sigma_1 + \sigma_2 + \sigma_3 + \sigma_4 \leqslant 0.56\sigma_s = 198.8\text{MPa}$$

极限弯矩：

$$\frac{M_j}{M_s + M_w + M_d} \geqslant 1.5$$

$$\frac{M_j}{M_s + M_w} \geqslant 2.6$$

3.10.2　总纵弯曲内力第一次近似计算

各强力构件尺寸均填入表 3-10-2 中(各构件编号见图 3-10-1)。舰体剖面要素及第一次近似计算在表 3-10-2 中完成，在计算中先选取参考轴位置在基线处。计算过程见表 3-10-2。表中，$A = 2164.65\text{cm}^2$，$B = 7794.50\text{cm}^2 \cdot \text{m}$，$C = 47047.34\text{cm}^2 \cdot \text{m}^2$。

第一次近似中性轴距参考轴的距离为

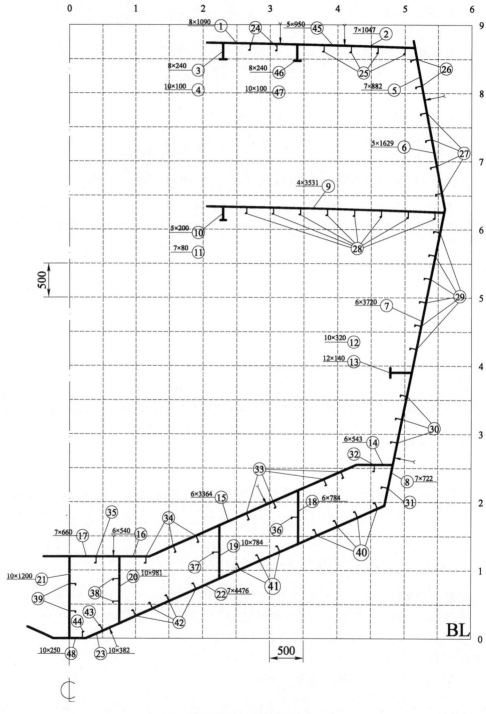

图 3-10-1　计算剖面

$$\Delta = \frac{B}{A} = 3.60 \, (\text{m})$$

船体剖面对水平中和轴的惯性矩为

$$I = 2\left(C - \frac{B^2}{A}\right) = 37961.47 \, (\text{cm}^2 \cdot \text{m}^2)$$

剖面上各构件的应力为

$$\sigma_i = \frac{M}{I} \times Z_i'$$

式中：$Z_i' = Z_i - \Delta$，具体计算结果见表 3-10-2。

表 3-10-2　计算剖面各构件应力计算值

构件编号	构件名称	剖面积 A_i/cm^2	距基轴高 Z_i/m	静力矩 $A_i \cdot Z_i$ /(cm^2·m)	惯性矩 $A_i \cdot Z_i^2$ /(cm^2·m^2)	自身惯性矩 i_0 /(cm^2·m^2)	距中和轴距离 /m	中拱弯曲应力 /MPa	中垂弯曲应力 /MPa	临界应力 /MPa
1	01甲板板	87.21	8.73	761.36	6646.68	0.00	5.13	59.28	-72.67	336.84
2	甲板边板	73.31	8.68	636.33	5523.32	0.00	5.08	58.70	-71.96	257.89
3	纵桁腹板	19.20	8.60	165.12	1420.03	0.09	5.00	57.78	-70.83	355.00
4	纵桁面板	10.00	8.48	84.80	719.10	0.00	4.88	56.39	-69.13	355.00
5	舷顶列板	61.76	8.28	511.35	4234.00	3.86	4.68	54.08	-66.29	304.00
6	外板	81.45	7.25	590.51	4281.22	17.38	3.65	42.18	-51.70	131.58
7	外板	229.76	4.42	1015.56	4488.76	269.25	0.82	9.48	-11.62	223.40
8	外板	42.89	2.25	96.50	217.13	1.29	-1.35	-15.60	19.12	355.00
9	1甲板板	141.23	6.30	889.74	5605.34	0.00	2.70	31.20	-38.25	84.21
10	纵桁腹板	10.00	6.23	62.30	388.13	0.03	2.63	30.39	-37.25	355.00
11	纵桁面板	5.60	6.13	34.33	210.43	0.00	2.53	29.24	-35.84	355.00
12	纵桁腹板	32.00	3.90	124.80	486.72	0.00	0.30	3.47	-4.25	355.00
13	纵桁面板	16.80	3.90	65.52	255.53	0.03	0.30	3.47	-4.25	355.00
14	内底边板	32.60	2.55	83.14	212.00	0.00	-1.05	-12.13	14.87	355.00
15	内底板	87.18	2.25	196.15	441.33	2.44	-1.35	-15.60	19.12	189.47
16	内底板	133.75	1.61	215.33	346.68	6.56	-1.99	-23.00	28.19	257.89
17	内底板	84.00	1.20	100.80	120.96	0.00	-2.40	-27.73	34.00	257.89
18	Ⅲ旁龙骨	47.02	1.78	83.70	148.98	2.41	-1.82	-21.03	25.78	178.05
19	Ⅱ旁龙骨	78.37	1.27	99.53	126.40	4.01	-2.33	-26.92	33.00	355.00
20	Ⅰ旁龙骨	98.09	0.71	69.64	49.45	7.86	-2.89	-33.40	40.94	355.00
21	中内龙骨	60.00	0.60	36.00	21.60	7.20	-3.00	-34.67	42.50	355.00

（续）

构件编号	构件名称	剖面积 A_i/cm²	距基轴高 Z_i/m	静力矩 $A_i \cdot Z_i$/(cm²·m)	惯性矩 $A_i \cdot Z_i^2$/(cm²·m²)	自身惯性矩 i_0/(cm²·m²)	距中和轴距离/m	中拱弯曲应力/MPa	中垂弯曲应力/MPa	临界应力/MPa
22	船底板	313.35	1.11	347.81	386.07	84.60	-2.49	-28.77	35.27	355.00
23	船底板	63.21	0.08	5.06	0.40	0.00	-3.52	-40.68	49.86	355.00
24	甲板纵骨	11.68	8.68	101.38	880.00	0.01	5.08	58.70	-71.96	320.22
25	甲板纵骨	23.36	8.62	201.36	1735.75	0.01	5.02	58.01	-71.11	326.72
26	舷侧纵骨	11.68	8.28	96.71	800.76	0.01	4.68	54.08	-66.29	323.82
27	舷侧纵骨	17.08	7.12	121.61	865.86	0.01	3.52	40.68	-49.86	285.71
28	甲板纵骨	34.16	6.22	212.48	1321.60	0.01	2.62	30.28	-37.11	301.64
29	舷侧纵骨	25.62	5.07	129.89	658.56	0.01	1.47	16.99	-20.82	295.08
30	舷侧纵骨	12.81	3.22	41.25	132.82	0.00	-0.38	-4.39	5.38	295.08
31	舷侧纵骨	5.84	2.22	12.96	28.78	0.00	-1.38	-15.95	19.55	327.97
32	内底纵骨	4.27	2.50	10.68	26.69	0.00	-1.10	-12.71	15.58	309.30
33	内底纵骨	17.08	2.17	37.06	80.43	0.01	-1.43	-16.52	20.26	290.81
34	内底纵骨	8.54	1.36	11.61	15.80	0.00	-2.24	-25.88	31.73	290.81
35	内底纵骨	8.54	1.14	9.74	11.10	0.00	-2.46	-28.43	34.85	285.71
36	Ⅲ龙骨筋	5.84	1.78	10.40	18.50	0.00	-1.82	-21.03	25.78	323.23
37	Ⅱ龙骨筋	8.63	1.27	10.96	13.92	0.01	-2.33	-26.92	33.00	333.79
38	Ⅰ龙骨筋	17.26	0.71	12.25	8.70	0.02	-2.89	-33.40	40.94	336.28
39	中龙骨筋	17.26	0.60	10.36	6.21	0.02	-3.00	-34.67	42.50	333.79
40	底板纵骨	23.36	1.73	40.41	69.91	0.01	-1.87	-21.61	26.49	327.97
41	底板纵骨	17.52	1.14	19.97	22.77	0.01	-2.46	-28.43	34.85	327.97
42	底板纵骨	23.36	0.55	12.85	7.07	0.01	-3.05	-35.24	43.20	327.97
43	底板纵骨	5.84	0.16	0.93	0.15	0.00	-3.44	-39.75	48.73	323.27
44	底板纵骨	8.63	0.05	0.43	0.02	0.01	-3.55	-41.02	50.29	338.15
45	01甲板板	47.51	8.71	413.83	3604.49	0.00	5.11	59.05	-72.38	131.58
	求和	A		B	C					
		2164.65		7794.50	47047.34					

3.10.3 船体板及骨架稳定性校核计算

1. 板格临界应力

纵骨架式板格临界应力由下式确定：

$$\sigma_{cr} = 76\left(\frac{100t}{b}\right)^2$$

式中：t 为板厚；b 为纵骨间距。

板格临界应力计算见表 3-10-3。

表 3-10-3　板格临界应力

构件编号	构件名称	短边 b/mm	板厚度 t/mm	理论计算欧拉应力/MPa	临界应力/MPa
1	01 甲板板	380	8	336.84	336.84
2	甲板边板	380	7	257.89	257.89
5	舷顶列板	350	7	304.00	304.00
6	外板	380	5	131.58	131.58
7	外板	350	6	223.35	223.35
8	外板	300	7	413.78	355.00
9	1 甲板板	380	4	84.21	84.21
14	内底边板	250	6	437.76	355.00
15	内底板	380	6	189.47	189.47
16	内底板	380	7	257.89	257.89
17	内底板	380	7	257.89	257.89
22	船底板	300	7	413.78	355.00
23	船底板	300	10	844.44	355.00
45	01 甲板板	380	5	131.58	131.58

2. 组合梁面板和腹板临界应力

对于甲板纵桁、舷侧纵桁、龙骨、底纵桁及其他纵向构件，计算自由翼板临界应力按下式：

$$\sigma_{cr} = 8.2(100t/b)^2$$

腹板的临界应力可按沿腹板高度承受线性规律变化的压缩应力的自由支持板进行计算：

$$\sigma_{cr} = 76(100t/b)^2$$

则组合梁面板和腹板临界应力计算见表 3-10-4。

表 3-10-4　组合梁面板和腹板临界应力

构件编号	构件名称	短边 b/mm	板厚度 t/mm	理论计算欧拉应力/MPa	临界应力/MPa
3	纵桁腹板	240	8	844.44	355.00
4	纵桁面板	50	10	3280.00	355.00

（续）

构件编号	构件名称	短边 b/mm	板厚度 t/mm	理论计算欧拉应力/MPa	临界应力/MPa
10	纵桁腹板	200	5	475.00	355.00
11	纵桁面板	40	7	2511.25	355.00
12	纵桁腹板	320	10	742.19	355.00
13	纵桁面板	70	12	2409.80	355.00
18	Ⅲ旁龙骨	392	6	178.05	178.05
19	Ⅱ旁龙骨	392	10	494.59	355.00
20	Ⅰ旁龙骨	327	10	710.75	355.00
21	中内龙骨	400	10	475.00	355.00

3. 纵骨临界应力

纵骨理论欧拉应力由下式确定：

$$\sigma_{\mathrm{E}} = \frac{\pi^2 E i}{l^2 (f + t a_e)}$$

式中　i——包括带板的纵骨剖面惯性矩，此时带板宽度按梁弯曲问题带板宽度
　　　　　选取；

　　　l——纵骨跨距；

　　　E——材料弹性模量；

　　　f——不包括带板的纵骨剖面积；

　　　t——带板厚度。

计算纵骨稳定性时，带板宽度应考虑板受到压缩应力大于临界应力时的折减。
此时，带板的宽度可按下式确定：

$$a_e = (a/2) \cdot (1 + \psi)$$

式中　a_e——稳定性带板宽度；

　　　a——纵骨间距；

　　　ψ——折减系数，$\psi = \sigma_{\mathrm{cr}}/\sigma_i$（$\sigma_{\mathrm{cr}}$ 为板的临界应力，σ_i 为作用在板上的压缩应
　　　　　力），$\psi \leqslant 1$。

由板格稳定性计算得到 ψ 均为 1，所以 $a_e = a$。

按上式求得的欧拉应力，若超过材料的比例极限，则必须对理论欧拉应力进行
修正，以考虑材料不服从胡克定律对稳定性的影响，修正公式如下：

$$\sigma_{\mathrm{cr}} = \begin{cases} \sigma_{\mathrm{E}} & (\sigma_{\mathrm{E}} \leqslant \sigma_s/2) \\ \sigma_s \left(1 - \dfrac{\sigma_s}{4\sigma_{\mathrm{E}}}\right) & (\sigma_{\mathrm{E}} \geqslant \sigma_s/2) \end{cases}$$

纵骨剖面要素及临界应力计算见表 3-10-5。

表 3-10-5 纵骨临界应力

构件编号	构件名称	纵骨型号	纵骨剖面积/cm²	带板厚度/mm	a_e/mm	$l/6$/mm	剖面惯性矩/cm⁴	欧拉应力/MPa	临界应力/MPa
24	甲板纵骨	r8	5.84	8	380	167	158.53	905.74	320.22
25	甲板纵骨	r8	5.84	5	380	167	133.67	1114.16	326.72
26	舷侧纵骨	r8	5.48	7	350	167	146.31	1010.47	323.82
27	舷侧纵骨	r6	4.27	7	380	167	67.80	454.72	285.71
28	甲板纵骨	r6	4.27	4	380	167	55.53	590.49	301.64
29	舷侧纵骨	r6	4.27	6	350	167	64.17	525.77	295.08
30	舷侧纵骨	r6	4.27	6	350	167	64.17	525.77	295.08
31	舷侧纵骨	r8	5.84	7	300	167	151.11	1165.72	327.97
32	内底纵骨	r6	4.27	6	250	167	64.17	689.48	309.30
33	内底纵骨	r6	4.27	6	380	167	64.17	490.81	290.81
34	内底纵骨	r6	4.27	6	380	167	64.17	490.81	290.81
35	内底纵骨	r6	4.27	7	380	167	67.80	454.72	285.71
36	Ⅲ龙骨筋	r8	5.84	6	400	167	142.93	991.73	323.23
37	Ⅱ龙骨筋	r10	8.63	10	400	167	348.93	1485.64	333.79
38	Ⅰ龙骨筋	r10	8.63	10	343	167	348.93	1682.90	336.28
39	中龙骨筋	r10	8.63	10	400	167	348.93	1485.64	333.79
40	底板纵骨	r8	5.84	7	300	167	151.11	1165.72	327.97
41	底板纵骨	r8	5.84	7	300	167	151.11	1165.72	327.97
42	底板纵骨	r8	5.84	7	300	167	151.11	1165.72	327.97
43	底板纵骨	r8	5.84	10	300	167	171.86	992.87	323.27
44	底板纵骨	r10	8.63	10	300	167	348.93	1870.23	338.15

由表 3-10-2~表 3-10-5 的计算结果可知,不论是中拱还是中垂状态,该剖面上各构件的压应力均小于相应的临界应力,在船体总纵弯曲下无失稳构件,不需要进行折减计算,可直接按第一次近似总纵弯曲应力值进行强度校核。

3.10.4 局部弯曲应力计算

1. 船底板架弯曲应力计算

船底板架弯曲应力计算时,将中内龙骨当作单跨梁处理,计算公式如下:

在支座剖面处 $M_0 = \dfrac{Ql}{12}$

在跨长中点处 $M_1 = \dfrac{Ql}{24}$

式中：$Q=qbl$，q 为船底板架的载荷强度，b 为纵桁间距，l 为纵桁跨度。

板架弯曲应力按以下公式计算：

$$\sigma = \frac{M}{W} \quad (\text{MPa})$$

式中：W 为构件剖面模数。

计算数据见表 3-10-6。

表 3-10-6　板架弯曲应力

构件名称			舰艇状态	弯矩 $M/(\text{N} \cdot \text{m})$	中内龙骨应力 σ_2/MPa
中内龙骨	内底处	舱段隔壁处	中拱	603689.56	-67.27
			中垂	88790.37	-9.89
		舱段跨中	中拱	301844.78	33.63
			中垂	44395.19	4.95
	外板处	舱段隔壁处	中拱	603689.56	70.10
			中垂	88790.37	10.31
		舱段跨中	中拱	301844.78	-35.05
			中垂	44395.19	-5.15

2. 外底板纵骨应力计算

外底板纵骨应力计算：

在支座剖面处 $M_0 = \dfrac{qba^2}{12}$

在跨长中点处 $M_1 = \dfrac{qba^2}{24}$

式中　a——纵骨跨距；

b——纵骨间距；

q——载荷强度，分别取为中拱和中垂时的水压力。

纵骨弯曲应力按以下公式计算：

$$\sigma_3 = \frac{M}{W} \, (\text{MPa})$$

计算结果见表 3-10-7。

表 3-10-7 纵骨弯曲应力

构件名称			舰艇状态	弯矩 M/(N·m)	纵骨应力 σ_3/MPa
纵骨	纵骨支座处	纵骨与外板连接处	中拱	1905.13	11.83
			中垂	280.21	1.74
		纵骨球头处	中拱	1905.13	-100.27
			中垂	280.21	-14.75
	纵骨跨中	纵骨与外板连接处	中拱	952.57	-5.92
			中垂	140.10	-0.87
		纵骨球头处	中拱	952.57	50.14
			中垂	140.10	7.37

3. 船底外板应力计算

船底外板应力按下式计算(短边中点沿船长方向应力):

$$\sigma = 0.343q\left(\frac{b}{t}\right)^2$$

式中 b——船底纵骨间距;

t——板厚;

q——水压力。

计算结果见表 3-10-8。

表 3-10-8 船底外板应力

构件名称			舰艇状态	载荷 q/(N/mm²)	纵骨间距/mm	板厚/mm	底部外板应力 σ_4/MPa
底部外板	外表面	板短边中点处	中拱	0.06	400	7	-64.01
			中垂	0.01	400	7	-9.41
		板中点处	中拱	0.06	400	7	14.00
			中垂	0.01	400	7	2.06
	内表面	板短边中点处	中拱	0.06	400	7	-64.01
			中垂	0.01	400	7	-9.41
		板中点处	中拱	0.06	400	7	14.00
			中垂	0.01	400	7	2.06

3.10.5 按许用应力校核总纵强度

1. 第一类构件应力校核($\sigma_1 \leqslant 0.38\sigma_s$)

根据《舰船通用规范》要求,该剖面弯曲应力校核结果见表 3-10-9。根据校核结果,构件均满足《舰船通用规范》许用应力标准要求。

表 3-10-9 第一类构件应力校核

构件编号	构件名称	中拱弯曲应力/MPa	中垂弯曲应力/MPa	$[\sigma]$/MPa	结论
1	01 甲板板	59.28	−72.67	134.9	满足
2	甲板边板	58.70	−71.96	134.9	满足
3	纵桁腹板	57.78	−70.83	134.9	满足
4	纵桁面板	56.39	−69.13	134.9	满足
5	舷顶列板	54.08	−66.29	134.9	满足
6	外板	42.18	−51.70	134.9	满足
7	外板	9.48	−11.62	134.9	满足
8	外板	−15.60	19.12	134.9	满足
9	1 甲板板	31.20	−38.25	134.9	满足
10	纵桁腹板	30.39	−37.25	134.9	满足
11	纵桁面板	29.24	−35.84	134.9	满足
12	纵桁腹板	3.47	−4.25	134.9	满足
13	纵桁面板	3.47	−4.25	134.9	满足
14	内底边板	−12.13	14.87	134.9	满足
15	内底板	−15.60	19.12	134.9	满足
16	内底板	−23.00	28.19	134.9	满足
17	内底板	−27.73	34.00	134.9	满足
18	Ⅲ旁龙骨	−21.03	25.78	134.9	满足
19	Ⅱ旁龙骨	−26.92	33.00	134.9	满足
20	Ⅰ旁龙骨	−33.40	40.94	134.9	满足
21	中内龙骨	−34.67	42.50	134.9	满足
22	船底板	−28.77	35.27	134.9	满足
23	船底板	−40.68	49.86	134.9	满足
24	甲板纵骨	58.70	−71.96	134.9	满足
25	甲板纵骨	58.01	−71.11	134.9	满足
26	舷侧纵骨	54.08	−66.29	134.9	满足
27	舷侧纵骨	40.68	−49.86	134.9	满足
28	甲板纵骨	30.28	−37.11	134.9	满足
29	舷侧纵骨	16.99	−20.82	134.9	满足
30	舷侧纵骨	−4.39	5.38	134.9	满足

（续）

构件编号	构件名称	中拱弯曲应力/MPa	中垂弯曲应力/MPa	[σ]/MPa	结论
31	舷侧纵骨	−15.95	19.55	134.9	满足
32	内底纵骨	−12.71	15.58	134.9	满足
33	内底纵骨	−16.52	20.26	134.9	满足
34	内底纵骨	−25.88	31.73	134.9	满足
35	内底纵骨	−28.43	34.85	134.9	满足
36	Ⅲ龙骨筋	−21.03	25.78	134.9	满足
37	Ⅱ龙骨筋	−26.92	33.00	134.9	满足
38	Ⅰ龙骨筋	−33.40	40.94	134.9	满足
39	中龙骨筋	−34.67	42.50	134.9	满足
40	底板纵骨	−21.61	26.49	134.9	满足
41	底板纵骨	−28.43	34.85	134.9	满足
42	底板纵骨	−35.24	43.20	134.9	满足
43	底板纵骨	−39.75	48.73	134.9	满足
44	底板纵骨	−41.02	50.29	134.9	满足
45	01甲板板	59.05	−72.38	134.9	满足

2. 第二类构件（中内龙骨）应力校核（$\sigma_1+\sigma_2 \leqslant 0.46\sigma_s$）

第二类构件应力校核见表3-10-10。

表 3-10-10　第二类构件应力校核

构件名称		舰艇状态	σ_1/MPa	σ_2/MPa	$\sigma=\sigma_1+\sigma_2$/MPa	[σ]/MPa	结论
中内龙骨	内底处 舱段隔壁处	中拱	−34.67	−67.27	−101.94	163.30	满足
		中垂	42.50	−9.89	32.61	163.30	满足
	内底处 舱段跨中	中拱	−34.67	33.63	−1.04	163.30	满足
		中垂	42.50	4.95	47.45	163.30	满足
	外板处 舱段隔壁处	中拱	−34.67	70.10	35.43	163.30	满足
		中垂	42.50	10.31	52.81	163.30	满足
	外板处 舱段跨中	中拱	−34.67	−35.05	−69.72	163.30	满足
		中垂	42.50	−5.15	37.35	163.30	满足

3. 第三类构件（外底板纵骨）应力校核（$\sigma_1+\sigma_2+\sigma_3 \leqslant 0.56\sigma_s$）

第三类构件应力校核见表3-10-11。

表 3-10-11 第三类构件应力校核

构件名称		舰艇状态	σ_1/MPa	σ_2/MPa	σ_3/MPa	$\sigma=\sigma_1+\sigma_2+\sigma_3$/MPa	$[\sigma]$/MPa	结论
纵骨	纵骨支座处 — 纵骨与外板连接处	中拱	−35.24	70.10	11.83	46.69	198.80	满足
		中垂	43.20	10.31	1.74	55.25	198.80	满足
	纵骨支座处 — 纵骨球头处	中拱	−35.24	70.10	−100.27	−65.41	198.80	满足
		中垂	43.20	10.31	−14.75	38.76	198.80	满足
	纵骨跨中 — 纵骨与外板连接处	中拱	−35.24	−35.05	−5.92	−76.20	198.80	满足
		中垂	43.20	−5.15	−0.87	37.17	198.80	满足
	纵骨跨中 — 纵骨球头处	中拱	−35.24	−35.05	50.14	−20.15	198.80	满足
		中垂	43.20	−5.15	7.37	45.42	198.80	满足

4. 第四类构件(外底板)应力校核$(\sigma_1+\sigma_2+\sigma_3+\sigma_4 \le 0.56\sigma_s)$

第四类构件应力校核见表 3-10-12。

表 3-10-12 第四类构件应力校核

构件名称			舰艇状态	σ_1/MPa	σ_2/MPa	σ_3/MPa	σ_4/MPa	$\sigma=\sigma_1+\sigma_2+\sigma_3+\sigma_4$/MPa	$[\sigma]$/MPa	结论
底部外板	外表面	舱段隔壁处 — 纵骨支座处	中拱	−28.77	70.10	11.83	64.01	117.17	198.80	满足
			中垂	35.27	10.31	1.74	9.41	56.74	198.80	满足
		舱段隔壁处 — 纵骨跨中	中拱	−28.77	70.10	−5.92	−14.00	21.41	198.80	满足
			中垂	35.27	10.31	−0.87	−2.06	42.65	198.80	满足
		舱段跨中 — 纵骨支座处	中拱	−28.77	−35.05	11.83	64.01	12.03	198.80	满足
			中垂	35.27	−5.15	1.74	9.41	41.27	198.80	满足
		舱段跨中 — 纵骨跨中	中拱	−28.77	−35.05	−5.92	−14.00	−83.73	198.80	满足
			中垂	35.27	−5.15	−0.87	−2.06	27.19	198.80	满足
	内表面	舱段隔壁处 — 纵骨支座处	中拱	−28.77	70.10	11.83	−64.01	−10.85	198.80	满足
			中垂	35.27	10.31	1.74	−9.41	37.91	198.80	满足
		舱段隔壁处 — 纵骨跨中	中拱	−28.77	70.10	−5.92	14.00	49.41	198.80	满足
			中垂	35.27	10.31	−0.87	2.06	46.77	198.80	满足
		舱段跨中 — 纵骨支座处	中拱	−28.77	−35.05	11.83	−64.01	−116.00	198.80	满足
			中垂	35.27	−5.15	1.74	−9.41	22.44	198.80	满足
		舱段跨中 — 纵骨跨中	中拱	−28.77	−35.05	−5.92	14.00	−55.74	198.80	满足
			中垂	35.27	−5.15	−0.87	2.06	31.30	198.80	满足

3.10.6　按极限弯矩法校核总纵强度

1. 中拱状态极限弯矩计算

中拱时,临界应力取为甲板板架的屈服强度,即 $\sigma_s = 355\text{MPa}$。

假定离中和轴最远处 01 甲板构件的拉应力等于材料的屈服极限。经判断比较,各构件中的应力均小于临界应力,不需进行折减,则极限弯矩为

$$M_j = \sigma_s \times W_{min} = 262737.985(\text{kN} \cdot \text{m})$$

式中:$W_{min} = 7401.07\text{cm}^2 \cdot \text{m}$。

$$\frac{M_j}{M_s + M_w} = 5.99 > 2.6$$

$$\frac{M_j}{M_s + M_w + M_d} = 4.47 > 1.5$$

由此可见,满足极限弯矩强度要求。

2. 中垂状态极限弯矩计算

根据甲板板架稳定性计算结果,中垂时甲板板架的临界应力 $\sigma_{cr} = 333.7\text{MPa}$。

假定离中和轴最远处 01 甲板构件的压应力等于甲板板架的临界应力,经判断比较,中垂时 2、6、9、24、25、45 号构件需要折减,折减修正计算如表 3-10-13 所列。

表 3-10-13　船体剖面要素修正计算

构件编号	构件名称	需折减剖面面积 A_i/mm^2	折减系数 ψ	$\psi-1$	折减面积 ΔA_i	距参考轴距离	静力矩 $/(\text{mm}^2 \cdot \text{m})$	惯性矩 $/(\text{mm}^2 \cdot \text{m}^2)$
2	甲板边板	3665.48	0.78	-0.22	-804.79	8.68	-6985.58	-60634.82
6	外板	4072.50	0.55	-0.45	-1815.58	7.25	-13162.97	-95431.52
9	1 甲板板	7061.40	0.48	-0.52	-3675.65	6.30	-23156.61	-145886.64
24	甲板纵骨	1168.00	0	-1.00	-1168.00	8.68	-10138.24	-87999.92
25	甲板纵骨	2336.00	0	-1.00	-2336.00	8.62	-20136.32	-173575.08
45	01 甲板板	2375.63	0.40	-0.60	-1435.24	8.71	-12500.96	-108883.38
	求和				-11235.3		-86080.68	-672411.36

根据表 3-10-13 计算修正,修正后的结果如下:

修正后中和轴至参考轴距离　　　3.38m

剖面惯性矩　　　33795.44cm² · m²

修正后最小剖面模数　　　6315.13cm² · m

极限弯矩   210736.17kN·m

中垂时,第一次折减后剖面模数与未被折减前的剖面模数之比为

$$\frac{W_{ys1}}{W} = 0.853 < 0.95$$

第一次折减后剖面模数 $W_{ys1} < 0.95W$,需进行第二次近似计算,第二次折减后计算结果如下:

剖面惯性矩   33766.97cm² · m²

修正后最小剖面模数   6307.52cm² · m

极限弯矩   191748.83kN · m

则第二次折减后的剖面模数与经第一次折减之后的剖面模数之比为

$$\frac{W_{ys2}}{W_{ys1}} = 0.998 > 0.95$$

第二次折减后的剖面模数与未被折减前的剖面模数之比为

$$\frac{W_{ys2}}{W} = 0.852 > 0.8$$

因此,二次折减后与第一次近似计算中总纵应力差值不超过5%。并且,最终计算的剖面模数大于第一次近似计算所得剖面模数的80%。所以,中垂状态下,极限弯矩校核如下:

$$\frac{M_j}{M_s + M_w} = 3.57 > 2.6$$

$$\frac{M_j}{M_s + M_w + M_d} = 1.95 > 1.5$$

由此可见,满足极限弯矩强度要求。

3.10.7 强度校核结果

由上述计算得出,该剖面处的总纵弯曲应力、极限弯矩(包括中拱和中垂状态)均满足《舰船通用规范》的强度要求。

习题

1. 船体梁剖面参数计算时为何要进行异种材料的面积换算?其换算的基本原理是什么?

2. 船体总纵强度计算中为何要进行构件稳定性检验?哪些构件要考虑剖面折减?剖面折减系数 ψ 的大小范围如何?

3. 在总纵强度校核中要考虑哪四种应力的合成?其对应哪四类构件?其局

部弯曲应力的计算载荷应如何选取?

4. 船体刚度的主要标志是什么? 舰艇有何刚度要求?

5. 什么是船体的极限弯矩? 其表达式是什么?

6. 某型深为 3.5m 的横骨架式船舶如图所示,第一次近似计算船中剖面要素时,参考轴选在基线上 1.5m 处,并得到表所列各数值(对半剖面)。

(1) 该船于中拱状态受到最大弯曲力矩为 2494 kN·m。试计算第一次近似计算的总纵弯曲应力。

(2) 使船底板在第二次计算时的折减系数不小于 0.8(肋距 500mm,船底宽 6m,$\sigma_2 = -40$MPa),该船底板的最小厚度至少应为多少?

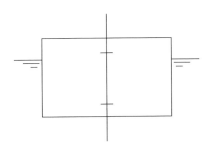

习题 6 图　横剖面图

习题 6 表　船中剖面要素

	面积/cm²	静矩/(cm²·m)	惯性矩/(cm²·m²)
参考轴以上	492	803.4	1467
参考轴以下	1052	1035	1240

7. 已知某底纵桁及其带板上的纵骨在波峰时的计算应力见表,试计算图中 A~N 点的合成应力。(外板分内、外表面)

习题 7 表　底纵桁及其带板上的纵骨在波峰时的计算应力

构件号	σ_1/MPa	σ_2/MPa		σ_3/MPa		σ_4/MPa	
	计算剖面	支座剖面(舱壁)	跨中剖面	支座剖面(肋板)	跨中剖面	平板中央	支座周界
21	-35.0	-62.9	35.2	—	—	—	—
22	-51.6	37.7	-21.7	-62.7	33.6	—	—
23	-55.5	55.2	-31.8	21.6	-10.9	14.0	35.0

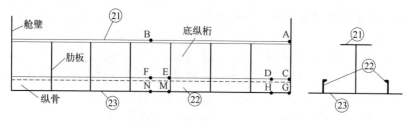

习题 7 图　底部结构及应力点编号

8. 已知某船纵骨架式船底在中拱状态下有下列计算值：

总纵弯曲应力：在(船底板)中，$\sigma_1 = -133$MPa；在(内底板)中，$\sigma_1 = -97$MPa

板架弯曲应力：

在舱壁处剖面
$$\begin{cases} \text{在纵骨自由翼板，} \sigma_2 = 98.6\text{MPa} \\ \text{在船底板中，} \sigma_2 = 138\text{MPa} \\ \text{在内底板中，} \sigma_2 = -180\text{MPa} \end{cases}$$

在跨度中点剖面
$$\begin{cases} \text{在纵骨自由翼板，} \sigma_2 = -47.1\text{MPa} \\ \text{在船底板中，} \sigma_2 = -66\text{MPa} \\ \text{在内底板中，} \sigma_2 = 86\text{MPa} \end{cases}$$

船底纵骨弯曲应力：

在支座剖面处
$$\begin{cases} \text{在船底板中，} \sigma_3 = 35\text{MPa} \\ \text{在自由翼板中，} \sigma_3 = -138\text{MPa} \end{cases}$$

在跨度中点剖面处
$$\begin{cases} \text{在船底板中，} \sigma_3 = -17.5\text{MPa} \\ \text{在自由翼板中，} \sigma_3 = 69\text{MPa} \end{cases}$$

外底板板格弯曲应力：在支座处，$\sigma_4 = 66$MPa；在跨度中，$\sigma_4 = -16$MPa。

试计算可能最危险剖面上的内底板、纵骨自由翼板及船底板(内、外表面)上的合成应力值(注意各种应力的正、负号)。

9. 试计算下述横骨架式内河驳船的总纵弯曲应力(不计初挠度和横荷重的影响)。

已知：型深 $D = 3.2$m；吃水 $d = 2.0$m；甲板厚度 $t_1 = 3.5$mm；船宽 $B = 6.0$m；肋距 $s = 500$mm；材料 $\sigma_y = 235$MPa；船底、舷侧板厚度 $t_0 = 4.0$mm；甲板纵桁 $\perp \dfrac{200 \times 5}{60 \times 6}$；中内龙骨 $\perp \dfrac{250 \times 5}{80 \times 6}$；中垂弯矩 $M = 1200$kN·m；横剖面如习题 6 图所示。

10. 某长方形货驳沿船长均匀装载 500t 货，在货驳中央又堆有一集中载荷 $p(t)$，正浮于静水中。设货驳自身质量 200t，沿船长均匀分布。若不考虑船体弯曲

109号肋骨剖面

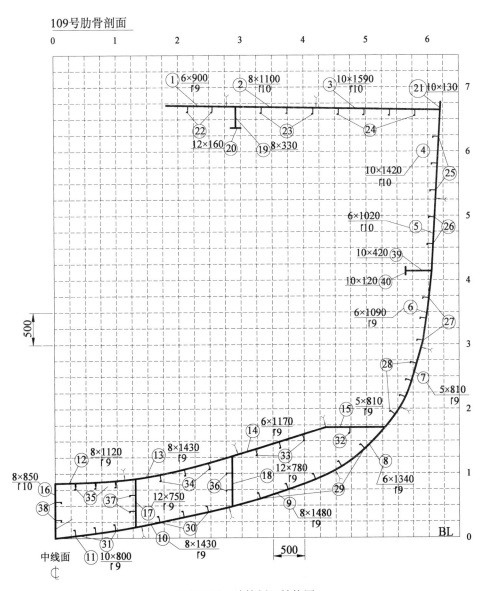

习题11图　计算剖面结构图

挠度对浮力分布的影响,试求船中剖面处船体弯曲挠度(设船体材料弹性模量为
E,船体剖面惯性矩为 I)。

11. 水面舰艇纵总强度校核实作任务书

(1) 题目:按已知外力校核某护卫舰中剖面总纵强度。

(2) 计算内容:① 船体相当梁第一次近似计算;② 船体板及骨架的欧拉应力

及临界应力计算;③ 船体相当梁第二次近似计算(如果需要);④ 构件局部弯曲应力 σ_2、σ_3、σ_4 的计算;⑤ 按许用应力法校核船体总纵强度;⑥ 按极限弯矩法校核船体总纵强度。

(3) 已知条件:波峰弯矩 $M_1 = 79360$kN·m;波谷弯矩 $M_2 = -62200$kN·m;波峰剪力 $F_1 = 3034$kN;波谷剪力 $F_2 = -2279$kN;波峰面距基线距离 $Z_1 = 4.71$m;波谷面距基线距离 $Z_2 = 1.31$m;波峰动弯矩 $M_{d1} = 27730$kN·m;波谷动弯矩 $M_{d2} = -83190$kN·m;弹性模量 $E = 2.1 \times 10^5$MPa;泊松比 $\mu = 0.3$;材料比例极限 $\sigma_E = 225$MPa;材料屈服极限 $\sigma_s = 450$MPa;理论肋骨间距 $\Delta L = 4.9$m;实际肋骨间距 $a = 1.5$m;中剖面所在隔舱长度 $l = 9.0$m;船体中剖面结构及构件编组如习题 9 图所示。

第4章 水面舰艇船体局部强度

船体各部分结构抵抗局部载荷直接作用而不产生破坏和超过允许限度的变形的能力称为船体结构局部强度。船体结构主要组成部分为船底结构、甲板结构、舷侧结构和舱壁结构。在局部强度校核计算中,首先将船体空间立体结构简化为板、梁、板架和框架来进行计算,在确定局部结构受到最大载荷(设计载荷)后,建立数学模型计算局部结构的内力与变形,最后确定局部结构的强度校核衡准。

4.1 船体局部强度外力确定

所有作用在舰艇船体上的载荷可按以下主要特征进行区分:

(1) 按载荷发生的原因分类:

① 外部介质(波浪、冰、温度)的作用;

② 货物、机械、船体结构的重力和惯性力;

③ 特种载荷(舰船进坞和下水时的支座反力,系泊,试验以及评价海损时的载荷)。

(2) 按随时间变化的特征分类:

① 常数或者几乎是准常数的载荷(不随时间变化或者微弱变化);

② 变载荷——载荷大小和(或)作用方向随时间变化。

(3) 按照变化载荷对结构的作用分类:

① 静态变化载荷,全部变化时间大大地超过(达到几倍)首阶结构自由弹性振动周期,以至于在计算时,载荷可认为是静态(不考虑动力系数);

② 动态变化载荷,变化的时间接近或小于结构的弹性自由振动周期,在这些载荷作用下的结构计算要求计及载荷施加的动力过程。

水以及液态货物的不变载荷称为静水力,而变化载荷称为波浪载荷或者水动力。

(4) 在承载情况下,按照船体的变形分布范围,可分为引起船体作为空间梁形式变形(总纵弯曲,剪切,扭转,横剖面偏移,翘曲等)的总载荷,以及引起船体结构局部区域和构件变形的局部载荷。在完成船体结构强度计算时,一般会注意到已经指出的载荷分量的综合作用,并考虑到施加载荷的同时性和在可能达到结构危险(破坏)状态中的相对作用。对各种具体情况,这些载荷叠加的次序由现行强度标准规定(见第2章及3.5节)。作用在船体局部结构的外力通常由规范直接规定,下面分别介绍《舰船通用规范》所规定的有关局部强度的计算载荷。

4.1.1 上甲板、舷侧、底部结构计算水压力

考虑舰船在波浪中横摇、纵摇与升沉运动,以及波浪冲击下的甲板上浪,船体舷外最大水压力比舰船的设计吃水要大,规范规定船体上甲板和首、尾楼甲板的露天部分,其计算载荷主要考虑飞溅水作用,并按下式计算:

$$p = 9.81\Delta \tag{4-1-1}$$

式中:p 为计算水压力(kPa);Δ 为计算水头高(m),并按下式计算(但任何情况下不得小于0.5m),即

$$\begin{cases} \Delta = K \cdot L/\sqrt{h_f} \\ K = 0.01[1 + 2X/L + 8(X/L)^2] \end{cases} \tag{4-1-2}$$

式中:X 为所计算截面距舰中的距离(m),由舰中向首为正,向尾为负;h_f 为所计算截面的干舷高(m),并需计及首楼和尾楼的高度;L 为正常排水时舰船设计水线长(m)。

船体底部和舷侧的计算水压力由下式确定:

$$p = 9.81[H - Z(1 - \Delta/H)] \tag{4-1-3}$$

式中:p 为计算载荷(kPa);H 为计算截面的舷侧高度(m);Z 为计算结构中点距基线的高度(m),对于底板、舷侧板、底部纵骨、舷侧纵骨及舷侧纵桁取构件中点距基线的高度,对于底部板架取计算构件的中点距基线的高度的平均值;Δ 为按式(4-1-2)计算,且 $\Delta \geqslant 0.5$m。

其计算载荷如图4-1-1所示。

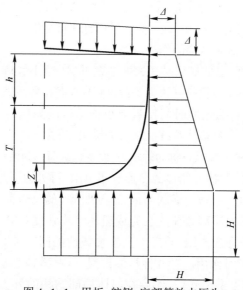

图4-1-1　甲板、舷侧、底部等效水压头

4.1.2 其他甲板和平台设计计算载荷

船体甲板或平台局部强度计算还应考虑以下计算载荷,并取所有这些载荷的最大载荷作为甲板或平台局部强度的计算载荷:

(1) 上甲板遮蔽部分以及不考虑破损水压头的下层甲板和平台的局部强度计算载荷为

$$p = p_1 + p_2 \tag{4-1-4}$$

式中　p——计算压力(kPa);

　　　p_1——固定重物载荷(kPa);

　　　p_2——水压力(取 4.91kPa)。

(2) 首、尾两端附近甲板和平台上装有重物或板厚大于 20mm 时,需计算重物或结构因舰艇摇摆面引起的惯性力(见 4.1.3 节)。

(3) 保证舰艇不沉性的甲板,其局部强度计算载荷不应小于破损水压头高(见 4.1.5 节)。

(4) 作为液舱结构一部分的甲板或平台,应取高达舱顶或注入管(空气管)高度的水柱压头作为计算载荷。

4.1.3 首部 0.35L 区域底部和舷侧波浪冲击水动压力

舰船航行时,首部受到较大的波浪冲击力,在波浪冲击水动压力作用下,船体首部底部和舷侧板、纵骨、肋骨和纵桁将产生冲击动力响应。考虑到动力响应较静强度计算要复杂得多,因此从工程计算方便出发,规范采用静力等效方法计算首部 0.35L 区域作用于底部和舷侧水动压力的等效值。

对于外板和纵骨,计算水动压力为

$$p = m_p \cdot c \cdot h_r \tag{4-1-5}$$

式中　p——计算水动压力的等效静水压(kPa);

　　　m_p——计算结构形状相关动力系数(kN·s²/m⁴),按图 4-1-2 确定;

　　　c——水动力相关系数(m/s²),按图 4-1-3 和图 4-1-4 确定;

　　　h_r——谐振波波高(m),且有

$$h_r = 1.75 + 3.94\left(\frac{\lambda_r}{100}\right) - 0.30\left(\frac{\lambda_r}{100}\right)^2 \tag{4-1-6}$$

其中　λ_r——谐振波波长(m),且有

$$7.5\sqrt{\frac{T}{L}} \cdot \frac{Fr + 0.4\sqrt{\lambda_r}}{\overline{\lambda_r}} = 1 \tag{4-1-7}$$

其中　T——舰艇正常排水量平均吃水(m);

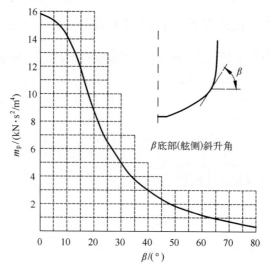

图 4-1-2 系数 m_p 值

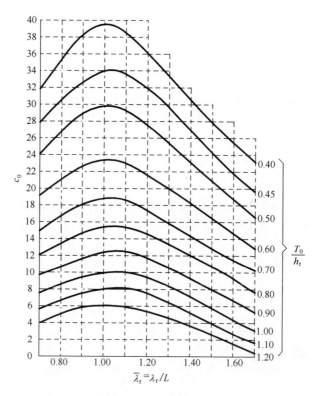

图 4-1-3 系数 c_0 值

L—设计水线长度(m);T_0—吃水(m);λ_r—谐振波长(m);h_r—谐振波高(m)。

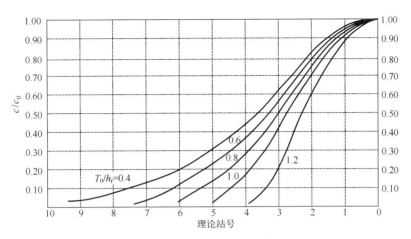

图 4-1-4　系数 c 的相对值

T_0—舰艇吃水（m）；h_r—谐振波高（m）。

　　L——舰艇正常排水量设计水线长（m）；

　　F_r——弗劳德数，$F_r = V/\sqrt{gL}$，V 为航速，g 为重力加速度。

　　对于肋板、底纵桁以及由肋板和底纵桁共同组成的底部板架，其计算水动压力由下式确定：

$$p_1 = 0.7 p_m \qquad (4-1-8)$$

式中　p_1——计算均布压力（kPa）；

　　　　p_m——所计算的肋骨线型上等距离五个位置，按式（4-1-5）计算的水动压力平均值（kPa），计算底部板架时，应按板架中间肋骨的线型确定。

　　对于底部板架计算载荷，还应计及所校核部位永久固定重物的反压力。

4.1.4　船体舷侧抗冰载荷

　　对于有可能在碎冰区航行的舰船（对冰区航行另有要求），应对其舷侧结构抗冰强度进行校核，此时有抗冰要求的舷侧结构范围是舰长方向从首至尾的全部范围，舷高方向的范围由表 4-1-1 确定，该范围与舰船最大宽度值 B_{max} 有关。

表 4-1-1　冰载荷沿舷高的作用区

B_{max}/m	5	10	15	20	25	30
设计水线以上/m	0.25	0.40	0.50	0.55	0.58	0.60
设计水线以下/m	0.50	0.80	1.00	1.10	1.16	1.20

　　舷侧结构，包括外板、纵骨和肋骨，其冰载荷计算值对于不同构件和不同部位，所用的计算值也不同。图 4-1-5 给出了舷侧肋骨沿舰长不同部位的冰载荷计算

值,载荷方向取为垂直于外板方向,图中 q_0 按下式计算确定:

$$q_0 = 9.81K \cdot \sqrt[4]{B\Delta} \qquad (4\text{-}1\text{-}9)$$

式中　q_0——船体中部、尾部区域每米水线上的冰载荷(kN/m);

　　B,Δ——舰艇最大宽度(m)和正常排水量(t);

　　K——系数,舰艇正常排水量小于 2000t 时取 0.8,大于 10000t 时,取 1.0,其中间取 0.9。

舷侧外板和纵骨的均布压力按下式计算确定:

$$p = 0.002q \qquad (4\text{-}1\text{-}10)$$

式中　p——均布压力(MPa);

　　q——按图 4-1-5 确定的冰载荷(kN/m)。

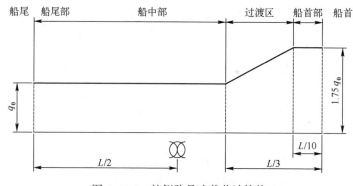

图 4-1-5　舷侧肋骨冰载荷计算值

4.1.5　甲板上重物或结构的重力、惯性力和风压力计算

当甲板或平台上有较大设备、重物或结构时,必须考虑其重力及其因舰艇摇摆而产生的惯性力对该区域甲板或平台的作用,并用该载荷校核该区域甲板或平台的强度。当较大设备或结构为露天,并有较大承风面积时,还要考虑风压力的作用。强度计算时,取重力、惯性力和风压力的最大合力,其具体计算方法如下。

1. 计算坐标系

固定于舰艇船体上的坐标系选用笛卡儿坐标系,坐标原点 O 位于船体重心,OX 轴沿舰艇纵向,平行于基线,向首为正,OY 轴向右舷为正,OZ 轴向上为正。

2. 重力

考虑到最大计算摇摆角时,重物或结构的惯性力最大,因此重力计算时也取该状态,即横摇和纵摇时,各坐标轴方向上的重力分别计算如下:

横摇:

$$\begin{cases} G_x = 0 \\ G_y = G\sin\varphi_{max} \\ G_z = G\cos\varphi_{max} \end{cases} \quad (4\text{-}1\text{-}11)$$

纵摇：

$$\begin{cases} G_x = G\sin\theta_{max} \\ G_y = 0 \\ G_z = G\cos\theta_{max} \end{cases} \quad (4\text{-}1\text{-}12)$$

式中　G——设备重物或结构重力（N），$G = Mg$（M 为质量，g 为重力加速度）；

G_x、G_y、G_z——重力在坐标轴 X、Y、Z 上的投影（N）；

φ_{max}——最大横摇计算角（rad）；

θ_{max}——最大纵摇计算角（rad）。

3. 惯性力

舰艇横摇及纵摇情况下重物或结构的惯性力在坐标轴方向上的分量分别计算如下：

横摇：

$$\begin{cases} F_x = 0 \\ F_y = 4\pi^2 M(Z\varphi_{max} + R)/T_\varphi^2 \\ F_z = 4\pi^2 M(Y\varphi_{max} + R)/T_\varphi^2 \end{cases} \quad (4\text{-}1\text{-}13)$$

纵摇：

$$\begin{cases} F_x = 4\pi^2 MZ\theta_{max}/T_\theta^2 \\ F_y = 0 \\ F_z = 4\pi^2 MX\theta_{max}/T_\theta^2 \end{cases} \quad (4\text{-}1\text{-}14)$$

式中　M——重物或结构的质量（kg）；

T_φ——静水中横摇周期（s）；

T_θ——静水中纵摇周期（s）；

X、Y、Z——重物或结构重心至舰艇重心的纵向、横向与垂向距离（m）；

R——舰艇重心轨迹半径（m），且有

$$R = 0.039 T_\varphi^2 f(c_1) f(c_2)$$

$$f(c_1) = \frac{\sin\pi c_1}{\pi c_1}, \quad f(c_2) = \frac{1 - e^{-2\pi c_2}}{2\pi c_2} \quad (4\text{-}1\text{-}15)$$

$$c_1 = \frac{0.64B}{T_\varphi^2}, \quad c_2 = \frac{0.64T}{T_\varphi^2}$$

其中　T——舰艇正常排水量平均吃水（m）；

B——船宽(m)。

4. 风力

规范给出的风力在坐标轴方向的分量按下式计算：

$$\begin{cases} D_x = P_w A_{yz} \cdot \cos^2\theta_{max} \\ D_y = P_w A_{xz} \cos^2\varphi_{max} \\ D_z = 0 \end{cases}$$ (4-1-16)

式中 P_w——风压力(kPa)，由安全航行的最大风速决定；

A_{yz}、A_{xz}——重物或结构分别在 YOZ 和 XOZ 平面上的投影面积(m²)。

4.1.6 舱壁结构计算载荷

水面舰艇舱壁结构设计计算载荷一般考虑船体破损压力水压值，但对于船首部防撞舱壁和液舱舱壁还要分别考虑船首部破损后航行水动压力和液舱水压头（包括空气管高或注入管高）。其中防撞舱壁取破损水压力加上航行水动压力（统一取 13.24kPa）作为计算载荷。防撞舱壁的数量，根据舰艇吨位不同分别为：正常排水量小于 1000t 时，取 1 个舱壁；正常排水量 1000~5000t 时，取 2 个舱壁；正常排水量大于 5000t 时，取 3 个舱壁。液舱舱壁计算载荷取破损水压力值和注水管高水压头的较大值。船体破损压力水压值由下式计算：

$$P = 9.81(T - Z + h_B)$$ (4-1-17)

式中 P——破损水压头(kPa)；

T——舰艇正常排水量吃水(m)；

Z——所计算构件距基线高度(m)；

h_B——根据舰艇有无首楼及首楼长度不同而确定的不同位置的水线以上附加破损水压头高度(m)，并由图 4-1-6~图 4-1-10 确定。

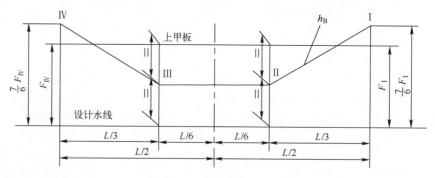

图 4-1-6 无首楼附加水压头高

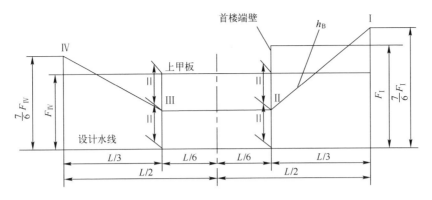

图 4-1-7　首楼长小于或等于 $\frac{1}{3}L$ 附加水压头高

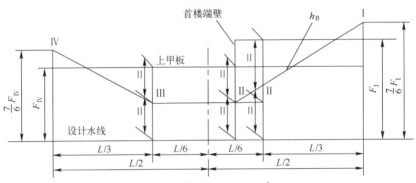

图 4-1-8　首楼长大于 $\frac{1}{3}L$ 小于或等于 $\frac{2}{3}L$ 附加水压头高

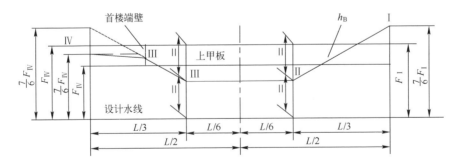

图 4-1-9　首楼大于 $2L/3$ 附加水压头高

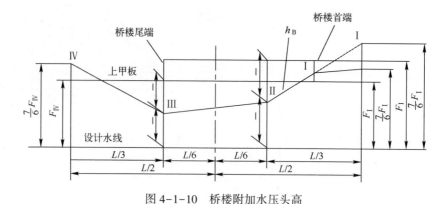

图 4-1-10　桥楼附加水压头高

4.1.7　武器装置下加强结构的计算载荷

对于中小口径无间隙的舰艇火炮装置、导弹装置、干扰弹发射装置等武器装置下基座及加强结构,应进行动力强度校核。"水面舰艇结构设计计算方法"给出了舰炮外力和内力计算方法,但该方法有较大的近似性。目前对于武器装置下基座及加强结构强度计算多采用整体有限元方法计算;首先根据武器装置及其发射特性确定武器装置下加强结构的计算载荷;然后将计算载荷加到武器装置下的基座上,通过有限元程序,计算武器装置下基座及加强结构的动力响应;最后找出结构响应的最大应力与许用应力进行比较来校核强度。

作用在武器装置下基座上的载荷主要有武器装置自身重力 Mg 和发射冲击力(后坐力)$P(t)$,发射冲击力一般如图 4-1-11 所示。将武器装置重力和发射冲击力加到基座上时,通常将其化为垂向力 T_0、水平力 S_0 和射击平面内力矩 M_0(图 4-1-12)。武器发射时的方位角 β 将决定发射冲击的水平力 S_0 和力矩 M_0 的作用方向,β 通常取 0° 和 90°,即舰艇正横方向和中线面方向,根据需要也可取其他方向。

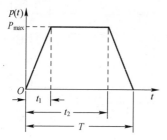

图 4-1-11　武器发射冲击力

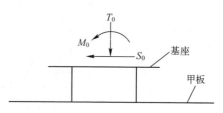

图 4-1-12　发射冲击力分解作用与基座

武器发射时的俯仰角 x(发射方向与水平面的夹角)将确定发射冲击力各分量之间的大小,俯仰角应根据武器发射可能的俯仰情况确定,一般应取几种极限和典

型状态进行计算。按冲击力计算时,武器装置下加强结构的计算载荷由下式确定:

$$\begin{cases} T_0 = Mg + P(t)\sin x \\ S_0 = P(t)\cos x \\ M_0 = P(t)H\cos x \end{cases} \tag{4-1-18}$$

式中　T_0——计算载荷垂向分量;

　　　S_0——计算载荷水平分量;

　　　M_0——计算载荷力矩分量;

　　　$P(t)$——发射冲击力;

　　　M——武器装置的最大重量;

　　　g——重力加速度;

　　　x——俯仰角;

　　　H——发射冲击力作用点至基座的距离。

当采用等效静力计算时,武器装置下加强结构计算载荷由下式确定:

$$\begin{cases} T_0 = Mg + 2P_{max}\sin x \\ S_0 = 2P_{max}\cos x \\ M_0 = 2P_{max}H\cos x \end{cases} \tag{4-1-19}$$

式中　P_{max}——发射冲击力的最大峰值。

4.1.8　直升机平台计算载荷

直升机平台设计时的计算载荷分为着舰区(起降区)和停机区,着舰区主要考虑直升机起降时的冲击力,而停机区则主要考虑直升机自身重力、舰艇摇摆时的惯性力和风载。

1. 着舰区计算载荷

1) 甲板板计算载荷

着舰区甲板主要考虑直升机降落时,通过其起落架的主轮组作用在平台甲板上的冲击力 F_1,冲击力作用面积为实际轮印面积,其大小由下式确定:

$$F_1 = 1.335M_1g \tag{4-1-20}$$

式中　F_1——甲板板计算载荷(kN);

　　　M_1——直升机飞行时的最大质量(t)。

2) 甲板纵桁和强横梁计算载荷

着舰区甲板纵桁和强横梁可视为有弹性支座的连续梁,直升机着舰冲击力以一点集中载荷的形式作用在使构件产生最危险状态的位置上。冲击力由下式确定:

$$F_2 = 2.67M_1g \tag{4-1-21}$$

式中 F_2——甲板纵桁或强横梁上的集中力计算载荷。

除了冲击力以外,还应考虑甲板上浪等的水压力的作用,水压力大小取整个结构上同时作用 1.47kPa 的均布载荷。

3)甲板纵骨和普通横梁计算载荷

直升机着舰冲击力以一点集中载荷的形式作用在甲板纵骨或普通横梁上,并作用在使其产生最危险状态的位置上。作用在纵骨或普通横梁上的冲击力由下式确定:

$$F_3 = 1.335M_1g \tag{4-1-22}$$

式中 F_3——甲板纵骨或普通横梁上的集中力计算载荷。

同时,还应考虑整个结构上作用有 1.47kPa 的均布压力载荷。

2. 停机区计算载荷

(1)在具备舰艇运动和直升机载重等主要计算参数的情况下,停机区计算载荷取直升机重力、惯性力和风压力之和,并由式(4-1-11)~式(4-1-16)确定,式(4-1-11)~式(4-1-16)中的参数 M 为停机时直升机的最大质量,P_w 为风压强(取 0.795kPa,在机库中可不考虑风压)。

由直升机重力、惯性力和风压确定的每一主轮组上的载荷若小于由式(4-1-23)确定的 F_4 计算载荷,则应取 F_4 作为计算载荷。

(2)若缺乏资料,则甲板板、甲板纵骨和普通横梁的计算载荷取为 F_4,甲板纵桁和强横梁的计算载荷取为 $2F_4$,且甲板板载荷作用面积为实际轮印面积,甲板纵骨、纵桁和横梁的计算载荷为集中力,并作用于产生最危险状态的位置。计算载荷由下式确定:

$$F_4 = 0.5M_1g \tag{4-1-23}$$

式中 F_4——停机状态下每一主轮组的计算载荷;

M_1——直升机飞行时的最大质量。

4.2 船体局部强度内力计算方法

4.2.1 局部强度计算的力学模型

1. 建立计算模型的原则

计算模型仅具有实际结构的一些主要力学特征,并不是把实际结构的各种特征全部反映出来。而且,计算模型的选取也与计算载荷和许用应力的选择有关。内力计算的精度应与外载荷的精度相匹配,如果外力有很大的近似性,就没有必要过分追求内力计算的精确性。

舰船局部强度与总强度一样,也是一种相对强度(比较强度)。外力、内力和许用应力的一致性是比较强度的基本出发点。

结构模型化是计算的前提和结构分析成败的关键。从强度校核观点,"偏于安全"的简化是允许的,但偏于安全的简化模型往往会使结构材料增加,并不是理想的符合结构设计要求的计算模型。我们追求的模型在力学上能反映实际结构变形特征,计算上又不过于复杂。因此,结构模型化的一般原则如下:

(1)能反映实际结构的主要物理特征。

(2)尽量简化。

(3)偏于安全为好。

2. 影响计算模型选取的其他因素

(1)结构的重要性:对重要结构应采用比较精确的计算模型。

(2)设计阶段:在初步设计阶段可用较粗糙的模型,在详细设计阶段则需要较精确的计算模型。

(3)计算问题的性质:对于结构静力分析,一般可用较复杂的计算模型;对于结构动力和稳定性分析,由于问题比较复杂,可用较简单的计算模型。

3. 骨架支承条件的简化

把局部构件或结构从整体结构中分离出来进行局部强度计算,需考虑相邻构件对计算结构的影响,即边界支承条件或支座。在船体结构计算中,通常有三种支座情况:

(1)自由支持在刚性支座上。

(2)刚性固定。

(3)弹性支座和弹性固定。

简化成何种支座,视相邻构件与计算构件间的相对刚度及受力后的变形特点而定。图 4-2-1 所示的船底纵骨,在船底均布水压作用下产生弯曲变形。由于实肋板刚性远大于纵骨,可视为纵骨的刚性支座。另外,船底纵骨变形以肋板为支点左右对称,因此计算船底纵骨强度时可按两端刚性固定的单跨梁来进行。图 4-2-2 所示的甲板纵骨,在舰船产生中垂弯曲时受轴向压力作用,当进行纵骨稳定性计算时,根据其变形特点,可将其简化为两端自由支持的单跨梁来计算。由此可见,正确分析结构变形特点才能做到力学上等价,这是模型化的关键。

计算如图 4-2-3 所示的肋骨框架时,由于肋板刚度远大于肋骨,故肋骨下端可作刚性固定(图 4-2-3(b));因甲板上无荷重,故又可进一步简化为弹性固定的单跨梁(图 4-2-3(c))。按船舶结构力学方法,可算出其弹性固定端的转角和柔性系数分别为

$$\theta_2 = \frac{l}{3Ei} M_2$$

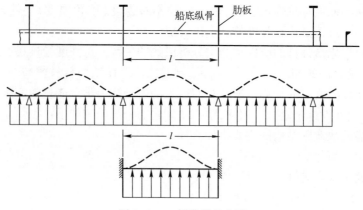

图 4-2-1　船底纵骨变形

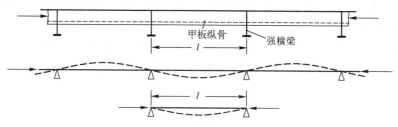

图 4-2-2　甲板纵骨稳定性计算

$$\alpha = \frac{l}{3Ei} \qquad (4-2-1)$$

式中:i、l 分别为横梁的剖面惯性矩和跨度。

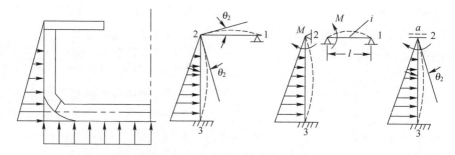

图 4-2-3　肋骨框架的简化图形

　　一般情况下,当相邻梁的刚度相差在 20 倍以上时,其计算图形可按极限情况简化处理,误差在 5% 以内,如图 4-2-4 所示。在多数情况下,交叉构件在横舱壁处可以认为是刚性固定的。船底板架在舷侧处的固定情况可通过肋骨刚架计算来确定,但在通常计算中可近似认为自由支持在舷侧,因为肋骨的刚度比肋板小得多。

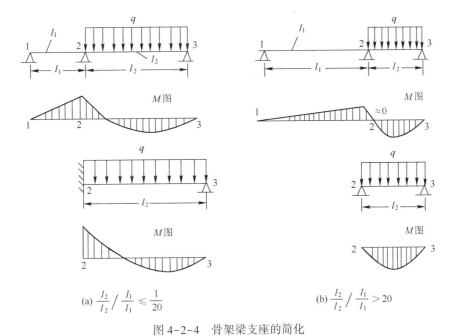

(a) $\dfrac{I_2}{l_2} \Big/ \dfrac{I_1}{l_1} \leqslant \dfrac{1}{20}$ (b) $\dfrac{I_2}{l_2} \Big/ \dfrac{I_1}{l_1} > 20$

图 4-2-4　骨架梁支座的简化

4. 船体骨架的带板

船体结构中绝大多数骨架都是焊接在钢板上的,当骨架受力发生变形时,与它连接的板也一起参加骨架抵抗变形。因此,为估算骨架的承载能力,也应把一定宽度的板计算在骨架剖面中,即作为它的组成部分来计算骨架梁的剖面面积、惯性矩和剖面模数等几何要素,这部分板称为带板或附连翼板。

应当把多宽的板计算到和它相连接的骨材剖面中呢?这是船体强度中一个重要而复杂的问题,至今尚未得到解决。各国船级社的规范对带板宽度都有相应的规定,但它们规定宽度并不相同,而且在规范修改中又不断改变。此外,在造船界有相当多的人在应用稳定性带板和弯曲带板宽度时常常不能够加以区别。实际上,它们在物理意义上是两个不同的概念,在具体数值上也常常相差甚大,不能通用。

国家军用标准规定,骨架弯曲强度计算时,取带板宽度 $b_e = \min[\,b,\ l/6\,]$,其中 b 为骨架间距,l 为骨架跨距。

骨架稳定性计算时,带板宽度将取决于骨架间距 b、带板的临界应力 σ_{cr} 以及压缩应力 σ 等数值大小。当带板受压失稳,则要进行折减,并有稳定性带板宽度为

$$\bar{b} = \frac{b}{2}(1+\varphi) \qquad\qquad (4\text{-}2\text{-}2)$$

式中:φ 为折减系数,$\varphi = \dfrac{\sigma_{cr}}{\sigma} \leqslant 1$。

4.2.2 典型船体结构的局部强度计算方法

本节将介绍构成船体的一些主要结构(船底、甲板、舷侧及舱壁等)的局部强度与稳定性问题,并按照传统的船舶结构力学方法建立计算模型。

1. 船底结构的内力计算

船底是船体梁的下翼板,受到很大的总纵弯曲应力,同时还承受机器重量、货物重量、压载水及舷外水压力等横向荷重作用。对于在波浪中高速航行的船舶底部,特别是首部附近的船底还受到很大的波浪冲击力。

在总纵强度校核时,船底纵桁应力要与总纵弯曲应力合成,此时船底板架的计算载荷应取相应的总纵弯曲计算时的载荷状态和波浪位置的水头高度。但在局部强度计算时,船底板架计算水头为(4-1-3)式水压力与设备重力之差值。

1) 船底外板

受均布水压力作用的船底板,一般可作为四周刚性固定的刚性板来计算。

对于横骨架式板格(图 4-2-5(a)),若 $c/a > 2$(c 为纵桁间距,a 为肋骨间距),则长边中点(点 2)的最大应力(沿船长方向)可按下式计算:

$$\sigma_x = 0.5q\left(\frac{a}{t}\right)^2 \qquad (\text{N/mm}^2) \qquad (4\text{-}2\text{-}3)$$

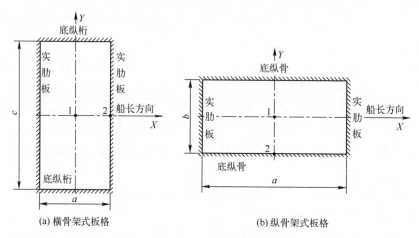

(a) 横骨架式板格　　　　　　　　　(b) 纵骨架式板格

图 4-2-5　船底外板板格

板中点(点 1)沿船长方向的应力为

$$\sigma_x = 0.25q\left(\frac{a}{t}\right)^2 \qquad (\text{N/mm}^2) \qquad (4\text{-}2\text{-}4)$$

式中　q——水压力（N/mm^2）；

　　　a——肋骨间距（mm）；

　　　t——板厚（mm）。

对于纵骨架式板格（图4-2-5（b）），若 $a/b>1.5\sim2.0$ 时，可按下式计算：

短边中点沿船长方向的应力为

$$\sigma_x = 0.343q\left(\frac{b}{t}\right)^2 \qquad (N/mm^2) \tag{4-2-5}$$

板中点沿船长的应力为

$$\sigma_x = 0.075q\left(\frac{b}{t}\right)^2 \qquad (N/mm^2) \tag{4-2-6}$$

长边中点沿船宽方向的应力为

$$\sigma_y = 0.5q\left(\frac{b}{t}\right)^2 \qquad (N/mm^2) \tag{4-2-7}$$

式中　b——船底纵骨间距（mm）。

2）船底纵骨

船底纵骨由肋板支持，由于纵骨在结构上以及所承受的载荷对称于肋板，可以把纵骨当作两端固定在肋板上的单跨梁计算（图4-2-1），其支座剖面和跨中的弯矩按下式计算：

支座处弯矩为

$$M_0 = \frac{qb\ell^2}{12} \qquad (N \cdot m) \tag{4-2-8}$$

跨中弯矩为

$$M_1 = \frac{qb\ell^2}{24} \qquad (N \cdot m) \tag{4-2-9}$$

式中　ℓ——纵骨跨距；

　　　b——纵骨间距；

　　　q——载荷强度，局部强度计算中取局部强度底部水压力值，总纵强度计算时，分别取中拱和中垂时的水压力。

纵骨弯曲应力为

$$\sigma_3 = \frac{M}{W} \qquad (N/mm^2) \tag{4-2-10}$$

式中　W——纵骨自由翼板或带板的剖面模数（cm^3）。

3）船底板架

船底一般是由多根交叉构件和很多主向梁组成的板架；对于横骨架式板架，主向梁（实肋板）承受肋板间距范围内的荷重，交叉构件只承受节点反力；对于纵骨架式板架,载荷通过纵骨传给实肋板,交叉构件也只能承受节点反力,如图 4-2-6 所示。

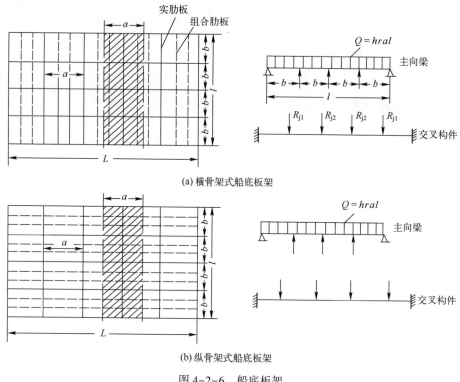

(a) 横骨架式船底板架

(b) 纵骨架式船底板架

图 4-2-6　船底板架

　　多根交叉构件板架的计算可采用船舶结构力学中介绍的近似方法,即主向梁节点挠度选择法。若构件不等间距、不等载面或某些构件加强,手算就比较困难,往往做一些近似简化处理。不过,若采用有限元法计算,则不存在任何困难。

　　船底板架由于结构强大,又比强力甲板靠近船体剖面中和轴线,因此在船体中拱变形时船底板架不易失稳,其主要矛盾是强度问题。

　　对于舱长很短的船底板架(如舱长 l 与板架计算宽度 B 之比小于 0.8 时),为确定这种板架中底桁的弯曲应力,可将中底桁当作单跨梁处理,现分析如下:

　　如果把船底板架当作组合板,且认为是各向同性的,则板架中底桁与平板的中央板条梁相当。在表 4-2-1 列出了不同边长比值时各向同性板的弯矩与板条梁弯矩的比值。

表 4-2-1　板的弯矩与板条梁弯矩比值

边界固定情况	构件名称	剖面位置	l/B		
			0.8	1.0	1.2
在舱壁处为刚性固定,舷侧处为自由支持	中底桁	舱壁处	0.94	0.84	0.72
		跨度中点	0.91	0.80	0.67

从表 4-2-1 中数值可知,边长比 l/B 越小,弯矩比值越大,即将中底桁当作单跨梁处理引起的误差越小,而且是偏于安全方面的误差。因此,在初步校核船体强度时,对边长比小于 0.8 的板架可以采用单跨梁的计算公式:

支座剖面处弯矩为

$$M_0 = \frac{1}{12}Ql \qquad (\text{N} \cdot \text{m}) \tag{4-2-11}$$

中跨长中点处弯矩为

$$M_1 = \frac{1}{24}Ql \qquad (\text{N} \cdot \text{m}) \tag{4-2-12}$$

对于边长比等于或大于 0.8 的板架,可按下述近似公式计算:

中底桁的支座剖面处弯矩为

$$M_0 = \gamma_1 \frac{Ql}{12} \qquad (\text{N} \cdot \text{m}) \tag{4-2-13}$$

中底桁的跨长中点处弯矩为

$$M_1 = \gamma_2 \frac{Ql}{24} \qquad (\text{N} \cdot \text{m}) \tag{4-2-14}$$

中央肋板在中底桁处弯矩为

$$M = \gamma_3 \frac{Q_1 B}{8} \qquad (\text{N} \cdot \text{m}) \tag{4-2-15}$$

式中:Q 为作用在中底桁上的载荷,$Q=qcl$;Q_1 为作用在肋板上的载荷,$Q=qaB$;q 为板架的载荷强度;c 为纵桁间距;l 为纵桁跨度;a 为肋板间距;B 为肋板跨度;$\gamma_1, \gamma_2, \gamma_3$ 为系数,由板架长宽比 l/B 及中底桁与肋板的惯性矩之比 I_1/I_2 决定,见表 4-2-2。

表 4-2-2　板架弯矩系数

构件名称	剖面位置	l/B	0.8		1.0		1.2		1.4	
		I_1/I_2	1.0	1.2	1.0	1.2	1.0	1.2	1.0	1.2
中底桁	舱壁处	γ_1	0.84	0.92	0.73	0.83	0.60	0.69	0.51	0.58
	跨度中	γ_2	0.81	0.91	0.68	0.80	0.55	0.63	0.47	0.55
肋板	中底桁处	γ_3	0.16	0.08	0.27	0.17	0.40	0.31	0.49	0.42

设中底桁惯性矩为 I_1(由表4-2-3计算),其中和轴距内底和外底的距离分别为 $Z_{1内}$ 和 $Z_{1外}$,肋板惯性矩为 I_2 只计上、下面板,即 $I_2 = \dfrac{F_内 \times F_外}{F_内 + F_外} \times h^2$(式中,$F_内$、$F_外$ 分别为肋板的内底板和外底板的带板面积,h 为肋板腹板高),肋板中和轴距内底和外底的距离分别为 $Z_{2内}$ 和 $Z_{2外}$,则中底桁和肋板的应力分别如下:

中底桁:
$$\text{支座处}\quad \text{内底应力}\ \sigma_2 = \frac{M_0}{I_1}Z_{1内} \qquad \text{外底应力}\ \sigma_2 = \frac{M_0}{I_1}Z_{1外}$$

$$\text{跨中}\quad \text{内底应力}\ \sigma_2 = \frac{M_1}{I_1}Z_{1内} \qquad \text{外底应力}\ \sigma_2 = \frac{M_1}{I_1}Z_{1外}$$

肋　板:
$$\text{跨中}\quad \text{内底应力}\ \sigma_2 = \frac{M}{I_2}Z_{2内} \qquad \text{外底应力}\ \sigma_2 = \frac{M}{I_2}Z_{2外}$$

表4-2-3　中底桁惯性矩计算

1	2	3	4	5	6	7	8	9	10	11	12	13	14	15
名称	剖面形状	构件号	尺寸 /mm	构件截面积 F /cm²	至参考轴距离 Z /cm	静力矩 FZ /cm³	惯性矩 FZ^2 /cm⁴	自身惯性矩 i_0 /cm⁴	距中和轴距离 ($z_1 = z - B/A$) /cm	对中和轴惯性矩 ($i = C - B^2/A$) /cm⁴	θ	m_1	$\Delta I = \dfrac{t\ell^3\sin^2\theta}{m_1}$ /cm⁴	总惯性矩 ($I = i + \Delta I$) /cm⁴
中底桁		$\bar{b} \times t_1$ f_1 $\bar{b} \times t_2$ f_2 $h \times t_3$ f_3												
		$\sum$		A		B	C							
肋板														

注:$\bar{b}$—弯曲带板宽;t_1,t_2,t_3—内底板、外底板和腹板厚;f_1,f_2,f_3—内底、外底和腹板上纵骨型材剖面面积

对于具有较大舭部升高的底部板架,中底桁(中内龙骨)的截面惯性矩应增加一斜升底部修正值,即虚惯性矩 ΔI,并由下式确定:

$$\Delta I = \frac{t\ell^3\sin^2\theta}{m_1} \tag{4-2-16}$$

式中　ΔI——中底桁(中内龙骨)虚惯性矩;

　　　t——内、外底板平均厚度(cm);

θ——底部斜升角($°$),如图 4-2-7 所示;

ℓ——舱段长度(cm);

m_1——与板架的长宽比、底板的厚度、舱壁板的厚度以及板架在舱壁处的边界条件有关的系数,m_1 值见表 4-2-4。在舱壁处作为刚性固定的中底桁(中内龙骨),且不计舱壁板的影响时,可取 $m_1=248$。

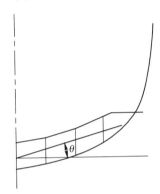

图 4-2-7　底部板架斜升示意图

表 4-2-4　m_1 值

α → φ → B_1/l ↓	0								0.5							
	0	0.3	0.6	1	2	3	4	∞	0	0.3	0.6	1	2	3	4	∞
0.3	300	287	276	274	270	267	266	266	345	326	318	311	304	299	297	291
0.4	167	151	143	139	136	134	133	130	209	190	178	171	162	158	157	151
0.5	123	104	96	93	87	85	84	80	164	140	129	121	112	108	105	99
0.75	96	74	64	59	52	49	47	43	136	110	95	85	76	72	68	60
1.0	93	70	59	53	45	42	40	34	135	105	90	80	70	65	61	51
1.5	93	70	58	52	43	40	38	31	135	104	89	78	67	62	58	48
0.3	464		413		413		386		365		341		328		321	
0.4	322		277		250		230		207		193		187		140	
0.5	276		232		205		186		161		148		142		185	
0.75	250		205		178		158		134		122		116		115	
1.0	248		204		177		157		132		120		114		112	
1.5	248		204		177		157		132		120		114		112	

注:B_1—底部板架半宽;α—舱壁处固定系数;$\varphi=Ht_1/(lt)$(t_1 为舱壁板厚,H 为舱壁板高)

2. 甲板结构的内力计算

最上层强力甲板是船体梁的上翼板,它对保证船体总纵强度起重要作用,下甲板主要承受货物重量,应首先保证其局部强度。

1）甲板板架

图 4-2-8 为典型的纵骨架式甲板板架,有半纵舱壁或在舱口端梁中点设置支柱,甲板纵桁和舱口端梁的计算可化为图 4-2-8(b) 和(c) 所示计算模型。其中甲板纵桁所受水压荷重可化为

$$q_0 = \frac{1}{2}(B_1 + b_1)h$$

$$q_1 = \frac{1}{2}\left(B_1 + \frac{b_1}{2}\right)h \qquad (当纵中剖面有半舱壁时)$$

式中　h——计算水头高度;

　　　B_1——边纵桁至舷边距离;

　　　b_1——纵桁间距。

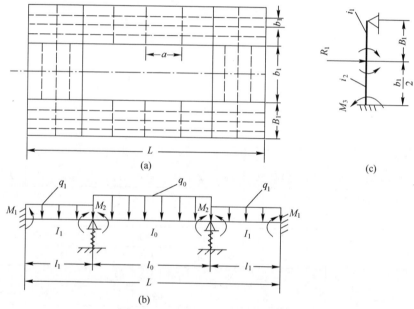

图 4-2-8　纵骨架式甲板板架简图

甲板纵桁归结为刚性或弹性固定在横舱壁上,并且有中间弹性支座(舱口端强横梁)的阶梯形变断面梁的计算。开口区域以外的普通横梁和开口区域内的半梁对甲板纵桁的支持作用实际上可不予考虑,它们的主要作用是将甲板荷重传递给甲板纵桁。舱口端梁为强横梁,自由支持在舷侧,且由于荷重对称而刚性固定在纵中剖面处。令 $R=1$,可由图 4-2-8(c) 的计算模型求得舱口端梁对甲板纵桁的弹性支座的柔性系数 $A = v/R = v$。

甲板纵桁的计算可采用五弯矩法。取舱壁处和舱口端梁处剖面弯矩为 M_1 和 M_2。求得 M_1 和 M_2 后可按下式计算甲板纵桁跨度中点处的弯矩:

$$M = \frac{q_0 l_0^2}{8} - M_2 \tag{4-2-17}$$

甲板纵桁在跨度中点处的最大挠度为

$$v_{\max} = v + \frac{5}{384} \frac{q_0 l_0^4}{E I_0} - \frac{M_2 l_0^2}{8 E I_0} \tag{4-2-18}$$

式中:v 为甲板纵桁与舱口端梁交点处的挠度,且有

$$v = A\left(\frac{q_1 l_1 + q_0 l_0}{2} + \frac{M_2 - M_1}{l_1}\right) \tag{4-2-19}$$

舱口端梁的强度应按承受甲板纵桁传来的反力进行计算,反力由下式确定:

$$R = \frac{q_1 l_1 + q_0 l_0}{2} + \frac{M_2 - M_1}{l_1} \tag{4-2-20}$$

舱口区强横梁的强度可按图 4-2-9 计算。认为强横梁自由支持在甲板纵桁上,并且在一般情况下弹性固定在舷侧上,强横梁在舷侧的弹性固定柔性系数,可按下式确定:

$$a = \frac{l_{肋}}{3 E I_{肋}}$$

式中　$l_{肋}$——与强横梁相连的肋骨的跨度;

　　　$I_{肋}$——肋骨的剖面惯性矩。

强横梁在弹性固定端的弯矩为

$$M = \frac{q B_1^2}{8} \cdot \frac{1}{1 + \frac{3 a E i}{B_1}} \tag{4-2-21}$$

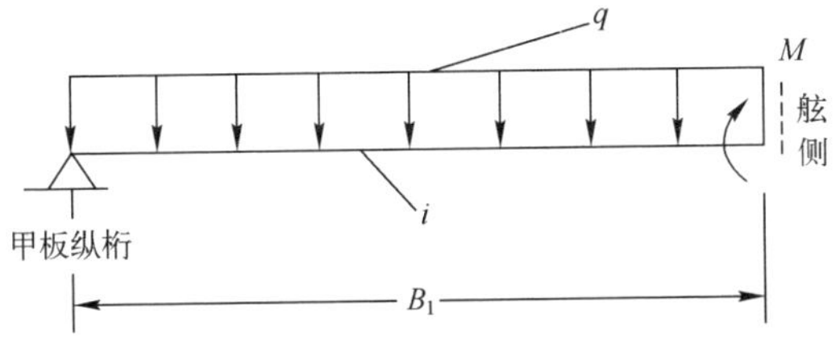

图 4-2-9　舱口强横梁的计算图形

对于没有半纵舱壁或在舱口端梁中点无支柱的甲板板架需要计算由甲板纵桁和舱口端梁组成的井字形交叉梁系,如图 4-2-10 所示。

2) 甲板纵骨

甲板纵骨或平台纵骨一般可按刚性固定在甲板横梁上受均布载荷的梁计算,其计算方法与底部纵骨相同,见式(4-2-8)~式(4-2-10)。当考虑总纵弯曲产生的轴向力对甲板纵骨的弯曲影响时,必须把甲板纵骨作为复杂弯曲梁来计算。考

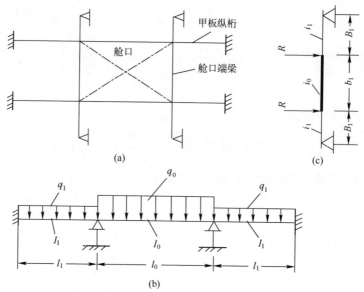

图 4-2-10 无半纵舱壁的甲板板架计算图形

虑到荷重、结构的对称性,甲板纵骨视为两端刚性固定在强横梁上,承受均布荷重 q 及轴向力 T 作用的单跨梁计算(图 4-2-11)。

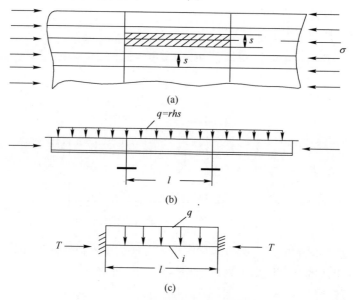

图 4-2-11 甲板纵骨的计算图形

由船舶结构力学中梁的复杂弯曲计算可知,轴向拉力对纵骨弯曲产生有利影

响,轴向压力产生不利影响。当 T 为压力时,可求得甲板纵骨的最大弯曲应力发生在支座剖面处,其应力为

$$\sigma = \frac{ql^2}{12W}\chi^*(u^*) \qquad (4-2-22)$$

式中:W 为甲板纵骨(包括带板)的剖面模数;$u^* = \frac{1}{2}\sqrt{\dfrac{T}{EI}}$($I$ 为甲板纵骨(包括带板)的剖面惯性矩);$\chi^*(u^*)$ 为梁的复杂弯曲辅助函数。

3. 舷侧结构的内力计算

舷侧结构是船体梁的腹板,总纵弯曲时,除承受拉、压的法向应力外,还承受较大的剪切应力。由第 2 章可知,船体最大剪力发生在距首、尾约 1/4 船长处。

1）舷侧外板

由于在一个纵骨间距内的舷侧外板,其载荷变化较小,可取为均布,这样,计算时把舷侧外板作为刚性固定在支持周界上,受均布载荷作用的矩形板可利用式(4-2-5)~式(4-2-7)计算。

2）舷侧板架

从舷侧板架的功能和受力特点看,采用横骨架式为宜,但军船仍多采用纵骨架式结构,这与军船甲板结构采用纵骨架式有关。军船多采用在舱壁之间设置数根强肋骨和一根舷侧纵桁的纵骨架式舷侧板架。

图 4-2-12 是具有三根强肋骨和一根舷侧纵桁的板架计算图形,其舷侧纵桁可归结为弹性基础梁,承受荷重 $q = \dfrac{\beta}{\gamma}\dfrac{Q}{a}$($\beta$ 与 γ 为肋骨影响系数,a 为肋骨间距,Q 为肋骨所承受的载荷),弹性基础的刚性系数 $k = \dfrac{Ei}{\gamma a \ell^3}$($i$ 为肋骨惯性矩,ℓ 为肋骨跨矩)。若肋骨两端为刚性固定,则 $\gamma = \dfrac{1}{192}$,$\beta = \dfrac{1}{384}$。

舷侧纵桁按两端刚性固定受均布载荷的弹性基础梁进行计算,并有:

中点挠度 $$U_{中} = \frac{q}{k}\left[1 - \varphi_1(u)\right] \qquad (4-2-23)$$

端点弯矩 $$M_{端} = \frac{qL^2}{12}\chi_2(u) \qquad (4-2-24)$$

中点弯矩 $$M_{中} = -\frac{qL^2}{12}\chi_1(u) \qquad (4-2-25)$$

式中:$u = \dfrac{L}{2}\sqrt[4]{\dfrac{k}{4EI}}$、$\varphi_1(u)$、$\chi_2(u)$、$\chi_1(u)$ 为弹性基础梁的辅助函数。

强肋骨按承受的荷重 Q 及反力来计算。

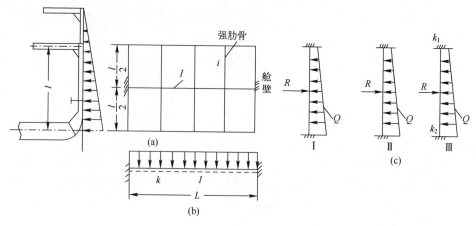

图 4-2-12 舷侧板架计算图形

4. 舱壁结构的内力计算

舱壁按其布置方向可分为横舱壁和纵舱壁两种;按其结构形式可分为平面舱壁(由舱壁板和扶强材、桁材等组成)和皱折舱壁(由钢板压成某种截面形状的波形板以代替板和扶强材的作用)。

1)平面舱壁板

被扶强材支持的舱壁板,由于结构和载荷的对称性变形呈筒形,故舱壁板可按两端固定的板条梁来计算(图 4-2-13)。

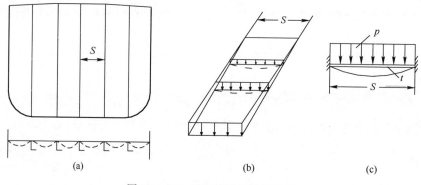

图 4-2-13 平面舱壁板计算图形

两端刚性固定的板条梁的最大应力 σ 与水头高度 h 的关系如图 4-2-14 所示。

由图 4-2-14 可见,板的跨度与厚度之比 $\mu = s/t < 70 \sim 80$,则板的挠度较小,因而中面应力对板的弯曲影响可忽略不计,应力与载荷成正比关系(图中直线);若 $\mu > 70 \sim 80$,应计及中面应力对板的弯曲影响,与刚性板相比将使挠度与应力减小。

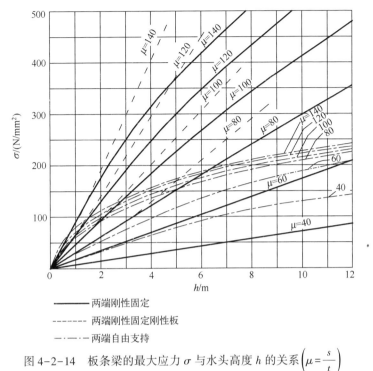

图 4-2-14　板条梁的最大应力 σ 与水头高度 h 的关系 $\left(\mu=\dfrac{s}{t}\right)$

对于 $\mu<70\sim80$ 的舱壁板,作为刚性板来计算,板条梁跨度中点的弯曲应力为

$$\sigma=\frac{1}{4}p\left(\frac{s}{t}\right)^2 \text{ 或 } \sigma\approx25h\left(\frac{s}{100t}\right)^2 \quad (\text{N}/\text{mm}^2) \qquad (4\text{-}2\text{-}26)$$

式中　h——板条梁上的水头高度(m);

　　　s——扶强材间距(m)。

对于 $\mu>70\sim80$ 的舱壁板应作为柔性板来计算,即要考虑板自身弯曲而产生的中面力的影响。可以根据《船舶结构力学》中有关公式和表格计算。板条梁的周界支撑系数 K 取为 0.5。当板条梁端部的应力超过屈服极限时,板跨度中点的应力应取板条梁端部分别为简支($K=0$)和刚性固定($K=1.0$)时跨度中点应力的平均值。

2) 平面舱壁扶强材

舱壁扶强材应视为两端有一定固定程度并承受三角形或梯形分布荷重的梁来计算。多甲板船的舱壁扶强材,若它们在甲板间,且和舱内布置在同一平面上的骨架相互连接,则应将它视为单跨梁来计算。其端部固定情况如下:

(1) 当底部和甲板均为横骨架式时,扶强材两端用肘板连接到横梁和肋板上(图 4-2-15(a)),此时,扶强材下端可视为刚性固定($n=1.0$),上端可视为弹性固定($n=0.5$)。

（2）当底部和甲板为纵骨架式时,舱壁扶强材与内底和甲板纵骨相连并固定其上(图4-2-15(b))。此时,认为扶强材两端弹性固定,弹性固定端的柔性系数可近似取为

$$\alpha = \frac{b}{6Ei} \tag{4-2-27}$$

式中:b、i 分别为甲板或船底纵骨的跨距及惯性矩。

若扶强材仅在一边与内底和甲板纵骨固定连接时,则有

$$\alpha = \frac{b}{3Ei} \tag{4-2-28}$$

（3）若扶强材两端削斜或焊在水平桁上(图4-2-15(c)),则认为扶强材两端自由支持。扶强材跨距应取包括肘板在内的长度。舱壁扶强材作为连续梁计算时,可用三弯矩方程求解。

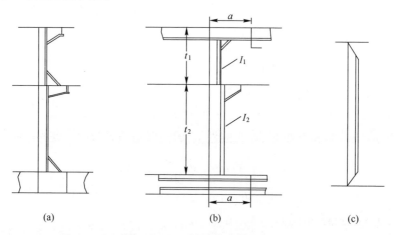

图4-2-15　平面舱壁扶强材

3）皱折舱壁

皱折舱壁的断面形状呈槽形或波形。船舶上层建筑轻型围壁因为板比较薄,板与骨架采用焊接或铆接在工艺和重量上都会带来问题,采用波形围壁不但结构轻、工艺性好,而且挺性也好。

（1）皱折舱壁的几何要素。槽形和波形舱壁的单元——波条如图4-2-16(a)、(b)所示。

槽形舱壁波条的剖面要素如下:

剖面积为

$$F = 2t(a+b) \tag{4-2-29a}$$

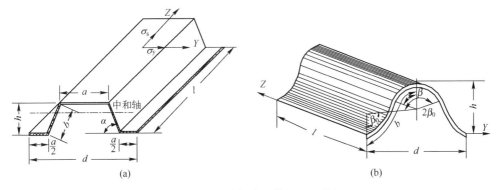

图 4-2-16 皱折舱壁单元——波条

剖面惯性矩为

$$I = 2at\left(\frac{h}{2}\right)^2 + 2 \times \frac{t}{12\sin a}h^3 \qquad (4-2-29\text{b})$$

因为 $h = b\sin a$，代入上式得

$$I = \frac{1}{6}(3a+b)th^2 \qquad (4-2-29\text{c})$$

剖面模数为

$$W = \frac{I}{h/2} = \left(a+\frac{b}{3}\right)th \qquad (4-2-29\text{d})$$

剖面中和轴以上面积对中和轴的静矩为

$$S = \frac{th}{4}(2a+b) \qquad (4-2-29\text{e})$$

波形舱壁波条的剖面要素如下：

剖面积为

$$F = 4\beta_0 Rt \qquad (4-2-30\text{a})$$

剖面模数为

$$W = \psi_1 R^2 t \qquad (4-2-30\text{b})$$

剖面惯性矩为

$$I = \psi_2 R^3 t \qquad (4-2-30\text{c})$$

剖面中和轴以上面积对中和轴的静矩为

$$S = \psi_3 R^2 t \qquad (4-2-30\text{d})$$

式中：a、b、h、a、R、t、β_0 含义见图 4-2-16；ψ_1、ψ_2、ψ_3 为

$$\psi_1 = 2\frac{\beta_0 + 2\beta_0\cos^2\beta_0 - 1.5\sin2\beta_0}{1-\cos\beta_0}$$

$$\psi_2 = 2(\beta_0 + 2\beta_0\cos^2\beta_0 - 1.5\sin2\beta_0)$$
$$\psi_3 = 2(\sin\beta_0 - \beta_0\cos\beta_0)$$

（2）槽形舱壁的强度与稳定性计算。槽形舱壁的强度与稳定性一般分为两步计算：首先，把槽形舱作为一个整体，计算在横荷重作用下沿纵向（槽形体方向）和横向（垂直于槽形体方向）的弯曲强度，通常称为槽形舱壁的总强度；其次，计算槽形体的折曲钢板在横荷重作用下的横向局部弯曲强度，称为局部强度。

① 槽形舱壁总体弯曲计算。实验证明，槽形舱壁在横荷重作用下沿横向的弯曲强度是极微的，可忽略不计。此外，各槽形体对纵向弯曲的相互影响也可忽略不计。因此，槽形舱壁的总强度归结为其单个槽形体的弯曲强度。

槽形舱壁的单个槽形与平面舱壁的扶强材相当，因此，槽形体的弯曲计算与平面舱壁扶强材一样，作为弹性固定的单跨梁来计算。在求解超静定性后，作弯矩图及剪力图，求出整个槽形体跨度内的 M_{max} 和 N_{max}，则在槽形体的水平翼板及倾斜板面内相应的最大应力为

$$\begin{cases} \sigma_{zmax} = \dfrac{M_{max}}{W} \\[2mm] \tau_{max} = \dfrac{N_{max}S}{2It} \end{cases} \tag{4-2-31}$$

若最大弯矩产生在跨中，为确定槽形体横剖面内的最大纵向应力值，除上述由槽形体总弯曲所引起的应力外，还应计及后述由折曲板局部弯曲所引起的应力，即在校核槽形舱壁总强度时，跨中的总计算应力应按下述公式确定：

$$\sigma_{z0} = \sigma_{zmax} + \mu\sigma_{ymax} \tag{4-2-32}$$

式中：σ_{zmax}、σ_{ymax} 由式（4-2-31）和式（4-2-35）确定；μ 为泊松系数。

具有加强桁材时，桁材视为波条的刚性支座，波条作为连续梁计算，桁材只承受反力。

② 槽形舱壁、舱壁板的弯曲计算。槽形体的折曲钢板间具有相互支持作用，而且槽形体的长宽比（l/a）一般大于 2.5，因此折曲钢板槽形舱壁在横荷重作用下的局部弯曲可用为筒形面弯曲的连续板条梁来考虑（图 4-2-17）。

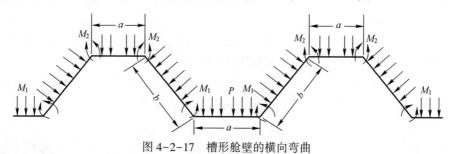

图 4-2-17　槽形舱壁的横向弯曲

当 $a/t \leq 75$ 时,可认为折曲板是刚性板,折曲板的相互支持作用为刚性支座。因此,可列出连续板条梁的三弯矩方程式,即

$$\begin{cases} \dfrac{M_2 a}{3EI} + \dfrac{M_2 a}{6EI} - \dfrac{pa^3}{24EI} = -\dfrac{M_2 b}{3EI} - \dfrac{M_1 b}{6EI} + \dfrac{pb^3}{24EI} \\ \dfrac{M_1 b}{3EI} + \dfrac{M_2 b}{6EI} - \dfrac{pb_3}{24EI} = -\dfrac{M_1 a}{3EI} - \dfrac{M_1 a}{6EI} + \dfrac{pa^3}{24EI} \end{cases}$$

由此可解得,槽形体棱边处单位宽度的弯矩为

$$M_1 = M_2 = C \frac{pb^2}{12} \qquad (4-2-33)$$

式中:$C = \left[1 - \dfrac{a}{b} + \left(\dfrac{a}{b} \right)^2 \right]$;$p$ 为载荷强度。

当 $a/t > 75$ 时,折曲板应视为柔性板,折曲板的相互支持作用为弹性支座。此时,槽形体棱边处的弯矩为

$$M_1 = \chi C \frac{pb^2}{12} \qquad (4-2-34)$$

式中:χ 为考虑板自身弯曲而产生的中面力及槽形体棱边处的弹性位移的影响系数,一般取 1.3。

最大弯曲应力可按下式确定:

$$\sigma_{ymax} = 6M_1/t \quad (\text{N/mm}^2) \qquad (4-2-35)$$

③ 槽形舱壁的稳定性计算。槽形体翼板因槽形本身的弯曲而受到压缩应力作用,因而翼板可能失稳。虽然受压的翼板失稳并不标志槽形体承载能力耗尽,但对油船来说是不允许的。

槽形体翼板的局部稳定性可按矩形板公式计算:

$$\sigma_{cr} \approx n_1 80 \left(\frac{100t}{a} \right)^2 \quad (\text{N/mm}^2) \qquad (4-2-36)$$

式中:n_1 为修正系数,当 $b/a = 0.4 \sim 1.4$ 时,$n_1 = 1.37 \sim 1.24$,计算时可近似取 $n_1 = 1.25$。

在设计中,希望临界应力 σ_{cr} 达到材料的屈服极限 σ_s,但在任何情况下不得小于 $0.8\sigma_s$。

(3) 波形舱壁的总强度与稳定性计算。波形舱壁的总强度与稳定性计算可归结为单个波条的计算,因为与支持周界相连的边缘的波条内,由总弯曲引起的应力不会大于中部波条内的应力,因而波形舱壁的总强度由中部波条的强度确定。

每一个波条都是承受横向分布载荷的圆柱形壳体,应用壳体理论研究波条的工作可得出如下主要结论:

① 波形体的工作特征主要取决于它们的相对长度 l/h(l 为波形长度,h 为波

条高度)。当$l/h>a_0$(a_0为特征数)时,波形体如同梁一样工作;当$l/h<a_0$时,波形体的计算不能用梁的弯曲公式,应该当作壳体来计算。

a_0的数值取决于波条两端固定情况:两端为自由支持时,$a_0=\sqrt{\dfrac{R}{t}}$;两端为刚性固定时,$a_0=1.5\sqrt{\dfrac{R}{t}}$;两端为弹性固定时,$a_0=(1+0.5n)\sqrt{\dfrac{R}{t}}$。

式中:R为波条圆弧半径;t为波条厚度;n为支座固定系数。

波形舱壁的许用应力与槽形舱壁相同。

② 波形舱壁的局部稳定性由波条的临界应力确定:

$$\sigma_{cr}=0.29\eta_1\eta_2\frac{E}{R/t} \tag{4-2-37}$$

式中　η_1——考虑波形非圆时对筒形的修正系数,$\eta_1=0.75$;

　　　η_2——由σ'_{cr}/σ_s决定的非弹性修正系数,由图4-2-18的曲线查得,其中σ_s为材料屈服极限,而σ'_{cr}由下式确定,即

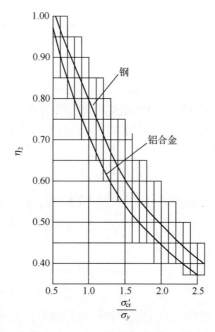

图4-2-18　修正系数η_2的取值

$$\sigma'_{cr}=0.29\eta_1\frac{E}{R/t}$$

其中　E——材料弹性模量。

在设计中,希望临界应力 σ_{cr} 达到材料的屈服极限 σ_s,但在任何情况下不得小于 $0.8\sigma_y$。

4.3 船体局部强度校核衡准

船体局部强度计算的军用标准体系对计算载荷和强度校核衡准提出了较详细和明确的要求,而对内力计算方法并不给予严格限制,允许设计人员根据需要可采用结构力学的理论解法,也可采用有限元法进行数值计算分析。船体局部强度标准主要与结构类型和载荷类型有关,从结构类型可分为板的强度标准和骨架强度标准;从载荷类型可分为与最大设计计算水压力相关强度标准、与经常性载荷相关强度标准以及与偶然性动载荷相关强度标准。

4.3.1 板的局部强度校核衡准

1. 与经常性载荷相关的板的强度标准

经常性载荷是指平时就以该载荷大小作用于船体的载荷,如重物的重力、水舱的水压力(计及舱顶)等。具体规定如下:

当甲板板与平台板按承受固定重物载荷作为计算载荷时,其许用正应力为

$$[\sigma] = 0.6\sigma_s \qquad (4\text{-}3\text{-}1)$$

式中:σ_s 为材料屈服强度(MPa)。

对用作隔离相邻舱的舱壁板,计算水压仅计及舱顶时,其支座剖面处的许用正应力为

$$[\sigma] = 0.8\sigma_s \qquad (4\text{-}3\text{-}2)$$

2. 与最大计算水压力相关的板的强度标准

由船体局部强度计算而专门规定的最大计算载荷,如船体底部、舷侧、甲板和上层建筑规定的考虑船体升沉与上浪影响的计算水压力(见 4.1 节),舱壁承受的破损水压力以及计及空气管和注水管高的液舱水压力等。该计算压力属于出现机会较高的偶然性载荷,其强度标准的具体规定为

$$[\sigma] = 0.8\sigma_s \qquad (4\text{-}3\text{-}3)$$

舱壁板按有限刚性板计算时,支座剖面计算正应力一般不限制,即许用正应力可大于 σ_s,而跨中剖面处的许用正应力为 $0.8\sigma_s$。

3. 与偶然性动载荷相关的板的强度标准

偶然性动载荷(等效载荷)主要有首部砰击水压力和碎冰计算载荷,其对应的强度标准如下:

舰首 $0.35L$ 区域内的底板、舷侧板按首部砰击水压力及绝对刚性计算时,其许

用正应力为

$$[\sigma] = 0.9\sigma_s \tag{4-3-4}$$

舷侧抗冰强度计算时的舷侧板许用正应力为

$$[\sigma] = \sigma_s \quad (支座处) \tag{4-3-5a}$$

$$[\sigma] = 0.8\sigma_s \quad (跨间) \tag{4-3-5b}$$

4.3.2 骨架局部强度校核衡准

1. 与经常性载荷相关的骨架强度标准

《舰船通用规范》规定,当甲板和平台按承受固定物载荷作为计算载荷,按刚性固定在甲板横梁上受均布载荷梁来计算甲板纵骨和平台纵骨强度时,或按单跨梁、连续梁和交叉构架计算甲板横梁、纵桁以及板架强度时,其许用正应力和剪应力分别为

$$\begin{cases} [\sigma] = 0.6\sigma_s \\ [\tau] = 0.34\sigma_s \end{cases} \tag{4-3-6}$$

当所校核的甲板骨架和平台骨架处于液舱底部,并按高达舱顶的压头作为计算载荷时,其许用正应力和剪应力仍由式(4-3-6)确定。

另外,液舱舱壁扶强材或桁材按高达舱顶的压头作用计算载荷时,其许用正应力和剪应力也由(4-3-6)式确定。

2. 与最大计算水压力相关的骨架强度标准

局部结构强度的最大计算水压力主要包括局部强度计算规定的船体底部、舷侧、甲板和上层建筑计算水压力,破损水压力以及计入空气管和注入管高度的舱水压力。在最大计算水压力作用下,船体骨架(包括底纵骨、底纵桁、肋板、底部板架、舷侧纵骨、舷侧纵桁、肋骨、舷侧板架、甲板纵骨、甲板纵桁、横梁、甲板板架、舱壁扶强材和桁材、舱壁板架以及上层建筑各种骨架)的许用正应力和许用剪应力分别为

$$\begin{cases} [\sigma] = 0.8\sigma_s \\ [\tau] = 0.46\sigma_s \end{cases} \tag{4-3-7}$$

3. 与偶然性动载荷相关的骨架强度标准

船体首部 $0.35L$ 范围内的底部纵骨和底部板架,以及舷侧纵骨、肋骨、舷侧纵桁和舷侧板架,按首部砰击等效水压力校核强度时,其许用正应力和剪应力分别为

$$\begin{cases} [\sigma] = 0.9\sigma_s \\ [\tau] = 0.51\sigma_s \end{cases} \tag{4-3-8}$$

舷侧骨架按碎冰载荷校核强度时,其许用正应力和剪应力分别为

$$\begin{cases} [\sigma] = \sigma_s \\ [\tau] = 0.57\sigma_s \end{cases} \quad (支座处) \tag{4-3-9a}$$

$$\begin{cases}[\sigma]=0.80\sigma_s\\[\tau]=0.46\sigma_s\end{cases}\quad(跨中)\qquad(4\text{-}3\text{-}9b)$$

习题

1. 局部强度有哪两个主要特点？主船体内水密舱壁、下甲板、平台、内底等结构的局部强度计算载荷有哪几种类型？外底板局部强度计算载荷有哪几种类型？

2. 为什么局部强度弯曲应力计算中板和支骨都化为固支边界条件？

3. 弯曲应力计算和稳定性计算中带板宽度的确定方法是什么？

4. 分别确定下列甲板纵骨弯曲应力和稳定性计算中的带板宽度，并计算其断面惯性矩。已知：肋骨间距 $a=1\mathrm{m}$；纵骨间距 $b=0.28\mathrm{m}$；纵骨尺寸 6 号球扁钢；板厚 $t=5\mathrm{mm}$；钢材屈服应力 $\sigma_s=240\mathrm{MPa}$；稳定性计算中的轴向压应力 $\sigma_t=100\mathrm{MPa}$。

5. 绘出下列船体构件的计算简图：

（1）横梁；（2）肋骨；（3）肋板；（4）强度与稳定性计算中纵骨的计算简图；（5）强度与稳定性计算板的计算简图。

6. 校核船体局部结构强度：

（1）校核纵骨强度。

已知：肋骨间距 $a=1\mathrm{m}$；纵骨间距 $b=0.30\mathrm{m}$；纵骨 6 号球扁钢；板厚 $\delta=5\mathrm{mm}$；钢材屈服应力 $\sigma_s=240\mathrm{MPa}$；计算载荷为 6m 水柱高。

（2）校核甲板板强度。

已知：肋骨间距 $a=1\mathrm{m}$；纵骨间距 $b=0.28\mathrm{m}$；板厚 $\delta=3\mathrm{mm}$；钢材屈服应力 $\sigma_s=240\mathrm{MPa}$；计算载荷为 0.5m 水柱高。

（3）校核内底铺板的强度。

已知：该区域内底空间为燃油舱；肋板间距 $a=1\mathrm{m}$；内底铺板下纵骨间距 $b=0.3\mathrm{m}$；内底铺板厚均为 3mm；载荷由空气管高确定，$h=6\mathrm{m}$。

7. 校核某舰 57~69 号肋骨区域，肋骨和舷纵桁的强度。

已知原始数据：肋骨间距 1m；肋骨跨长 3.6m；舷纵桁长度（隔舱长度）6.0m；舷纵桁距甲板 1.9m；肋骨及舷纵桁尺寸 $\perp\dfrac{4\times180}{8\times90}$；舷部板厚 4m；纵骨间距 0.3m，纵骨为 6 号球扁钢；钢材 $\sigma_s=240\mathrm{MPa}$。计算载荷为梯形载荷，上端 0.5m 水柱，下端 3.45m 水柱。

8. 某船在船台上作舱壁水密试验，试水水柱高度达甲板下表面（型深 $D=6.0\mathrm{m}$）。已知舱壁最下一列板厚度 $t=9\mathrm{mm}$，舱壁扶强材间距 $s=900\mathrm{mm}$。试计算在试水时舱壁最下一列板中的最大应力（已知材料屈服极限为 $\sigma_y=220\mathrm{MPa}$）。

9. 已知某船型深为 2.4m，舷侧为横骨架式，每挡肋距设肋骨 $\llcorner75\times50\times6$（计入带板的剖面惯性矩为 188.5cm^4)。若在舷侧型深一半处设一道舷侧纵桁 $\perp \dfrac{5 \times 200}{7 \times 80}$ (计入带板的剖面惯性矩为 2475cm^4)。当肋距 $s = 0.6$m,舱长 $L = 6$m 时,试分析舷侧纵桁能否支持肋骨。

10. 某万吨货船,第三货舱船底板架如图所示。假定舷侧取自由支持,横舱壁处取刚性固定。板架所受荷重为舷外水压力与货物反压力之差,本船空载到港的均布载荷强度 $q = 0.1$N/mm^2,计入带板的剖面惯性矩和最小剖面模数如下:

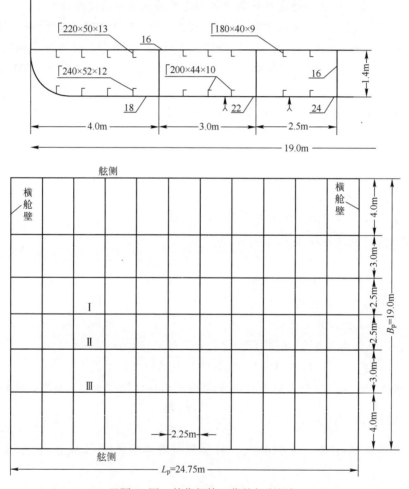

习题 10 图　某货船第三货舱船底板架

中桁材 I :$I_1 = 4.711 \times 10^6$cm^4, $\dfrac{W_{内底}}{W_{外底}} = \dfrac{5889}{7852}$(cm^3)

旁桁材 II：$I_2 = 5.753 \times 10^6 \text{cm}^4$，$\dfrac{W_{内底}}{W_{外底}} = \dfrac{74670}{91020}(\text{cm}^3)$

旁桁材 III：$I_3 = 7.68 \times 10^6 \text{cm}^4$，$\dfrac{W_{内底}}{W_{外底}} = \dfrac{105080}{114800}(\text{cm}^3)$

实肋板：$I = 4.008 \times 10^6 \text{cm}^4$，$\dfrac{W_{内底}}{W_{外底}} = \dfrac{54530}{60270}(\text{cm}^3)$

求中底桁两端和跨中的及中央肋板跨中弯矩和最大应力。

第 5 章 水面舰艇上层建筑强度计算

5.1 概   述

上层建筑是位于上甲板以上的各种围壁建筑物,包括船楼、甲板室、指挥塔以及船楼和甲板室的外伸结构等。其特点是长度小于船长,因而导致船体结构上的不连续。典型的上层建筑包括船楼和甲板室两类。船楼是指左右侧壁与主船体两舷外板连接,宽度延伸至船体两舷的上层建筑结构。甲板室是指宽度不延伸至两舷,并设在船体横向中部作为舱室使用的上层建筑结构。船楼和甲板室的差异对两者的结构性质影响很大。以第一层上层建筑来分析其变形特征,取有上层建筑的一段船体来进行变形分析(图 5-1-1)。

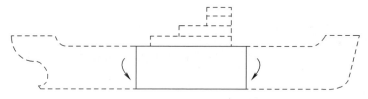

图 5-1-1 带有上层建筑的一段船体变形示意

如图 5-1-1 所示,以主船体中拱变形为例,此时上甲板受拉伸长。但是,由于有上层建筑与之连接,上甲板的伸长受到上层建筑下沿的约束,这种约束以连接线处分布的水平剪力来表示。同时,上层建筑下沿受到上甲板伸长的影响,也随之伸长。这种强制变形的作用,可以用一组水平剪力来表示。这两组剪力的一一对应且方向相反,如图 5-1-2 所示。

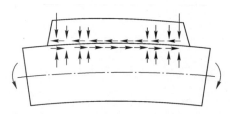

图 5-1-2 上层建筑变形剪力方向

由于主船体对上层建筑的强制变形是非对称的,故作用在上层建筑下沿的水平剪力将使上层建筑向主船体弯曲相反的方向弯曲(反向弯曲),这种趋势越靠近上层建筑端部越明显。然而,这种反向弯曲的趋势由于有主船体连接的限制作用,因而在连接线上存在抑制这种反向弯曲趋势的两种竖向分布力,分别作用于上层建筑下沿的连接线上和主船体上甲板的连接线上。这两组竖向分布力也是一一对应且方向相反,如图 5-1-2 所示。当上层建筑与主船体没有连接约束时,主船体发生变形而上层建筑保持原状,于是两部分的相应断面将出现相对的纵向移动和分离现象。这种现象越接近上层建筑端点越严重,如图 5-1-3 所示。而当上层建筑与主船体存在连接作用时,此连接作用会使得上层建筑与主船体一起变形,产生一致的弯曲变形。在连接线上也存在相对移动的水平反向剪力和保持不分离的竖向反作用力。这两种力沿上层建筑长度方向分布规律如何?不能由简单的横梁理论来解决。因而,这是上层建筑强度理论所要解决的主要问题。

图 5-1-3　上层建筑反向弯曲示意

5.2　上层建筑强度计算内容

上层建筑可分为强力上层建筑和轻型上层建筑。对于强力上层建筑而言,不仅存在局部强度问题,还需考虑总纵强度问题。而对于轻型上层建筑而言,主要是局部强度问题。此外,由于航空母舰等大型水面舰船的岛式上层建筑这种特殊的结构在强度设计和计算时与一般的水面舰艇上层建筑有较大差异,因而,需要针对岛式上层建筑强度问题给出相应的计算和校核方法。此外,在空中核爆环境下,上层建筑存在抗爆强度问题。因此,本书对于上层建筑强度的计算主要包括以下四个方面:

(1) 上层建筑参与总纵强度的计算及校核;

(2) 上层建筑的局部强度计算及校核;

(3) 岛式上层建筑的强度计算及校核;

(4) 空中核爆下上层建筑整体抗爆强度计算及校核。

5.2.1 上层建筑参与总纵强度的计算及校核

1. 参与总纵强度的条件

并不是所有上层建筑结构都参与总纵强度,上层建筑结构中只有强力上层建筑才参与总纵强度。而作为强力上层建筑是需要有一定条件的,具体需根据上层建筑的结构形式加以界定。

对于船楼形式的上层建筑,由于船楼侧壁两端与舷侧外板连为一体,且为舷侧外板的竖向延伸,因而,其参与总纵强度的条件主要是长度方面的。

在船中范围内,长度至少为 0.15 船长且不小于 6 倍上层建筑自身高度,即

$$l \geqslant 0.15L, \quad l \geqslant 6h \tag{5-2-1}$$

对于甲板室这种类型的上层建筑,由于其侧壁不延伸至两舷,因而,若要参与总纵强度,其条件中除了长度方面外,还要求至少支持在三个强力构件(横舱壁、支柱)上,即

$$l \geqslant 0.15L, \quad l \geqslant 6h \quad \text{(至少支持在三个强力构件上)} \tag{5-2-2}$$

凡符合以上条件的船楼和甲板室,可根据实际情况确定要进行参与船体总纵强度计算,上层建筑可计入等值梁剖面。

2. 参与总纵强度的有效程度计算

强力上层建筑参与总纵强度的程度是有限的,并不是百分之百参与。因此,对于强力上层建筑而言,存在参与总纵强度的有限程度问题,其参与总纵强度的有效程度按下式计算:

$$\eta = (\sigma_0 - \sigma_p)/(\sigma_0 - \sigma_{100}) \tag{5-2-3}$$

式中 η——上层建筑参与船体总纵弯曲的有效程度;

σ_0——不考虑上层建筑时上甲板的应力(MPa);

σ_p——船体上甲板的实际计算应力(MPa);

σ_{100}——上层建筑 100% 有效时的上甲板应力(MPa)。

3. 参与总纵强度的计算及校核

强力上层建筑参与总纵强度的外力按第 2 章计算,参与总纵强度的弯曲内力按第 3 章计算,通过将强力上层建筑中的纵向构件计入船体等值梁剖面。若中垂状态下,上层建筑构件中有构件出现失稳,则按类似于船体梁构件失稳折减的方法对上层建筑中纵向失稳构件进行折减,再进行强度计算。

计算出上层建筑参与总纵强度的弯曲内力后,需对其弯曲内力大小进行校核。上层建筑参与船体总纵强度校核时,应注意以下几点:

(1) 应选取正常排水量时,船体在中拱或中垂情况下的弯矩、剪力曲线图中的相应值。

（2）上层建筑参与总纵强度时的许用应力与不考虑上层建筑时总纵强度的许用应力相同,此时校核的船体横剖面模数包括上层建筑的剖面。

（3）不完全参与总纵强度的上层建筑,其主要纵向骨架修正后的欧拉应力应大于上层建筑参与总纵强度时的实际计算应力值;而对于完全参与总纵强度的上层建筑主要纵向构件,其稳定性要求与主船体相同。

（4）上层建筑完全参与总纵强度时的船体横剖面的极限弯矩与主船体总纵强度校核时的极限弯矩计算方法相同。

5.2.2 上层建筑的局部强度计算及校核

1. 局部强度计算载荷

上层建筑局部强度计算载荷包括上层建筑上的重物或结构的重力和惯性力、航行中飞溅浪花冲击产生的等效水压力、武器发射时的后坐力和气浪压力等。

重力和惯性力的计算方法同 4.1.5 节。下面主要介绍上层建筑各部分结构的等效计算水压头。

（1）首楼甲板、尾楼甲板和第一层桥楼甲板的露天部分及侧壁的计算载荷取 9.8Δ kPa,其中 Δ 为附加压力高度,按下式计算,并且在任何情况下不小于 0.5 m:

$$\Delta = 0.01\left[L + 2X + 8X^2/L\right]/\sqrt{h_f} \qquad (5-2-4)$$

式中　x——所计算剖面距舰中的距离（m）,自船中向船首为正,向船尾为负;

　　　L——正常排水量时的水线长（m）;

　　　h_f——所计算剖面的干舷高度,并需计及船楼的高度（m）。

第一层甲板室的露天部分及侧壁的计算载荷按下式确定:

$$p = 4.9\Delta(1 + b/B) \qquad (5-2-5)$$

式中　P——计算压力（kPa）;

　　　Δ——附加压力高度（m）,按式（5-2-4）计算;

　　　b——甲板室宽度（m）;

　　　B——上层建筑所在处的船宽（m）。

所有第一层上层建筑甲板和侧壁的计算载荷均不小于 4.9 kPa。

（2）第一层前上层建筑前壁（包括正前壁和与正前壁相连并与中线面成斜角的前壁）和第一层后上层建筑后壁,计算载荷:前壁计算载荷增加到 1.5 倍的侧壁计算载荷;后壁计算载荷增加到 1.3 倍的侧壁计算载荷;其余部位与侧壁计算载荷相同。第一层前上层建筑前壁和第一层后上层建筑后壁的计算载荷均不得小于 9.8 kPa。

（3）第二层上层建筑侧壁、前壁和后壁的计算载荷分别为第一层相应部位规定计算载荷的 75%,第三层及其以上的上层建筑侧壁、前壁和后壁的计算载荷分别为第一层相应部位规定计算载荷的 50%，但均不小于 4.9kPa。

（4）第二层及其以上的上层建筑甲板除考虑在其上之重物外，露天部位的计算载荷取 4.9kPa，有甲板覆盖部分的计算载荷取 2.94kPa。

2. 局部强度计算及校核

上层建筑结构局部强度内力，即局部应力的计算参照 4.2 节进行。计算出上层建筑结构的局部应力后，需对其进行强度校核。

上层建筑中的骨架的许用应力按下式进行校核：

$$\begin{cases} [\sigma] = 0.80\sigma_s \\ [\tau] = 0.46\sigma_s \end{cases} \tag{5-2-6}$$

式中　$[\sigma]$——许用正应力（MPa）；

　　　$[\tau]$——许用剪应力（MPa）；

　　　σ_s——材料的屈服应力（MPa）。

上层建筑中的板的许用应力按下式校核：

$$[\sigma] = \begin{cases} 0.80\sigma_s & （跨中剖面） \\ \sigma_s & （支座剖面） \end{cases} \tag{5-2-7}$$

上层建筑中的支柱许用应力按下式校核：

$$[\sigma] = 0.56\sigma_{cr} \tag{5-2-8}$$

式中　$[\sigma]$——许用正应力（MPa）；

　　　σ_{cr}——修正后的欧拉应力（MPa）。

习题

1. 随主船体发生中拱变形时，上层建筑自身剖面中和轴上下的弯曲应力是何种应力？为什么？随主船体发生中垂变形时，上层建筑自身剖面中和轴上下的弯曲应力又是怎样？为什么？

2. 船楼结构参与舰艇总纵强度的条件有哪些？

3. 甲板室结构参与舰艇总纵强度的条件有哪些？为什么？

4. 上层建筑参与总纵强度计算中，船体上甲板的实际计算应力与上层建筑 100% 有效时的上甲板应力哪一个更大？为什么？

5. 已知：上层建筑高度 $h=2.5$m，长度 $l=10$m，宽度 $b=4$m，由厚度 $t_1=3$mm 的甲板和两道厚度均为 $t_1=5$mm 的纵壁组成。上层建筑剖面面积 $f=370$cm^2，其剖面形心至其下缘的距离 $e_h=1.7$m，通过其剖面型心的横向惯性矩 $I_z=2.5\times10^6$cm^4。主船体上甲板板厚 $t_0=12$mm，剖面面积（不包括上层建筑）$F=2\times10^4$cm^2。主船体型心至上甲板距离 $e_H=5.8$m，通过其剖面型心的横向惯性矩 $J_z=15\times10^8$cm^4。主船体剖面内的弯矩 $M=35000\times10^6$N·cm。求上层建筑完全参加总纵弯曲时，其形心水平处的弯曲正应力值。

6. 校核上层建筑局部结构强度:

(1) 校核第一层桥楼甲板露天部分的骨架强度。

已知:肋骨间距 $a=1$m;纵骨间距 $b=0.30$m;纵骨 6 号球扁钢;板厚 $\delta=5$mm;钢材屈服应力 $\sigma_s=240$MPa;计算水压头为 6m 水柱高。

(2) 校核第一层桥楼甲板露天部分的板材强度。

已知:肋骨间距 $a=1$m;纵骨间距 $b=0.28$m;板厚 $\delta=3$mm;钢材屈服应力 $\sigma_s=240$MPa;计算水压头为 6m 水柱高。

7. 求上层建筑在空中核爆环境下的安全半径:

已知上层建筑所有围壁材料采用某型船用钢,屈服极限 σ_s 均为 650MPa。上层建筑一共可分为五段,每段的等效梁计算参数见表。

习题 7 表　上层建筑分段等效梁的计算参数

梁段	l_i/m	b_i/m	I_z/m^4	W_{min}/m^3	$\bar{f}_i$/m^2
(1)	6.8	42.8	25.427	5.102	0.612
(2)	3.5	36.2	16.635	3.756	0.338
(3)	2.7	65.4	14.655	3.461	0.249
(4)	5.8	36.0	18.124	3.159	0.387
(5)	5.6	32.4	6.177	1.117	0.262

注:l_i 为各段的长度;b_i 为垂直于核爆冲击波作用方向的宽度;I_z 为各截面的横向惯性矩;W_{min} 为最小截面模数;$\bar{f}_i$ 为两端复板等效截面积

第6章 水面舰艇结构中的应力集中

6.1 概 述

在舰艇强度计算中,一般均假定结构剖面中的应力呈线性变化。这种假定对于等截面梁或截面缓慢变化的梁来说基本相符。但舰体结构中存在许多不连续构件或间断构件,这些构件断面在某些地方发生突变,在断面发生突变的地方会产生极高应力。在舰体结构中,构件间断往往是不可避免的。在间断构件剖面形状与尺寸突变处,局部范围内产生应力急剧增大的现象称为应力集中。

舰体在波浪上的总纵弯曲具有交变特性,应力集中又具有三向应力特性,严重的应力集中很容易引起局部裂纹并逐渐扩展。第二次世界大战后,由于结构开口引起应力集中,从而产生裂纹,导致舰体折断的海损事故占整个舰船结构海损事故总数的极大部分。因此,第二次世界大战后关于舰船结构应力集中的问题,引起了造船界的广泛关注和重视,并开展了大量的研究工作。

应力集中是导致舰船结构损坏的一个重要因素,因而结构设计中必须重视。通常用应力集中系数来表示应力集中的程度,其定义为应力集中区的最大应力 σ_{max}(或 τ_{max})分别与所选基准应力 σ_0(或 τ_0)的比值,即

$$k = \frac{\sigma_{max}}{\sigma_0} \quad \text{或} \quad k = \frac{\tau_{max}}{\tau_0} \tag{6-1-1}$$

由上式可看出,基准应力不同,应力集中系数也不同。给定应力集中系数情形下,应指明基准应力的取法。间断构件的应力变化规律及应力集中系数很大程度上取决于构件的形状。

6.2 甲板开口的应力集中

对于水面舰艇而言,强力甲板上的机舱口、武器基座下的开口等大开口切断了甲板板,大大破坏了甲板板的连续性。而甲板板连续性的破坏不可避免地产生不同程度的应力集中。当舰船发生总纵弯曲时,在甲板开口角隅附近的应力梯度会

急剧升高,引起严重的应力集中。这样,开口角隅区极易产生裂纹,局部裂纹逐渐扩展可能引起甲板板架的断裂,严重时造成整个舰体结构的破坏。

6.2.1 应力集中系数

关于板材孔边的应力集中,可用具有小椭圆开孔的无限宽板受拉伸的情况来进行原理说明。如图 6-2-1 所示的一小椭圆开孔的无限宽板,应用弹性力学理论可求得 A、B 两点的应力分别为

$$\begin{cases} \sigma_A = \sigma\left(1+2\sqrt{\dfrac{a}{\rho}}\right) \\ \sigma_B = -\sigma \end{cases} \tag{6-2-1}$$

式中 σ——无限远处的拉伸应力(N/mm^2);

ρ——椭圆孔在 A 点的曲率半径(mm),$\rho=b^2/a$。

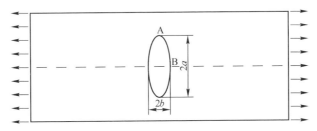

图 6-2-1 受拉伸的小椭圆开孔的无限宽板

$2a,2b$——垂直及平行于拉伸方向的椭圆主轴(mm)。

若以离开椭圆孔无限远处的拉伸应力作为基准应力,则 A 点的应力集中系数为

$$k_A = 1+2\sqrt{\frac{a}{\rho}} \tag{6-2-2}$$

可将式(6-2-2)推广至圆形开孔,此时 $a=b$,故 $k_A=3.0$。此外,还可推广应用到钢板中的裂缝,如图 6-2-2 所示。假设在甲板板上沿舰宽方向出现裂缝,裂缝

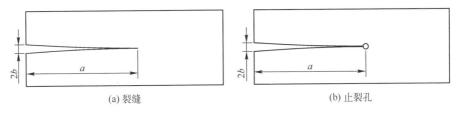

(a) 裂缝　　　　　　　　　(b) 止裂孔

图 6-2-2 钢板裂缝的应力集中

长为 a、宽为 $2b$。当 $a/b=100$ 时，$k_A=201$。由此可见，裂缝尖端处的应力集中系数非常大。因此，裂缝一经产生，必会蔓延扩展，从而导致结构破坏。此时，若在裂缝尖端钻一小圆孔，便可防止裂缝的扩展，该孔称为止裂孔。

6.2.2 甲板开孔应力集中的影响因素

拉伸状态下，甲板开口角隅处的应力集中主要受下述因素影响：
（1）开口宽度与整船宽度的比值 b/B，该比值增大，应力集中系数增大。
（2）开口长宽比 l_H/b，随该比值增大，应力集中系数降低。
（3）开口角隅处的形状，开口角隅处的形状对应力集中系数影响最大。
上述影响因素中的各参数定义如图 6-2-3 所示。

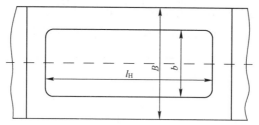

图 6-2-3　甲板开口的形状参数

下面着重讨论甲板开口形状对应力集中的影响。对于角隅为圆弧形的开口，角隅圆弧半径 r 与开口宽度 b 之比是影响应力集中的主要因素，如图 6-2-4 所示。由图 6-2-4 可知：当 $r/b<0.1$ 时，应力集中系数急剧增大；当 $r/b>0.2$ 时，应力集中系数不再变化。这与光弹性试验结果是一致。

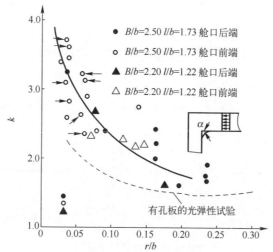

图 6-2-4　甲板开口应力集中系数随形状的变化

若甲板舱口角隅采用椭圆形或抛物线形,且长轴沿船长方向,进一步能改善过渡方式,应力集中系数比采用圆弧形的应力集中系数还要低。在保持同样开口面积情况下,把圆弧改成椭圆或抛物线形状,应力集中系数可降低 12% ~ 20%。因此,这两种形式的角隅不仅结构更合理,而且工艺更简单。

需要指出的是,开口板的受力情况不同,其应力集中也不同。水面舰艇的甲板开口应力集中主要以承受总纵弯曲时的拉伸应力为对象。而对于大开口的民用客货船,还必须考虑由于船体扭转产生舱口菱形变形所引起的应力集中效应。

6.2.3　强力甲板开口的加强

1. 开口方位的布置

为防止应力集中引起结构的破坏,在高应力区域和存在较大应力集中的区域内应尽量避免开孔,特别是强力甲板舱口边缘以及船中桥楼与甲板室的端壁和舱口角隅之间的强力甲板上应尽量避免开孔。

在船中 0.5L 区域内,强力甲板舱口线外若开孔,则开椭圆形孔,且要求开孔的长轴沿船长方向;而在强力甲板边板上开口,如供管路等用的开口,其开口边缘与舷侧或舱口纵壁之间的距离应不小于该开口的直径。管路穿过甲板的开孔时,应避开舱口角隅和高应力区。

2. 开口形状的选择

在结构设计时,必须充分注意舱口角隅处的结构细节,对强力甲板上的机炉舱口、弹舱口等,为降低角隅处的应力集中,可采取以下措施:

（1）开口角隅为圆形时,角隅处需加厚板,且角隅半径与舱口宽度之比不小于 1/20,但对于舱口围壁处未设置甲板纵桁处不小于 1/10。若甲板伸进舱口围壁内,圆形角隅半径不小于 300mm;若舱口围壁处以套环形式与甲板内缘焊接,则圆形角隅半径不小于 150mm。角隅处加厚板的尺寸按图 6-2-5 执行。

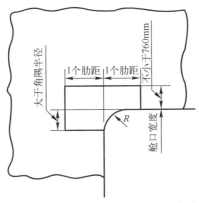

图 6-2-5　圆形角隅加厚板的尺寸规定

（2）角隅加厚板时,端接缝应与舱口围壁的端接缝以及甲板骨架的角接焊缝错开,加厚板的厚度应较强力甲板增加4mm。当强力甲板上机炉舱、货舱等开口的角隅是抛物线形或椭圆形时,角隅处的甲板可不需加厚板,但应符合图6-2-6所示的规定。椭圆角隅的最佳长短轴之比为3.0~3.5。此时应力集中程度可比相应的圆弧角隅减少23%左右。对于易受疲劳损伤重要部位的椭圆形开口也予以加强。可应用断裂力学原理计算角隅处的应力集中系数。当角隅处存在一定长度的裂纹时,角隅形状对结构的强度几乎没有影响,而设置加厚板则可明显改善含裂纹构件的疲劳和断裂强度。

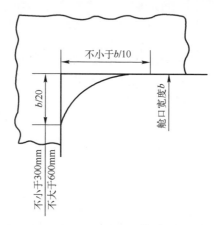

图6-2-6　抛物线或椭圆形角隅不加厚板尺寸规定

3. 舱口边缘的甲板纵桁

舱口边缘的甲板纵桁对降低角隅处的应力集中有一定的作用。但是,舱口围壁在角隅处突然中断,会在围壁端壁产生新的应力集中。因此,在舱口围壁端部应当采用纵向肘板逐步过渡。至于舱口围壁在角隅处是做成圆角还是直角,对角隅处的应力集中的影响差别不大。从工艺性方面考虑,一般在舱口围壁角隅处采用直角焊接。

4. 开口间的甲板厚度

开口间甲板厚度取决于局部强度要求,较按总纵强度要求决定的开口线以外的甲板厚度要薄一些。减小开口间的甲板厚度,也减小了开口间的甲板结构刚性,因而会降低角隅处的应力集中。但是,应注意开口间的甲板结构也有防止船体扭转产生舱口菱形变形的作用。

5. 设置弹性角隅

通过角隅处的户型变化改善结构的连续性是一种思路,而在角隅处形成一个光顺的波形,使开口线以外的甲板和舱口间甲板部分的连接处于松弛状态,以释放

高应力部位降低应力集中是另一种思路。大量的弹性试验和计算研究表明,弹性
角隅应力集中系数比同尺寸的椭圆角隅的应力集中系数降低 15% 左右。因此,在
角隅处设置弹性角隅也是一种方式,不过此种方式的制造工艺较为复杂。

6.2.4 下甲板开口的加强

下甲板机舱、货舱开口的角隅一般做成弧形。这些地方总纵弯曲应力较小,由
应力集中引起的应力升高不大。第 2 甲板机舱、货舱开口角隅处要求加厚板,厚度
应增大 2.5mm。第 3 甲板及以下甲板(包括平台甲板)的舱口角隅处一般不要求
加厚板。

舱口线外的开口应尽量避开舱口角隅处和其他高应力区域。对于甲板上的各
种小型开孔,则应根据具体情况酌情处理。凡开口尺寸相对船长来说很小,高应力
只是在局部范围内分布,或者应力集中系数不大,这类开口可不予加强。甲板上这
些开口包括:

(1) 直径不大于 20 倍板厚的圆形开口;

(2) 长轴沿船长方向布置,且开口长宽比不小于 2 的椭圆形开口;

(3) 应力集中系数对一般强度钢小于 2 或对高强度钢小于 1.5 的其他形状的
开口;

(4) 强力甲板开口线以外,纵向长度不超过 2.5m 且宽度不超过 1.2m 或
0.04B(后两个条件取小者)的甲板开口;

(5) 在一个横剖面(Y-Y)上的开口宽度总和(图 6-2-7)和阴影区域宽度 b_e 符
合下式的甲板开口,即

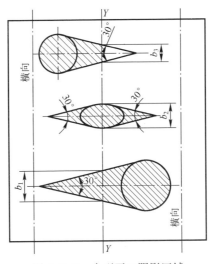

图 6-2-7 小型开口阴影区域

$$b_e \le 0.06\left(B - \sum b_i\right) \qquad (6-2-3)$$

式中　B——计算剖面处的船宽(m)；

　　$\sum b_i$——计算剖面处所考虑的开口宽度的总和(m)。

　　不符合上述要求的小型开口,应予以加强。通常的加强方式是加厚甲板,以减小应力集中。对于不满足(1)和(2)者,需要加强的圆形或椭圆形开口,根据《钢质海船入级建造规范》,建议采用套环形式加强开口边缘(图6-2-8)。

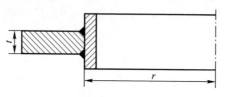

图 6-2-8　加强开口的边缘

　　如图6-2-8所示,套环形式加强开口边缘的圆环板的剖面及 A 应不小于下式计算值：

$$A = 0.5rt \quad (\mathrm{mm}^2) \qquad (6-2-4)$$

式中　r——开口半径(mm),对椭圆形开口取开口宽度的一半；

　　t——甲板的厚度(mm)。

6.3　上层建筑端部的应力集中

6.3.1　应力集中系数

　　上层建筑端部与主船体连接之处,由于断面形状发生变化,致使该处主船体结构中产生很大的应力集中。而且,在上层建筑端部附近,会引起同号弯曲正应力的叠加,因而会形成很高的应力集中;而在上层建筑端点之内的主船体结构,由于是不同符号弯曲正应力叠加,因而不会产生应力集中。当船体梁发生弯曲变形时,在主船体与上层建筑的连接线上产生了水平剪力 $q(x)$,其分布如图6-3-1所示。

　　在上层建筑端部,主体结构中的应力集中系数,可根据平板弯曲模型近似求解得到,可近似按下式计算得到：

$$k = 1 + 0.3\sqrt{\dfrac{h}{r}} \qquad (6-3-1)$$

式中　h——上层建筑高度(m)；

　　r——上层建筑端部的圆弧半径(m)。

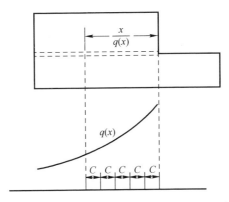

图 6-3-1　上层建筑与主船体连接线处的水平剪力分布

6.3.2　端部应力集中的加强

在上层建筑在甲板室端部由于应力集中而造成的损坏是经常发生的,因此,在结构设计中必须采取多种措施来减缓该部位的应力集中程度。

1.设置端部弧形过渡板,减缓上层建筑端部应力集中

上层建筑船楼端部与主船体成直角相交时,无论采取什么措施,理论上该处的应力集中是无穷大。因此,应在船楼端部设置弧形板,使端部舷侧板逐渐过渡到主船体舷顶列板,并用加强肘板支持。由于弧形板的刚性由大逐渐变小,沿这部分连接线上的水平剪力也逐渐由大变小,于是在弧形板端点主船体结构中的应力就不再无限增大。增大过渡板圆弧半径可以有效地降低应力集中系数。

为了降低舷侧无内缩的上层建筑端部主船体结构中的应力集中,上层建筑的舷侧外板应延伸至上层建筑端部以外,且其高度逐步减小至主船体的舷顶列板,过渡应光顺,延伸板的自由边缘一般应做成长轴为水平布置的椭圆形(图 6-3-2)。

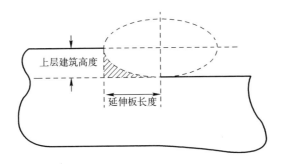

图 6-3-2　上层建筑端部的弧形过渡板

延伸板应采用加强肘板支持,上缘应用相同厚度而宽度不小于 10 倍厚度的面板加强。而且,延伸板应满足下述要求:

（1）当上层建筑端壁位于船中部 $0.5L$ 区域内时,延伸板的长度应不小于 1.5 倍的上层建筑高度,且延伸板的厚度应增加 25%;

（2）当上层建筑端壁位于离船端 $0.2L$ 区域内时,延伸板的长度应不小于上层建筑高度,延伸板的厚度可不增加;

（3）当上层建筑端壁位于离船端 $(0.2~0.25)L$ 的区域内时,延伸板的长度和厚度的增加应按内插法求得,即长度和厚度逐渐变化。

2. 局部增加主船体结构板厚

为减缓上层建筑端部应力集中,增加船楼端部区域的舷顶列板及甲板边板的厚度也可降低过高的局部应力,因而可大大降低应力集中。关于该区域的板增厚的大小及范围,相关规范都做了具体的规定。《钢质海船入级建造规范》规定,从上层建筑端壁向内至少 2 个肋距至舷侧外板延伸部分端点外 2 个肋距之间区域,上甲板的甲板边板和舷顶列板应按下列要求增加板厚(图6-3-3):

（1）当上层建筑端壁位于船中部 $0.5L$ 区域内时,甲板边板和舷顶列板的厚度应增加 20%;

（2）当上层建筑端壁位于离船端 $0.2L$ 区域内时,甲板边板和舷顶列板的厚度可不增加;

（3）当上层建筑端壁位于离船端 $(0.2~0.25)L$ 区域内时,甲板边板和舷顶列板的厚度增加应按内插法求得,即厚度逐渐变化。

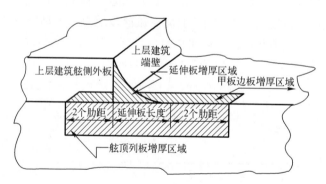

图 6-3-3　局部增大主船体结构板厚区域

3. 甲板室端部减小应力集中的措施

为减小甲板室端部角隅处的应力集中,通常其侧壁与端壁的连接应做成圆角,形成带圆角的围壁。同时,设法降低围壁与甲板连接处的抗剪刚性系数(特别是降低接缝的抗剪刚性系数),使连接处的剪应力减小。在我国实船建造中,较多采用图 6-3-4 所示的连接形式。

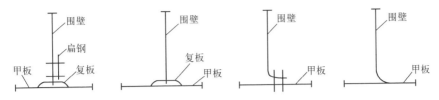

图 6-3-4 甲板室角隅处围壁与甲板的连接形式

一般来说,围壁下加复板的形式较好。不过,此时复板不能太薄,也不能太厚,可建议取围壁与甲板板厚之和的一半;同时,复板不能用塞焊,否则就失去了它应有的作用。另外,在船中部 0.5L 区域内的甲板室端部应尽量减小侧壁开口的数量和尺寸。所有门窗开口需设计成圆角,在门或类似开口的上下面应有足够的连续围壁板。

4. 其他加强措施

近年来,由于主机功率的增大,上层建筑因振动而发生的损坏情况大大增加。这可能是由于船体总振动而诱发的上层建筑的共振,如图 6-3-5 所示。此外,还有可能是由于上层建筑的固有频率与激振力耦合而产生的振动。因此,在设计阶段以足够的精度计算出上层建筑振动响应峰值频率非常重要。在决定机舱及上层建筑结构的布置与尺寸时,要保证船上的振动量级是合理的。

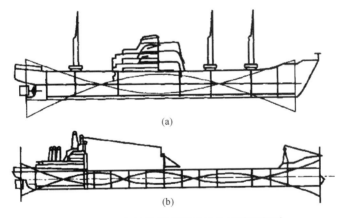

(a)

(b)

图 6-3-5 由船体振动引起的上层建筑振动

为增大结构的刚性,传递竖向力,通常应按下述要求进行加强:

(1) 在船楼或甲板室端部的下面均应设置支柱、隔壁、舱壁或其他强力构件,以支持上层建筑,承受竖向力;

(2) 船楼内强肋骨或局部舱壁应尽可能设置在与其下面的水密舱壁或其他强力构件在同一垂直平面内;

(3) 在最下层长甲板室端壁和侧壁上,一般应设置一定间距的局部舱壁或垂直桁材,并尽可能与其下面舱室的加强构件在同一平面内。

6.4　梁上开孔的应力集中

舰船结构中甲板横梁、纵桁和舷侧纵桁、肋骨等构件,由于承力较大,称为强力骨架梁。一般情况下,强力骨架梁应尽量避免开孔,以保证其坚固性。但有电缆、管路等设施需要穿过这些骨架梁,不能避免地要开孔。在梁的受力区域内开孔都会产生应力集中,因而强力骨架梁腹板上的开孔必须合理选择孔口位置,避开构件的高应力区,减小应力集中。而且,由于开孔削弱了强力骨架梁的强度,因而应给予适当加强。

6.4.1　应力集中系数

舰船结构的骨架梁常用工字形横梁和纵桁,其计算模型如图 6-4-1 所示。

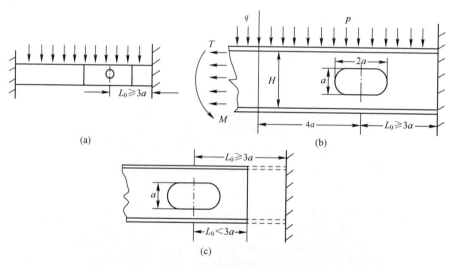

图 6-4-1　工字形梁计算模型示意图

T—梁承受的纵向力(N);M—孔中心左或右侧 $4a$ 距离处剖面的弯矩(N·m);

p—梁带板上作用的线均布荷重(N/mm);q—孔中心左或右侧 $4a$ 距离处剖面的剪力(N);

L_0—孔中心至支座端的距离(mm);a—腰圆孔的高度或圆孔的直径(mm);H—梁腹板高度(mm)。

当梁腹板上开有腰圆孔或圆孔,以及在单独适用贴板或环加强板时,孔边最大应力发生在孔边切向处,梁腹板开孔孔边最大应力按式(6-4-1)计算。当 $L_0 \geqslant 3a$ 时,见图 6-4-1(a),其中 $\sigma^{(1)}$ 按式(6-4-2)计算;当 $L_0 < 3a$ 时,见图 6-4-1(b),$\sigma^{(1)}$ 按式(6-4-3)计算;其余参数按式(6-4-4)和式(6-4-5)计算。加强环相当面

积按式(6-4-6)计算。

$$\sigma_{max} = C_p \sigma^{(1)} + C_q \sigma^{(2)} + C_m \sigma^{(3)} + K \sigma^{(4)} \quad (6\text{-}4\text{-}1)$$

$$\sigma^{(1)} = 7ap/(tH) \quad (6\text{-}4\text{-}2)$$

$$\sigma^{(1)} = (L_0 + 4a)p/(tH) \quad (6\text{-}4\text{-}3)$$

$$\sigma^{(2)} = q/(tH) \quad (6\text{-}4\text{-}4)$$

$$\sigma^{(3)} = (m/W) \times 10^3 \quad (6\text{-}4\text{-}5)$$

$$F = 0.7\zeta t' \sqrt{at'} \quad (6\text{-}4\text{-}6)$$

式中　　　σ_{max}——孔边最大应力(MPa);

C_p、C_q、C_m、K——梁分别仅受均布力 p、剪力 q、弯矩 M 和纵向 T 时的相应名义
应力的系数;

$\sigma^{(1)}$、$\sigma^{(2)}$、$\sigma^{(3)}$——名义应力(MPa);

$\sigma^{(4)}$——梁未开孔横剖面上承受平均纵向应力(MPa);

t——梁腹板厚度(mm);

W——面板处梁剖面模数(cm³);

F——加强环相当面积(mm²);

ζ——对称加强环有效高度系数;

t'——贴板厚度或环板厚度(mm)。

名义应力系数 C_p、C_q、C_m 和 K 按表6-4-1和表6-4-2选取。

表6-4-1　贴板加强的名义应力系数取值

孔型	t'/t	$a/H = 0.2$				$a/H = 0.3$			
		C_p	C_q	C_m	K	C_p	C_q	C_m	K
圆孔	0.00	-3.100	-4.500	0.230	3.000	-3.546	-5.424	0.218	3.116
	0.25	-2.800	-4.120	0.190	2.650	-3.124	-4.780	0.188	2.855
	0.50	-2.600	-3.800	0.175	2.500	-2.863	-4.341	0.166	2.640
	1.00	-2.310	-3.350	0.140	2.190	-2.423	-3.714	0.132	2.300
腰圆孔	0.00	-4.100	-4.750	0.280	2.400	-5.400	-7.735	0.221	2.402
	0.25	-3.800	-4.500	0.250	2.200	-4.756	-6.547	0.192	2.220
	0.50	-3.450	-4.200	0.230	2.200	-4.280	-5.890	0.168	2.069
	1.00	-3.100	-3.700	0.180	1.850	-3.610	-4.968	0.131	1.826
孔型	t'/t	$a/H = 0.4$				$a/H = 0.5$			
		C_p	C_q	C_m	K	C_p	C_q	C_m	K
圆孔	0.00	-3.903	-6.179	0.201	3.219	-4.485	-7.282	0.199	3.259
	0.25	-3.361	-5.322	0.168	2.939	-3.779	-6.127	0.119	3.162
	0.50	-3.001	-4.740	0.145	2.708	-3.315	-5.374	0.153	2.918
	1.00	-2.498	-3.939	0.110	2.346	-2.695	-4.363	0.114	2.532

（续）

孔型	t'/t	$a/H=0.4$				$a/H=0.5$			
		C_p	C_q	C_m	K	C_p	C_q	C_m	K
腰圆孔	0.00	-6.929	-9.805	0.191	2.468	-8.249	-12.688	0.131	2.422
	0.25	-5.960	-8.423	0.163	2.229	-6.940	-10.667	0.108	2.255
	0.50	-5.264	-7.434	0.141	2.157	-6.031	-9.259	0.089	2.113
	1.00	-4.324	-6.096	0.106	1.925	-4.840	-7.408	0.059	1.878

表 6-4-2　环加强的名义应力系数取值

孔型	t'/t	$a/H=0.2$				$a/H=0.3$			
		C_p	C_q	C_m	K	C_p	C_q	C_m	K
圆孔	0.00	-2.100	-2.450	0.160	2.150	-2.221	-3.312	0.137	2.178
	0.50	-1.600	-2.250	0.140	1.770	1.689	-2.760	0.111	1.742
	1.00	-1.400	-1.800	0.130	1.500	-1.400	-2.248	0.098	1.486
腰圆孔	0.00	-2.354	-4.090	0.108	2.220	-2.566	-5.045	0.082	2.169
	0.50	-1.739	-3.091	0.080	1.772	-1.863	-3.774	0.048	1.732
	1.00	-1.409	-2.540	0.067	1.521	-1.497	-3.102	0.034	1.475

孔型	t'/t	$a/H=0.4$				$a/H=0.5$			
		C_p	C_q	C_m	K	C_p	C_q	C_m	K
圆孔	0.00	-2.354	-4.090	0.108	2.220	-2.566	-5.045	0.082	2.169
	0.50	-1.739	-3.091	0.080	1.772	-1.863	-3.774	0.048	1.732
	1.00	-1.409	-2.540	0.067	1.521	-1.497	-3.102	0.034	1.475
腰圆孔	0.00	-4.002	-6.617	0.093	1.812	-4.817	-8.295	0.010	1.824
	0.50	-3.009	-5.105	0.058	1.541	-3.495	-6.327	0.060	1.549
	1.00	-2.472	-4.273	0.039	1.371	-2.800	-5.283	0.060	1.377

求出孔边最大应力 $\sigma_{\max}$ 后,选取基准应力 σ_0,则可得梁上开孔的应力集中系数为

$$k = \frac{\sigma_{\max}}{\sigma_0} \tag{6-4-7}$$

在计算梁上开孔的应力集中系数过程中,需要注意如下事项:

（1）在计算梁剖面模数时,带板宽度应取该梁与相邻梁间距的平均值,但其值不得大于 1/6 跨距。

（2）当开孔适用环加强时,计算中应计及加强环的相当面积,加强环相当面积按式(6-4-6)计算。

（3）对称加强环有效高度系数根据参数 ζ 由图 6-4-2 中的曲线查得。图中,η 为环边至腹板中心距离与环高的比值,参数 ξ 按下式计算:

$$\xi = 1.817h\sqrt{at'} \tag{6-4-8}$$

式中　h——环的高度(mm);

　　　t'——环板厚度(mm)。

（4）当梁腹板上开有单排多孔(圆孔或腰圆孔)时,孔中心间距大于或等于 $2.5a$ 时,仍作为单孔计算。

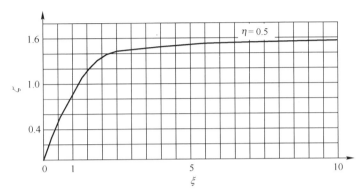

图 6-4-2　对称加强环有效高度系数取值

6.4.2　梁上开孔应力集中的加强

1. 强力骨架梁上的开孔及加强

强力骨架梁腹板上的开口形状应选用圆孔或椭圆孔,且椭圆孔的长轴方向应在构件的长度方向。离支座距离为 1/8 梁的跨度范围内不宜开孔,以避开支座端部的高应力区。必须开孔时,只允许开直径不大于 1/8 腹板高的圆形孔,且孔的中心距梁的附连翼板的距离应为 1/3 腹板高度,如图 6-4-3 所示。

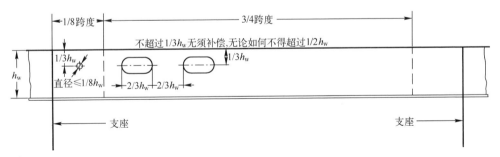

图 6-4-3　强力骨架梁开孔位置要求
注:h_w 为梁腹板高度(mm)。

梁跨度中间的 3/4 跨度范围内所开的圆孔或椭圆孔应满足以下条件:
（1）开孔高度不大于 1/3 腹板高度,开孔长度不大于 2/3 腹板高度。

（2）开孔中心距梁附连翼板的距离应为 1/3 腹板高度。对于带附连翼板的骨架梁来说,该处在梁的中性轴附近,弯曲正应力较小,因而开孔对梁的抗弯强度的影响较小。

（3）开孔与开孔的边缘间距应不小于两孔高度之和。

满足上述三个条件的开孔,孔边缘可不加强。

在巨大的集中载荷处(如支柱、桅杆等)将受到较大的剪切应力,因而在支柱、桅杆附近,梁的 1/8 跨度范围内应尽量避免开孔。当梁腹板上有纵骨通过时,在其开口左右 2 倍开口宽度范围内不允许开孔,如图 6-4-4 所示。球扁钢通过骨架梁腹板的开孔高度应不大于 1/2 腹板高度。

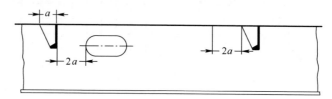

图 6-4-4　开孔与纵骨开口的位置关系

注:a 为纵骨通过宽度(mm)。

凡不符合上述强力骨架梁开孔要求的任何开孔,必须给予加强。开孔加强有两种方式:一是在开孔周围加贴一块复板,如图 6-4-5 所示;二是在开孔周围加一个用扁钢制成的加强环,如图 6-4-5 所示。圆孔也可用圆管加强。

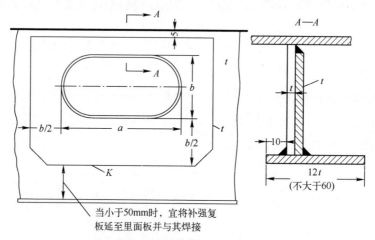

图 6-4-5　强力骨架梁上的开孔加强

a—开孔长度(mm);b—开孔宽度(mm);t—梁腹板厚度(mm)。

开孔周围安装加强环可提高开孔处的局部抗弯强度。当开孔长度超过一定数值,孔的上、下剩余部分可能产生局部"二次弯曲",此时用加强环加强梁上开孔处的剩余部分能有效地解决"二次弯曲"。采用贴复板对开孔周围进行加强,可有效地补偿开孔处腹板抗剪切强度的不足,特别是剪切应力较高区域开孔,应采用加贴复板的方式予以加强。开孔位于高剪应力区且开孔较长时,应同时采用贴板加强和加强环加强。为了能实现有效的加强,保证强力骨架梁的强度,开孔高度最大不应超过腹板高度的 50%,开孔长度最大不应超过腹板高度,而且必须保证开孔在梁的中和轴附近(孔中心距梁附连翼板为 1/3 腹板高度)。当不能满足上述极限要求时,应采取局部增大腹板高度等特殊加强措施,如图 6-4-6 所示。

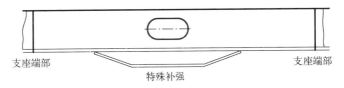

支座端部　　　　　　　　　特殊补强　　　　　　　　　支座端部

图 6-4-6　超大开孔的特殊加强结构

2. 底部纵桁和肋板的开孔与加强

底部纵桁和肋板通常要开减轻孔、人孔和通过管路的孔。一般底部纵桁和肋板的尺寸较大,其腹板高度远大于强力骨架梁的高度。因此,底部纵桁和肋板的腹板除了强度问题以外,还要考虑腹板的稳定性。由于底部纵桁和肋板的腹板高度较大,在其中和轴附近开人孔或减轻孔,对其抗弯强度削弱较小,而开口边缘用扁钢加强环,除补足抗弯强度,还大大提高了底部纵桁和肋板腹板的稳定性,因而不需外加加强筋来提高腹板的稳定性。

中底桁腹板上一般不开人孔和减轻孔,因通过管路必须开孔时,孔应布置在腹板高度的中部,其直径应不大于 0.25 腹板高度,且开孔边缘应相应加强。

旁底桁(旁内龙骨)腹板上可开人孔或减轻孔,其形状应为圆孔或椭圆孔,位置在腹板高度的中部,孔的直径不得超过 0.5 腹板高度,且开孔边缘应用扁钢加强环镶边加强。镶边扁钢的厚度应不小于旁内龙骨腹板厚度,宽度不小于 12 倍旁内龙骨腹板厚度,但镶边扁钢宽度应不大于 60mm。

肋板上的人孔及其加强扁钢的规格应尽量与旁底桁(旁内龙骨)上的人孔及其加强扁钢的规格一致。肋板上的开孔一般应布置在肋板腹板高度的中部,其直径不得超过 0.5 腹板高度。肋板人孔或减轻孔距底纵桁的距离大于 400mm 时,肋板应加设竖向扶强材加强。该扶强材的上、下端应与内底及外底纵骨相连接,如图 6-4-7 所示。

当肋板上开设具有下列条件的圆孔时,可不进行加强:

(1) 开孔处在肋板高度中部,且孔径不大于 20% 肋板高度;

(2) 开孔虽不在肋板高度中部,但孔径不大于 10% 肋板高度。

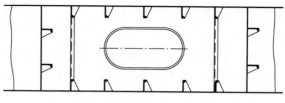

图 6-4-7　肋板开孔与加强

6.5　肘板的应力集中

6.5.1　应力集中系数

在舰体结构中,骨架端部与端部、骨架端部与板材之间主要是以肘板连接的。因此,对于舰船结构中肘板的强度及其应力集中问题,一直以来是舰船结构研究的重要方面。

舰船结构中普通骨材端部的肘板形状主要有三角形和圆弧形两种,如梁肘板、纵骨及舱壁扶强材端部肘板等。采用三角形肘板时,肘板的端部为不连续点,易产生应力集中。而圆弧形肘板为连续过渡,虽能避免不连续点的出现,但仍存在应力集中现象,应力集中程度与圆弧半径有关。

1. 圆弧形肘板的应力集中系数

圆弧形肘板(图 6-5-1)的应力集中系数主要与圆弧半径 r 和平行部分的骨材腹板高度 d 有关。应力集中位置即最大应力点发生在圆弧半径终止附近。采用梁弯曲理论计算出圆弧终止处外边缘处的应力值,即可得到圆弧形肘板的应力集中系数,可近似按下式计算:

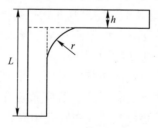

图 6-5-1　圆弧形肘板

$$k = \frac{\sigma_{\max}}{\sigma_0} = 1.02\,\frac{h}{r} \qquad\qquad (6-5-1)$$

式中　k——圆弧形肘板的应力集中系数;

σ_{max}——圆弧终止处外边缘处的最大应力值;

h——平行部分骨材腹板高度;

r——圆弧半径。

2. 三角形肘板的应力集中系数

对于三角形肘板,若采用常用的三角形肘板,肘板的最大应力可达到梁理论计算值的 1.7 倍。因而在强骨材间的连接处,常将三角形顶端处的不连续点以半径为 r 的小圆弧代替,如图 6-5-2 所示。对于这种三角形肘板,若骨材腹板高度为 h,最大应力的大小主要取决于 r/h,而与肘板的大小无关。这种三角形肘板的应力集中系数可近似按下式确定:

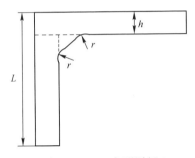

图 6-5-2 三角形肘板

$$k = \frac{\sigma_{max}}{\sigma_0} = 1 + 0.112 \frac{h}{r} \qquad (6-5-2)$$

式中 k——三角形肘板的应力集中系数;

σ_{max}——小圆弧终止处外边缘处的最大应力值;

h——平行部分骨材腹板高度;

r——小圆弧的半径(图 6-5-2)。

6.5.2 肘板应力集中的加强

由式(6-5-1)和式(6-5-2)可知,无论是圆弧形肘板,还是三角形肘板,应力集中系数均与圆弧半径(或小圆弧半径)r 有关。圆弧半径越大,应力集中系数越小。研究结果表明,当 $h/r<2$ 时,肘板的应力集中程度较小。因此,对于肘板的应力集中现象,保证肘板尺寸的大小 $h/r<2$ 便足以。当肘板尺寸较大时,如舭肘板上可以开圆形减轻孔,但孔缘任何地方的板宽均应不小于舭肘板宽度的 1/3。

通过比较可知,肘板的形状以圆弧形为较好。增大圆弧半径可降低肘板的应力集中程度,但当圆弧半径超过骨材腹板高度时,再增大圆弧半径,应力集中的降低效果就不明显了。此时,应通过增大肘板的板厚来进行肘板应力集中的加强。

6.6 应力集中的强度衡准

在水面舰艇结构中的甲板、上层建筑端部、梁上开孔以及肘板应力集中部位，应力集中的强度衡准为该部位的最大应力值 σ_{max} 不大于材料的屈服极限 σ_s，即

$$\sigma_{max} \leqslant [\sigma] = \sigma_s \tag{6-6-1}$$

习题

1. 已知甲板一椭圆形开孔的半长轴为150mm、半短轴为50mm，若以离开椭圆孔无限远处的拉伸应力作为基准应力，试求长轴端点处的应力集中系数。

2. 拉伸状态下，甲板开口角隅处的应力集中主要受哪些因素影响？

3. 已知上层建筑高度为10m，上层建筑端部的圆弧半径为2.5m，试求在上层建筑端部，主船体结构中的应力集中系数。

4. 降低舷侧无内缩的上层建筑端部主船体结构中的应力集中有哪些措施？

5. 强力骨架梁上的开孔需满足哪些条件，孔边缘可不做加强？

6. 已知一圆弧形肘板的圆弧半径为200mm，平行部分骨材腹板高度为350mm，试求圆弧形肘板的应力集中系数。

7. 已知三角形肘板的小圆弧半径为50mm，平行部分骨材腹板高度为350mm，试求三角形肘板的应力集中系数。

第7章 舰艇强度计算中
的有限元方法

舰艇船体结构是复杂的水上结构物,担负着巡逻、作战、运输等各种任务。由于船体结构及其外部载荷、建造工艺的复杂性,船体结构强度的计算一直是一项困难的任务。早期人们根据经典的弹、塑性力学理论,结合船体结构主要由骨架、板材及其组合加筋板构成的特点,将船体结构简化为梁、板、板架等力学模型,发展出适合船舶和海洋结构物的船舶结构力学,建立了一系列专用的理论方法。但是,由于实际问题复杂性,理论方法只能对结构或其承受的载荷进行大幅简化,求解具有明显的局限性。

从 20 世纪 60 年代中期起,随着计算机和有限元法的发展,数值计算技术进入迅速发展的阶段。有限元法在国内外船舶与海洋工程结构强度计算分析中广为流传,目前已在舰船与海洋工程的各个部门和领域中得到广泛应用。

7.1　有限元分析的基本原理

有限元分析是将船体结构离散为有限个单元,从而模拟结构在一定承载下的变形和应力分布情况。对于主要构件,按其对载荷传递的作用可以用膜、杆、壳和梁单元表示,以表述船体结构的布置特点和构件之间的力与变形之间的关系。通过大规模有限个矩阵方程组求解,可以得到各个构件的变形和力,正确预报结构对载荷的响应,进而实现辅助结构设计。

有限元分析方法是以微分方程等效积分形式(加权余量法)和变分法为理论基础的一种近似的数值解法,它的力学基础是弹性力学的基本方程和与之等效的变分原理。弹性体在载荷作用下的基本变量包括应力、位移和应变,弹性力学的基本方程描述了它们之间的关系。

7.1.1　弹性力学基本方程

弹性体在载荷作用下的基本变量包括应力、位移和应变。弹性体在载荷作用下,体内任意一点的应力状态可由 σ_x、σ_y、σ_z、τ_{xy}、τ_{yz}、τ_{zx} 六个应力分量来表示,其中为 σ_x、σ_y、σ_z 正应力,τ_{xy}、τ_{yz}、τ_{zx} 为剪应力。应力分量的正、负号规定如下:如果某一个面的外法线方向与坐标轴的正方向一致,则这个面上的应力分量以沿坐标轴正方向为正,与坐标轴反向为负;如果某一个面的外法线方向与坐标轴的负方向一致,则这个面上的应力分量以沿坐标轴负方向为正,与坐标轴同向为负。应力分量及其正方向如图 7-1-1 所示,其矩阵表示称为应力列阵 $\boldsymbol{\sigma}$ 或应力向量。

$$\boldsymbol{\sigma} = \begin{Bmatrix} \sigma_x \\ \sigma_y \\ \sigma_z \\ \tau_{xy} \\ \tau_{yz} \\ \tau_{zx} \end{Bmatrix} = \begin{bmatrix} \sigma_x & \sigma_y & \sigma_z & \tau_{xy} & \tau_{yz} & \tau_{zx} \end{bmatrix}^{\mathrm{T}} \tag{7-1-1}$$

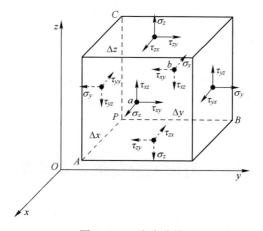

图 7-1-1 应力分量

弹性体中某点的应变共有 ε_x、ε_y、ε_z 三个正应变及 γ_{xy}、γ_{yz}、γ_{zx}、γ_{yx}、γ_{zy}、γ_{xz} 六个剪应变。这九个应变称为弹性体中某点的应变分量。事实上,γ_{yz} 与 γ_{zy} 完全一样,即有 $\gamma_{yz} = \gamma_{zy}$,同理有 $\gamma_{xy} = \gamma_{yx}$,$\gamma_{zx} = \gamma_{xz}$。因此弹性体中某点的应变只需 ε_x、ε_y、ε_z、γ_{xy}、γ_{yz}、γ_{zx} 六个应变分量表示。此六个应变分量可用应变矢量列阵表示为

$$\boldsymbol{\varepsilon} = \begin{Bmatrix} \varepsilon_x \\ \varepsilon_y \\ \varepsilon_z \\ \gamma_{xy} \\ \gamma_{yz} \\ \gamma_{zx} \end{Bmatrix} = \begin{bmatrix} \varepsilon_x & \varepsilon_y & \varepsilon_z & \gamma_{xy} & \gamma_{yz} & \gamma_{zx} \end{bmatrix}^{\mathrm{T}} \tag{7-1-2}$$

　　弹性体中某点的位移就是物体变形后体内质点位置的移动。物体内任意一点的位移用它在 x、y、z 三轴上的投影 u、v、w 来表示,以沿坐标轴正方向为正,沿坐标轴负方向的为负。这三个投影称为该点的位移分量,其量纲是[长度],可用位移矢量列阵 $\boldsymbol{u}$ 表示,即

$$\boldsymbol{u} = \begin{Bmatrix} u \\ v \\ w \end{Bmatrix} = \begin{bmatrix} u & v & w \end{bmatrix}^{\mathrm{T}} \tag{7-1-3}$$

　　弹性力学的基本方程描述了应力、应变和位移之间的关系。其中平衡方程描述应力和所受外力之间的关系

$$\begin{cases} \dfrac{\partial \sigma_x}{\partial x} + \dfrac{\partial \tau_{xy}}{\partial y} + \dfrac{\partial \tau_{xz}}{\partial z} + F_x = 0 \\[2mm] \dfrac{\partial \tau_{yx}}{\partial x} + \dfrac{\partial \sigma_y}{\partial y} + \dfrac{\partial \tau_{yz}}{\partial z} + F_y = 0 \\[2mm] \dfrac{\partial \tau_{zx}}{\partial x} + \dfrac{\partial \tau_{zy}}{\partial y} + \dfrac{\partial \sigma_z}{\partial z} + F_z = 0 \end{cases} \tag{7-1-4}$$

　　平衡方程的矩阵形式为

$$\boldsymbol{A}\boldsymbol{\sigma} + \boldsymbol{F} = 0 \quad (在 V 内) \tag{7-1-5}$$

式中:$\boldsymbol{F}$ 是体积力向量,$\boldsymbol{F} = \begin{bmatrix} F_x & F_y & F_z \end{bmatrix}^{\mathrm{T}}$;$\boldsymbol{A}$ 为微分算子,且有

$$\boldsymbol{A} = \begin{bmatrix} \dfrac{\partial}{\partial x} & 0 & 0 & \dfrac{\partial}{\partial y} & 0 & \dfrac{\partial}{\partial z} \\[3mm] 0 & \dfrac{\partial}{\partial y} & 0 & \dfrac{\partial}{\partial x} & \dfrac{\partial}{\partial z} & 0 \\[3mm] 0 & 0 & \dfrac{\partial}{\partial z} & 0 & \dfrac{\partial}{\partial y} & \dfrac{\partial}{\partial x} \end{bmatrix} \tag{7-1-6}$$

　　几何方程描述了应变分量与位移分量之间的关系

$$\begin{cases} \varepsilon_x = \dfrac{\partial u}{\partial x}, \varepsilon_y = \dfrac{\partial v}{\partial y}, \varepsilon_z = \dfrac{\partial w}{\partial z} \\[3mm] \gamma_{xy} = \dfrac{\partial u}{\partial y} + \dfrac{\partial v}{\partial x}, \gamma_{yz} = \dfrac{\partial w}{\partial y} + \dfrac{\partial v}{\partial z}, \gamma_{zx} = \dfrac{\partial w}{\partial x} + \dfrac{\partial u}{\partial z} \end{cases} \tag{7-1-7}$$

　　几何方程的矩阵形式为

$$\boldsymbol{\varepsilon} = \boldsymbol{L}\boldsymbol{u} \quad (在 V 内)$$

式中:$\boldsymbol{L}$ 为微分算子,且有

$$L=\begin{bmatrix} \dfrac{\partial}{\partial x} & 0 & 0 \\[2mm] 0 & \dfrac{\partial}{\partial y} & 0 \\[2mm] 0 & 0 & \dfrac{\partial}{\partial z} \\[2mm] \dfrac{\partial}{\partial y} & \dfrac{\partial}{\partial x} & 0 \\[2mm] 0 & \dfrac{\partial}{\partial z} & \dfrac{\partial}{\partial y} \\[2mm] \dfrac{\partial}{\partial z} & 0 & \dfrac{\partial}{\partial x} \end{bmatrix}=A^{\mathrm{T}} \tag{7-1-8}$$

应变分量 ε_x、ε_y、ε_z、γ_{xy}、γ_{yz}、γ_{zx} 不能是任意的,它们必须满足应变协调或变形协调方程式(7-1-7),弹性体变形后才能保持物体的连续性。

$$\begin{cases} \dfrac{\partial^2 \varepsilon_x}{\partial y^2}+\dfrac{\partial^2 \varepsilon_y}{\partial x^2}=\dfrac{\partial^2 \gamma_{xy}}{\partial x \partial y} \\[2mm] \dfrac{\partial^2 \varepsilon_y}{\partial z^2}+\dfrac{\partial^2 \varepsilon_z}{\partial y^2}=\dfrac{\partial^2 \gamma_{yz}}{\partial y \partial z} \\[2mm] \dfrac{\partial^2 \varepsilon_x}{\partial z^2}+\dfrac{\partial^2 \varepsilon_z}{\partial x^2}=\dfrac{\partial^2 \gamma_{xz}}{\partial x \partial z} \end{cases} \quad 或 \quad \begin{cases} \dfrac{\partial}{\partial x}\left(\dfrac{\partial \gamma_{zx}}{\partial y}+\dfrac{\partial \gamma_{xy}}{\partial z}-\dfrac{\partial \gamma_{zy}}{\partial x}\right)=\dfrac{\partial^2 \varepsilon_x}{\partial y \partial z} \\[2mm] \dfrac{\partial}{\partial y}\left(\dfrac{\partial \gamma_{xy}}{\partial z}+\dfrac{\partial \gamma_{yz}}{\partial x}-\dfrac{\partial \gamma_{zx}}{\partial y}\right)=\dfrac{\partial^2 \varepsilon_y}{\partial x \partial z} \\[2mm] \dfrac{\partial}{\partial z}\left(\dfrac{\partial \gamma_{yz}}{\partial x}+\dfrac{\partial \gamma_{xz}}{\partial y}-\dfrac{\partial \gamma_{xy}}{\partial z}\right)=\dfrac{\partial^2 \varepsilon_z}{\partial x \partial y} \end{cases} \tag{7-1-9}$$

物理方程描述了应变分量与应力分量之间的关系。在完全弹性的各向同性体内,物理方程即广义胡克定律:

$$\begin{cases} \varepsilon_x=\dfrac{1}{E}\left[\sigma_x-\nu(\sigma_y+\sigma_z)\right] \\[2mm] \varepsilon_y=\dfrac{1}{E}\left[\sigma_y-\nu(\sigma_x+\sigma_z)\right] \\[2mm] \varepsilon_z=\dfrac{1}{E}\left[\sigma_z-\nu(\sigma_x+\sigma_y)\right] \\[2mm] \gamma_{xy}=\dfrac{1}{G}\tau_{xy}, \gamma_{yz}=\dfrac{1}{G}\tau_{yz}, \gamma_{zx}=\dfrac{1}{G}\tau_{zx} \end{cases} \tag{7-1-10}$$

式中:E 为弹性模量(MPa);ν 为泊松比;G 为剪切弹性模量(MPa)。

这三个弹性常数之间有如下关系:

$$G=\frac{E}{2(1+\nu)} \tag{7-1-11}$$

求解弹性力学问题的基本思想是从研究弹性体内的微元体入手,导出描述微元体静力平衡、变形几何及弹性关系的一组基本方程,加上相应的边界条件把弹性力学问题归结为求解偏微分方程组的边值问题。

物理方程的矩阵形式为

$$\boldsymbol{\sigma} = \boldsymbol{D}\boldsymbol{\varepsilon} \tag{7-1-12}$$

式中:$\boldsymbol{D}$ 为弹性矩阵,它取决于弹性体材料的弹性模量和泊松比,即

$$\boldsymbol{D} = \frac{E(1-\nu)}{(1+\nu)(1-2\nu)} \begin{bmatrix} 1 & \dfrac{\nu}{1-\nu} & \dfrac{\nu}{1-\nu} & 0 & 0 & 0 \\ & 1 & \dfrac{\nu}{1-\nu} & 0 & 0 & 0 \\ & & 1 & 0 & 0 & 0 \\ & 对 & & \dfrac{1-2\nu}{2(1-\nu)} & 0 & 0 \\ & 称 & & & \dfrac{1-2\nu}{2(1-\nu)} & 0 \\ & & & & & \dfrac{1-2\nu}{2(1-\nu)} \end{bmatrix}$$

物理方程的另一种形式是 $\boldsymbol{\varepsilon} = \boldsymbol{C}\boldsymbol{\sigma}$,其中 $\boldsymbol{C}$ 为柔度矩阵,它与弹性矩阵 $\boldsymbol{D}$ 是互逆关系,$\boldsymbol{C} = \boldsymbol{D}^{-1}$。

弹性体的全部边界为 $S = S_\sigma + S_u$。在 S_σ 上一点单位面积上的面力分量为 T_x、T_y、T_z。设边界外法线为 N,n_x、n_y、n_z 分别为物体表面该点外法线与三个坐标轴的方向余弦,则由弹性体表面的静力平衡条件

$$\begin{cases} n_x \sigma_x + n_y \tau_{yx} + n_z \tau_{zx} = T_x \\ n_x \tau_{yx} + n_y \sigma_y + n_z \tau_{zy} = T_y \\ n_x \tau_{zx} + n_y \tau_{zy} + n_z \sigma_z = T_z \end{cases} \tag{7-1-13}$$

式(7-1-13)表明了应力分量的边界值与面力分量之间的关系,称为应力边界条件。其矩阵形式为

$$\boldsymbol{T} = \boldsymbol{n}\boldsymbol{\sigma} \quad (在 S_\sigma 上) \tag{7-1-14}$$

式中

$$\boldsymbol{n} = \begin{bmatrix} n_x & 0 & 0 & n_y & 0 & n_z \\ 0 & n_y & 0 & n_x & n_z & 0 \\ 0 & 0 & n_z & 0 & n_y & n_x \end{bmatrix}$$

在 S_u 上弹性体的位移已知为 $\bar{u}$、$\bar{v}$、$\bar{w}$,即有

$$u = \bar{u}, v = \bar{v}, w = \bar{w}$$

用矩阵形式表示为

$$u = \bar{u} \quad (在 S_u 上)$$

以上是三维弹性力学问题中的一组基本方程和边界条件。

弹性体单位体积的应变能(应变能密度)

$$U(\varepsilon) = \frac{1}{2}\varepsilon^T D\varepsilon \qquad (7-1-15)$$

应变能是一个正定函数,只有当弹性体内所有的点都没有应变时,应变能才为零。

弹性体单位体积的余能(余能密度)

$$V(\sigma) = \frac{1}{2}\sigma^T C\sigma \qquad (7-1-16)$$

余能也是一个正定函数。在线性弹性力学中弹性体的应变能等于余能。

7.1.2 变分原理

弹性力学变分原理包括的最小位能原理、最小余能原理等。介绍变分原理前先介绍虚功原理。

1. 虚功原理

虚功原理是能量原理中的一个基本原理,其表述为变形体中满足平衡的力系在任意满足协调条件的变形状态上作的虚功等于零,即体系外力的虚功与内力的虚功之和等于零,包括虚位移原理及虚力原理。虚位移原理研究的是一组真实力系在任意满足变形协调条件的虚位移过程中做功的情况,等价于结构的平衡条件。虚力原理研究的是任一组满足平衡条件的虚力系在真实位移过程中的做功情况,它等价于变形协调条件。

虚位移原理:假设给处于平衡状态的变形体(在内部满足平衡方程(7-1-5),在给定外力边界 S_σ 上满足式(7-1-13))内部一个虚位移场 δu(但位移边界 S_u 上满足 $\delta u=0$),并由此导致了虚应变场 $\delta\varepsilon$,则内力 σ 和外力 F 及 T 在虚位移 δu 和虚应变 $\delta\varepsilon$ 上所做功的总和为零。它的矩阵形式为

$$\int_V (\delta\varepsilon^T\sigma - \delta u^T F)\,dV - \int_{S_\sigma} \delta u^T T\,dS = 0 \qquad (7-1-17)$$

虚力原理:假设给满足变形协调的变形体(在内部满足几何方程式(7-1-7),在给定位移边界 S_u 上等于给定位移)内部一个虚应力场 $\delta\sigma$(在内部满足平衡方程,在给定外力边界 S_σ 上也满足力的边界条件),并由此导致了虚边界约束反力 δT,则虚应力和虚边界约束反力在应变场 ε、给定位移场 $\bar{u}$ 上面所做功的总和为零。它的矩阵形式为

$$\int_V \delta\sigma^T\varepsilon\,dV - \int_{S_u} \delta T^T \bar{u}\,dS = 0 \qquad (7-1-18)$$

虚功原理不仅可以用于线弹性问题,而且可以用于非线性弹性及弹塑性等非线性问题。

2. 最小位能原理

根据虚位移原理

$$\int_V ((\delta \boldsymbol{\varepsilon}^{\mathrm{T}}) \boldsymbol{\sigma} - \delta \boldsymbol{u}^{\mathrm{T}} \boldsymbol{F}) \mathrm{d}V - \int_{S_\sigma} \delta \boldsymbol{u}^{\mathrm{T}} \boldsymbol{T} \mathrm{d}S = \int_V ((\delta \boldsymbol{\varepsilon}^{\mathrm{T}}) \boldsymbol{D} \boldsymbol{\varepsilon} - \delta \boldsymbol{u}^{\mathrm{T}} \boldsymbol{F}) \mathrm{d}V - \int_{S_\sigma} \delta \boldsymbol{u}^{\mathrm{T}} \boldsymbol{T} \mathrm{d}S = 0$$

$$(7-1-19)$$

式中

$$(\delta \boldsymbol{\varepsilon}^{\mathrm{T}}) \boldsymbol{D} \boldsymbol{\varepsilon} = \delta(\boldsymbol{\varepsilon}^{\mathrm{T}} \boldsymbol{D} \boldsymbol{\varepsilon}/2) = \delta U$$

假定体积力 $\boldsymbol{F}$ 和边界上面力 $\boldsymbol{T}$ 的大小和方向都不变,则有

$$\delta \varPi_{\mathrm{p}} = \int_V \delta U \mathrm{d}V - \int_V \delta \boldsymbol{u}^{\mathrm{T}} \boldsymbol{F} \mathrm{d}V - \int_{S_\sigma} \delta \boldsymbol{u}^{\mathrm{T}} \boldsymbol{T} \mathrm{d}S = 0 \qquad (7-1-20)$$

式中: $\varPi_{\mathrm{p}}$ 为系统的总位能,它是弹性体变形位能和外力位能之和。

在所有区域内满足几何关系,在边界上满足给定位移条件的可能位移中,真实位移使系统的总位能取驻值。还可以进一步证明在所有可能位移中,真实位移使系统总位能取最小值。

3. 最小余能原理

根据虚力原理

$$\int_V \delta \boldsymbol{\sigma}^{\mathrm{T}} \boldsymbol{\varepsilon} \mathrm{d}V - \int_{S_u} \delta \boldsymbol{T}^{\mathrm{T}} \bar{\boldsymbol{u}} \mathrm{d}S = \int_V \delta \boldsymbol{\sigma}^{\mathrm{T}} \boldsymbol{C} \boldsymbol{\sigma} \mathrm{d}V - \int_{S_u} \delta \boldsymbol{T}^{\mathrm{T}} \bar{\boldsymbol{u}} \mathrm{d}S = 0 \qquad (7-1-21)$$

式中

$$(\delta \boldsymbol{\sigma}^{\mathrm{T}}) \boldsymbol{C} \boldsymbol{\sigma} = \delta(\boldsymbol{\sigma}^{\mathrm{T}} \boldsymbol{C} \boldsymbol{\sigma}/2) = \delta V$$

假定给定位移 $\bar{\boldsymbol{u}}$ 不变,则有

$$\delta \varPi_e = \int_V \delta V \mathrm{d}V - \int_{S_u} \delta \boldsymbol{T}^{\mathrm{T}} \bar{\boldsymbol{u}} \mathrm{d}S = 0 \qquad (7-1-22)$$

式中: $\varPi_e$ 为弹性体余能和外力余能的总和,即系统的总余能。

上式表明,在所有在弹性体内满足平衡方程,在边界上满足力的边界条件的可能应力中,真实的应力使系统的总余能取驻值。可以证明在所有可能的应力中,真实应力使系统总余能取最小值。

7.2　有限元分析的主要流程

舰艇结构强度计算的有限元法的基本原理是采用一组假想的网格线,把整船结构分割成一些单元(这些单元既相对独立又互相关联,有简单的几何形状和各自的力学特征),网格线的交点(单元之间或者单元与周围边界之间的连接点)称为节点。

划分好单元后,原来整船结构就被替换成在有限个节点上彼此连接的有限个单元集合组成的结构模型。在船体结构中,有一些原来就是由离散的单独构件彼此连接的结构,如交叉桁材、交叉梁系和纵向(或横向)的强框架等结构;也有构件之间是连续的结构,如板、壳结构等。

在进行船体结构的有限元分析时,通常用节点的广义位移(自由度)和广义力(力)来描述单元的状态。节点位移与节点力之间的线性关系式为

$$K_e u_e = P_e \qquad (7-2-1)$$

式中　K_e——单元刚度矩阵;

　　　u_e——单元的节点位移矢量;

　　　P_e——单元的节点力矢量。

有限单元计算中,每个节点的自由度有 6 个,其中包括 3 个沿坐标轴方向的位移(称线位移,以坐标正方向为正)和 3 个绕坐标轴的转角(称角位移,正方向按右手法则确定),如图 7-2-1 所示。

每个节点的力也有 6 个,其中包括 3 个作用在位移方向上的力(以坐标正方向为正)以及 3 个作用在转角方向的力矩(正方向按右手法则确定),如图 7-2-2 所示。在结构分析中,由于具体结构的特点和分析的要求不同,并不总是需要同时考虑节点的 6 个自由度。这样,问题的分析就可简化,如分析一个结构的平面应力问题时,只需开裂节点在平面内的两个线位移自由度。

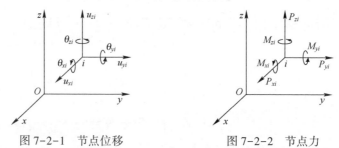

图 7-2-1　节点位移　　　　　图 7-2-2　节点力

结构模型是由一个个单元组成,在得到每个单元的刚度矩阵后,就可在总坐标内组装整个结构模型的总刚度矩阵。若所求的结构问题有 n 个自由度,则组装后的总刚度矩阵与全部节点位移和外力之间有如下关系:

$$\begin{bmatrix} k_{11} & k_{12} & \cdots & k_{1i} & \cdots & k_{1n} \\ k_{21} & k_{22} & \cdots & k_{2i} & \cdots & k_{2n} \\ \vdots & \vdots & & \vdots & & \vdots \\ k_{i1} & k_{i2} & \cdots & k_{ii} & \cdots & k_{in} \\ \vdots & \vdots & & \vdots & & \vdots \\ k_{n1} & k_{n2} & \cdots & k_{ni} & \cdots & k_{nn} \end{bmatrix} \cdot \begin{Bmatrix} u_{e1} \\ u_{e2} \\ \vdots \\ u_{ei} \\ \vdots \\ u_{en} \end{Bmatrix} = \begin{Bmatrix} P_1 \\ P_2 \\ \vdots \\ P_i \\ \vdots \\ P_n \end{Bmatrix} \qquad (7-2-2)$$

上式可缩写为

$$KU = P \qquad\qquad (7-2-3)$$

式中　**K**——总刚度矩阵；

　　　U——总位移矩阵；

　　　P——总外力矩阵。

形成总刚度矩阵后,必须进行约束条件的处理。然而,求解线性方程组可获得结构系统的全部节点位移分量,及所有单元的应力和应变结果,从而完成结构强度分析。

应该指出的是,单元的局部坐标和整体结构模型的总坐标之间存在转换问题。这是由于每个单元刚度矩阵是在单元的局部坐标系下建立的,而在总体组装时,也就是建立式(7-2-3)过程中,需要将所有单元的力和位移表达式统一到一个总坐标中。转换方法是将局部坐标系中的力和位移分量投影分解到总坐标中,形成单元刚度方程的线性变换。

采用有限元法进行舰艇结构强度分析时,主要步骤如下:

(1)离散化:将待求解的构件用点线面划分为有限数目的单元。

(2)选择位移函数:位移函数是表示单元内任意点位移随位置变化的函数关系,通常用节点位移表示,因此又称为位移插值函数。

(3)建立单元刚度方程:按照最小势能原理建立单元刚度方程,它实际上是单元各个节点的平衡方程,其系数矩阵称为单元刚度矩阵。

(4)建立总刚度方程:将单元刚度矩阵组合形成有限元分析的基本方程。

(5)解基本方程,得到节点位移:根据结构实际的边界和位移边界条件,对基本方程处理求解。

(6)计算单元的应变和应力:通过节点位移,根据弹性力学的几何方程和物理方程来计算应变和应力。

7.3　单元类型选取及外力和约束处理

7.3.1　单元类型的选取

在舰艇结构强度的有限元分析中,有不同类型的单元。根据所要分析问题的特点,可以选用不同几何形状和力学特性的单元,其中较为常用的单元类型有:

(1)杆单元:2节点直杆单元。

(2)梁单元:2节点直梁单元、3节点曲梁单元。

（3）壳单元：也称为膜单元，主要包括 3 节点三角形单元和 4 节点四边形单元。

（4）三维实体单元：6 节点三棱柱单元、8 节点六面体单元等。

（5）板单元：3 节点薄平三角形单元、4 节点薄平四边形单元、6 节点厚曲三角形单元等。

（6）弹簧单元。

（7）质量集中质点，即 MPC 质点。

对于不同的分析对象，需根据计算精度要求和计算资源要求进行合理的选取。在进行整船强度的有限元分析时，由于整船尺寸大、结构多且非常复杂，多采用 4 节点四边形壳单元来模拟船体结构的板材和骨材，局部连接复杂、结构曲率变化大的区域可采用 3 节点三边形壳单元模拟。这主要是从计算单元数量和计算所耗资源的角度考虑。而对于局部板架或简单梁、板结构，可采用三维实体单元进行模拟。这里主要是从提高有限元分析的精度考虑。诚然，若作为执行有限元分析的计算机具有足够多、足够大的计算资源，包括计算机的计算速度、计算内存等，则对于整船有限元分析的单元数量可以划得更多、更细，从而可以更好地提高整船有限元分析的精度和准度。

7.3.2　外力处理

有限元分析方法是以节点为对象建立平衡方程的，因此，作用在单元表面上的分布力（包括边界力和体积力）必须移置到有关节点上，即采用等效力和等效力矩表示。分布载荷的移置方法，即等效原理大致有以下两种：

（1）等效功原则：使等效力或等效力矩所做的虚功与原来的实际分布力所做的虚功相等。

（2）特定的分配方法：采用简单、有效的规则把单元上的载荷分配到节点上。

当单元网格划分得足够细密时，第二种方法引起的误差较小，且局限于很小的范围，因而是一种简便可行的实用方法。如图 7-3-1 所示的三角形单元 123，假设该单元 123 的体积力在单元内是均布的，则体积力的合力 Q 将作用在三角形的形心上，与 Q 等效的节点力分别为 P_1、P_2 和 P_3。

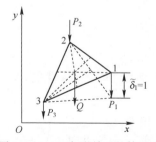

图 7-3-1　三角形单元的体积力

求 P_1 时,设三角形单元在节点 1 处产生 y 方向的单位虚位移,节点 2 和节点 3 不动。于是,在单元形心处有同样方向、大小为 1/3 的虚位移,体积力 Q 对其虚位移的虚功等于 P_1 对虚位移的虚功,则有

$$P_1 = \frac{1}{3}Q \tag{7-3-1}$$

采用同样方法,可得

$$P_2 = P_3 = \frac{1}{3}Q \tag{7-3-2}$$

图 7-3-2 为三角形单元 123 在边界 12 上有分布载荷的例子。合力 Q 的作用点 b 点,节点等效力为 P_1,P_2 和 P_3。假设单元节点 1 处产生与合力 Q 同方向的单元虚位移,则 b 点有相应的虚位移 l_2/l_{12},此处 l_2 为 b 点沿边界至 2 点的长度,l_{12} 为边界 12 的长度。则有

$$P_1 = Q \cdot \frac{l_2}{l_{12}} \tag{7-3-3}$$

$$P_1 = Q \cdot \frac{l_1}{l_{12}} \tag{7-3-4}$$

$$P_3 = 0 \tag{7-3-5}$$

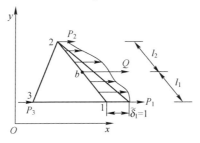

图 7-3-2　三角形单元的分布载荷

如图 7-3-3 所示,单元边界上有特殊的分布载荷,对于均布载荷,则有

$$P_1 = P_2 = \frac{pl_{12}}{2} \tag{7-3-6}$$

对于三角形分布载荷,则有

$$\begin{cases} P_1 = \dfrac{pl_{12}}{3} \\[2mm] P_2 = \dfrac{pl_{12}}{6} \end{cases} \tag{7-3-7}$$

对于梯形分布载荷,则有

$$\begin{cases} P_1 = \dfrac{1}{6}(2p_1 + p_2)l_{12} \\ P_2 = \dfrac{1}{6}(p_1 + 2p_2)l_{12} \end{cases} \tag{7-3-8}$$

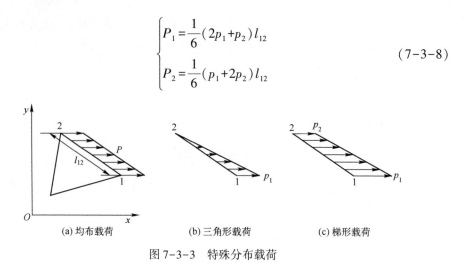

(a) 均布载荷　　　　(b) 三角形载荷　　　　(c) 梯形载荷

图 7-3-3　特殊分布载荷

7.3.3　约束处理

在舰艇结构强度有限元分析中,必须对结构特定的自由度给予约束,以消除结构的刚体运动;否则,平衡方程式(7-2-2)中的刚度矩阵是奇异的。对于刚性固定的约束,可以从结构总刚度矩阵中划去与零位移相对应的行和列;对于弹性约束,如结构在第 s 个位移分量处有刚性系数为 K_s 的弹性约束,只要在结构刚度矩阵中把 K_s 加到第 s 个位移的主对角线上元素上去即可,而在第 s 个位移节点力中不必考虑弹性约束的约束反力。在规定结构中,当某一节点具有某一特定的位移值(强迫位移)时,如第 r 个位移分量有一强迫位移值,只需把式(7-2-2)的右边外力矩阵中该节点位置处的外力值,用一个大数与强迫位移的乘积来替代,且左边的第 r 个主对角元素也乘以同样的大数即可。

7.4　船体结构的有限元分析

船体结构主要由平板、壳和骨材等构成,所以船体结构有限元模型主要由板单元、壳单元和梁(杆)单元等组成。单元的划分主要是根据船体结构的形式和受力特点进行,力求以较小的工作量达到较满意的结果。在建立结构计算模型时,应注意相邻单元的形状和大小变化不宜过大,形状不能过度扭曲。船体主要构件之间的交线通常作为有限元的网格线。

7.4.1　有限元分析的分类

船体结构的有限元分析,按其计算范围可分为以下三种:

1. 局部结构的有限元分析

局部结构的有限元分析是船体结构设计中应用最广泛的,它主要用于计算从船体结构中人为分割出的单独构件或局部结构的应变和应力。如计算一个梁、框架、板架结构或者一个局部的板梁组合体在局部载荷作用下的变形与应力。边界条件可以根据周边构件来确定为刚性固定、弹性固定、简支或施加其他已知的边界力。

2. 舱段结构的有限元分析

大型船舶结构设计中,常常要进行舱段结构的三维有限元分析,以校核舱段结构的局部屈曲及屈服强度。对这种情况的通常做法是取前后三个整舱段或一个完整的舱段及其前后两个舱段的一半(1/2+1+1/2 舱段,如图 7-4-1 所示)的结构进行分析,重点考查中间的完整舱段部分。

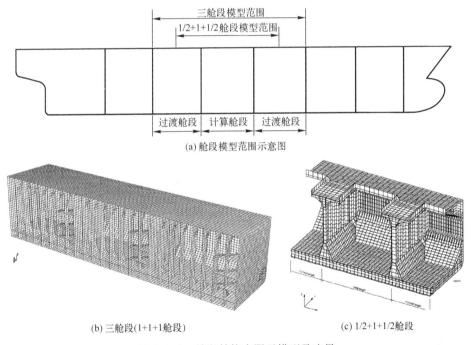

(a) 舱段模型范围示意图

(b) 三舱段(1+1+1舱段)　　　　　(c) 1/2+1+1/2舱段

图 7-4-1　舱段结构有限元模型及边界

3. 全船结构的有限元分析

对于新船型、超大尺度船舶或有特殊要求的船舶需要进行全船结构的有限元分析。这类分析中还可计算出作用在船体各个剖面的载荷,包括作用在船体表面的波浪载荷、各种静力载荷和惯性载荷。必须指出的是,全船结构有限元分析的精确性取决于对船体运动和波浪载荷描述的精确性。另外,计算时满足以下条件:
①作用在船体有限元模型节点上的力必须是一个平衡力系,考虑了波浪载荷以后,

必须考虑相应的运动惯性力;②在有限元模型上,引进虚约束,完全限制船体的刚体运动,但不影响相对变形。这可以选用合适的简支约束或弹性约束来实现。

7.4.2　局部结构的有限元分析

船体的局部构件会因局部载荷作用发生变形或破坏,因此船体结构设计时需要研究这些局部构件的强度问题,对这类问题的研究通常称为局部强度问题。运用直接计算的方法分析船体中的局部强度问题就是船体局部强度直接计算。局部结构直接计算分析主要用于计算从船体结构中人为分割出来的单独构件或局部构件的位移和应力,再依据规范的许用应力及刚度要求来衡准该局部结构的设计。

根据不同的结构受力和变形特点,船体结构常可简化为两种不同的结构模型进行直接计算,它们分别是梁系模型和板梁组合模型的有限元法。

1. 梁系模型的有限元分析

许多船体结构在局部强度分析时都可模型化为单跨梁、连续梁、肋骨刚架、桁架(或刚桁架)以及板架(交叉梁系)等进行计算,也可将整个舱段作为空间梁系来分析,其主要特点是模型规模小、计算量小、计算速度快,在结构方案设计阶段应用较多。

梁系模型主要用于求解结构相对简单和均匀且承受均布或线性分布载荷的板架结构,模型主要可以分为连续梁、刚架和板架三种。梁系模型主要用于计算一个简单梁或连续多跨梁结构;刚架模型主要用于计算一个船体强框架;板架模型主要用于计算一个船体板架结构。需要注意的是计算模型中的两向梁的剖面特性需要计及有效带板。对承受总纵应力的纵向连续构件计算局部强度时,选择许用应力衡准时,应考虑总纵应力因素。

本节仅叙述二维结构强度分析中的各类板架结构的计算。

1)船底板架

在计算船底板架强度时,通常需要预先分析船底结构形式(是单层底还是双层底,是实肋板还是组合形式的肋板或开孔板)。考虑以上因素之后,选取相邻舱壁之间和整个船宽范围内的肋板和纵桁等强力构件,理想简化为相互正交的交叉梁系来进行计算。

按常规,假定纵桁在舱壁处为固定边界,肋板在舷侧为简支边界。若要使用弹性固定支撑边界,则应考虑边界处相邻结构的刚度,并计算出该处的弹性系数。

强力构件上所受载荷,通常根据船体所受的最严重载荷状态确定,即所受的内部和外部的动静载荷的合成极值。但在港口状态,只计静态载荷即可。对于首部船底结构,还应考虑底部砰击载荷。强度计算对设计吃水往往规定:舱室满载时,采用可能的最小吃水;舱室空载时,采用可能的最大吃水。

2）甲板板架

在进行甲板板架强度计算时,通常需要适当考虑甲板是否有大开口,强构件是否有支柱支撑。考虑上述因素后,选取适当范围内的横梁和纵桁等强力构件,简化为相互正交的交叉梁系进行计算。

按常规假定,纵桁在墙壁处为刚性固定边界,强横梁在舷侧处为简支边界,连续支撑到船底板架到支柱处为垂向简支边界。若支柱仅支撑到弹性结构上(如二甲板),则支柱的支撑边界条件形式需要特殊考虑:如强构件端部使用弹性固定支撑时需要考虑相邻构件的刚度,并计算出该处的弹性系数。作用在强力构件上的载荷需要根据不同的船体部位所受实际载荷确定。对于装载货物的甲板,计算载荷由它的最大可能货物重量来决定,并需考虑垂向和横向惯性力。对于存在上浪载荷的甲板,还需要考虑上浪动力载荷。对于装载液货或压载水舱顶部的甲板和平台,应将舱内液体压力载荷考虑在内,同时兼顾压头计及空气管或溢流管顶,并考虑液体的惯性力。

3）舷侧板架

在进行舷侧板架的强度计算时,需要考虑是单舷侧还是双舷侧,还要考虑舷侧是否有两个方向的强力构件加强,甲板是否有大开口等因素。对于横骨架式的单壳散货船,舷侧为强肋骨支撑无纵向强力构件的话,可以用单跨梁模型进行校核。对于无大开口的双壳船,长度方向选取相邻横舱壁之间的区域,高度方向选取底部与强力甲板之间的区域。该区域的强肋骨和纵桁(平台)等强力构件可以简化为相互正交的交叉梁系。对于不设横舱壁的船,可以用刚架模型校核舷侧肋骨强度。对于有大开口的船型,肋骨框架的计算要求考虑舷侧、甲板、船底板和纵舱壁板的变形协调。

一般的,假定纵桁在舱壁处为刚性固定边界,强肋骨在船底为刚性固定,在强力甲板处为简支边界。若要使用弹性固定支撑,则应考虑相邻结构的刚度,并计算出该处的弹性系数。舷侧强力构件上所受载荷,通常根据船舶所承受的最严重载荷状态而定,即外部和内部的动静态载荷的合成极值来考虑(可参考船底板架计算载荷),对于首部舷侧结构还应考虑首部砰击载荷。

4）水密舱壁板架

水密舱壁有平面舱壁和槽形舱壁两种形式。对于槽形舱壁的计算可以提取单个槽形结构,按照连续梁模型校核强度。计算平面舱壁时,需要按照纵横舱壁分别考虑。横舱壁需选取船底与甲板之间、左右舷侧(或纵舱壁)之间的舱壁结构进行;纵舱壁则需选取船底与甲板之间、相邻横舱壁之间的舱壁结构进行,并将支撑舱壁的主要两向强力构件简化为相互正交的交叉梁系来进行计算。舱壁四周的边界条件可根据相邻结构的相对刚度和结构的变形特征确定。

2. 板梁组合模型的有限元分析

在对较为复杂的局部结构进行强度校核时,为了较好地描述区域中的结构部件在各个方向上的受力分布情况,需采用板梁组合的三维有限元模型进行分析(图 7-4-2)。使用三维有限元方法求解局部结构强度时,要得到较为可靠的计算结果,需合理确定以下 5 个方面的内容:①模型范围;②单元类型和网格大小;③边界条件;④设计载荷;⑤应力衡准。

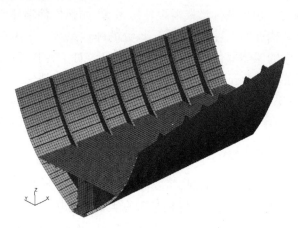

图 7-4-2 某舰首底部及舷侧结构板梁组合有限元模型

对模型范围和边界条件的选取,不同的船级社有不同的要求,但基本的思想都是尽量减小边界条件和模型范围对局部强度计算的影响。中国船级社(China Classification Society,CCS)对甲板设备支撑结构的选取要求:"模型范围及边界条件:采用局部立体结构模型(以下简称局部模型)。以基座有效作用平面矩形($a\times b$)形心为中点,向四周分别扩展至少一倍的该矩形相对应的长、宽距离($3a\times3b$)。垂向从基座面扩展至甲板之下的第一个平台甲板或至少 $D/4$ 处(D 为型深)。"按上述方法框取的模型边界上未设置结构的主要支撑构件,则模型应再延伸直至边界落在结构的主要支撑构件上,边界条件可考虑简支或固支。若边界条件或模型范围的大小对中心区域的计算结果较为敏感,则应该再适当扩大局部模型的取用范围,以不影响中心区域的计算结果为原则。

关于模型中单元类型的使用一般情况下,主要构件的面板和次要构件使用具有轴向、扭转、双向剪切和弯曲刚度的两节点梁单元。对于主要构件的腹板和板材,使用具有面内刚度和面外弯曲刚度的三节点或四节点壳单元。在某些应力变化较大的区域,为了较好地评估应力值,可以将区域内的所有构件都使用壳单元建模,选择合适的网格大小,并尽量减少或避免使用三角形单元。

网格大小和应力衡准在有限元中是密切相关的两个方面,不同的船级社对于不同的局部结构也有不尽相同的要求。基本原则是:网格大小要能合适地反映真实的结构形式和应力变化,尤其是对重要构件应力梯度较大的区域,要适当地细化有限元网格。计算所得合成应力一般不应大于对应网格大小的规范许用应力。载荷加载的基本原则是:施加于模型的载荷要尽量与结构的实际受力相同,在加载较为困难时,至少要保证所加载荷和实际受力相近并尽量趋于保守为宜。模型施加载荷的形式、大小和位置会直接影响计算所得的应力结果。

7.4.3 舱段结构的有限元分析

按照船级社规范设计得到的船体结构构件尺寸,虽然总体上已满足规范要求的安全性指标,但无法给出构件中的详细应力分布状态和安全裕度等信息。大型船舶结构设计中,船级社常常要求进行船体中部舱段结构的三维有限元分析。该分析是对船体主要构件的应力情况进行计算以获得其应力分布,进而校核舱段构件的结构强度,获得优化的最终构件设计尺寸。该分析应验证在所施加的静、动载荷联合作用下,船体梁和主要支撑构件的应力水平、主要支撑构件的屈曲强度和主要支撑构件的变形或挠度是否在可接受的衡准范围内。

构件的厚度一般为扣除腐蚀余量后的净厚度,具体腐蚀余量可参考各船级社的实际要求。在三维立体舱段计算中,如有需要可在舱段中部的一个横向强框架剖面采用加密网格的方法,以反映局部应力详细分布情况。

舱段强度主要是对船体结构垂直内强框架(横向强框架和纵向强框架、底部肋板和桁材(龙骨))、水平面内强框架(由舷侧水平桁与舱壁水平桁组成的框架)、纵向与横向舱壁板、甲板与船体外板等构件置于船体三维立体结构模型中进行应力计算分析。

1. 计算方法概述

考虑总纵弯矩时,对船体梁载荷可以采用两种不同的方法:一是将船体梁载荷和局部载荷直接施加到有限元模型上,并使最终弯矩接近目标值(直接法);二是将局部载荷产生的应力与船体梁载荷产生的应力相叠加(叠加法)。考虑总纵弯曲剪力时,应使用直接法。使目标位置处的实际剪力接近目标值。

1) 直接法

船体梁载荷(总纵垂向弯矩和垂向剪力)对结构的作用,一般是通过在模型两端施加载荷进行平衡。为了控制目标位置处的剪力或者弯矩,两组强迫弯矩应施加在模型两端,强迫弯矩大小具体参见船级社规范"共同结构规范散货船部分"。

模型端部的强迫弯矩可以由以下方法生成:

(1) 模型端部剖面施加分布力,产生的合力应等于零,产生的弯矩应等于强迫弯矩。分布力应施加到纵向构件节点上,边界条件按照船级社指南规定,分布力根据薄壁梁理论确定。

（2）在端部两剖面的纵向构件节点应与位于中心线上中和轴处的独立点刚性关联，在独立点上施加集中弯矩。

当然，由于模型边界条件的不同，或者调整弯矩方法的不同，直接法中还有另外一些方法使目标位置设计值接近目标弯矩或剪力。

2）叠加法

按照船级社计算指南规定的船体梁应力应与三维有限元舱段计算的纵向构件每个单元的纵向应力叠加。由于局部载荷本身会产生相应的弯矩与剪力，所以在计算纵向应力时，考虑剖面的垂向和水平弯矩目标值应为扣除局部载荷引起的修正值。

2. 边界条件与工况定义

航行的船舶结构处于"全自由"状态，但是对它进行有限元静力分析计算时，不能按全自由结构处理。一般情况下，有限元静力分析假设结构计算模型中没有机构，而且不允许有刚体运动（自由应变）模态。如果上述两条中任意一个不成立，则用常规的有限元方法分析时，刚度矩阵奇异，导致求解失败或者得到不正确的结果。

在船体结构直接计算中。外载荷（包括波浪压力、砰击载荷、货物压力、晃荡载荷、波浪弯矩、剪力和扭矩等）的计算都依赖于经验公式。不管是采用全船的计算模型还是采用舱段的计算模型，很难得到一个完全平衡的外载荷力系；同时，由于船体结构是一个复杂的空间结构，有限元模型中节点数、单元数十分庞大，载荷计算的累计误差使得寻求一个完全平衡的外载荷力系的工作更加困难。在这种情况下。施加合理、合适的边界条件变得十分重要。因为约束点产生的很大的反力会严重地影响或改变结构的实际受力状态。边界条件的确定取决于对结构受力和变形状态的判断以及分析者的经验。其中人为因素较多。虽然根据 Saint-Venant 原理，由于约束点距离我们最关心的部位较远，对应力分布的计算结果的影响有限。但是这样得到的结果毕竟是不甚合理的。

船体结构的变形状态十分复杂。一般而言，如果结构是以弯曲为主，在两端中和轴附近的节点施加类似简支的约束比较合理；而如果结构以扭转变形为主（如斜浪状态下的集装箱船和大开口船舶）。则应该在端面的剪心附近进行约束。中和轴和剪切中心的位置并不重合，对于大开口船舶两者相去甚远，所以对于既弯又扭的情况。选取合理边界条件比较困难。目前，在舱段的直接计算分析中。主要采用局部载荷计算模型边界和施加船体梁强迫弯矩计算模型的边界两种方式，前者一般在各个端面取对称约束即可。后者则在模型两端面施加简支约束。

舱段直接计算分析中的工况定义，由于不同种类船舶引起的分析重点不同，侧重的工况也不尽相同。总体来说,主要有以下几种工况,即一般压载工况、均布满载工况、间隔装载工况和风暴压载工况。其中间隔装载工况尤为恶劣,一般为运输船的重点考查工况,船级社计算指南对每种船型必算的工况给出了详细的定义。

3. 细化网格应力评估

在船舶舱段直接分析中,通常有些高应力区或者应力集中区,需要通过对该区域节点做模型细化以进行详细应力分析。详细应力分析的结果能够更加真实详细地反映船体结构响应情况,这主要是因为一方面细化分析的有限元模型能够准确地描述船体结构局部区域的细节,另一方面只有细化网格分析才能反映出应力梯度与较大区域的应力变化情况。船体结构节点连接有两类最基本的形式:①结构几何连接突变处的应力分析,如双壳油船的底边舱折角、超大型集装箱船的内壳和平台的连接部位,这类结构节点在结构布置上有突变;②船体结构肘板连接节点处的应力分析,如船体甲板纵骨与横向构件的端部连结。

细化分析的计算载荷为整船分析时出现在细化分析结构上的任何形式的外载荷,细化分析的边界条件为整船分析时细化分析模型边界处的位移量,细化分析的单元大小及校核衡准针对不同船型具体在船级社计算指南中都给出了定义。

4. 校核衡准

国内外对于船体结构直接计算的理论和方法有很多。由于船体结构的复杂性和所受载荷的不确定性,所有的计算方法都是建立在相对假设的基础上的,即相对强度,相应的强度标准为相对强度标准,因此不可避免地存在应力的选取问题。一般来讲,对承受横向压力的板进行强度校核时,如果能够计算板格本身的弯曲应力,则应对板的上、下表面应力进行校核,相应的强度标准即为对应的上、下表面应力。如果所计算出的板格应力仅能体现板的拉压能力,如采用膜单元来模拟船体板,则其计算应力仅为板的中面应力。因此,在工程应用上,所采用的工作应力和强度标准应该根据所采用的强度理论和使用的有限元模型简化程度来选取对应的应力。

7.4.4 舱段结构直接计算的方法和要求

船级社要求进行船体中部货舱段结构的三维有限元分析,分析的方法和要求可参见其计算指南。本节主要为介绍 CCS 对散货船(包括矿砂船)、双舷侧散货船的计算方法和要求。

具有 CSR 附加标志的油船和散货船,则分别按文献[24]中的第 9 篇和第 10 篇的相关规定进行。

7.4.5 全船结构总强度的有限元模型

全船结构强度的有限元分析必须建立在对船体结构的承载模式、载荷传递和相应的变形特征正确分析的基础上,还需合理地布置单元网格线和简化纵骨等小构件,综合恰当地运用杆元、梁元、膜元和板壳元等结构单元,做到既要保证结构强度计算结果的真实、有效、可靠,又要控制计算模型的规模。

在模型简化过程中,主要结构构件,如肋板、舷侧肋骨、甲板横梁、纵骨、纵桁、底纵桁及其他相当构件等要合理地模型化。

有限元网格的划分应根据计算目标和精度的要求,过细过密会给建模和计算工作带来困难,过粗过疏又会使计算结果不能表达局部的变形和应力。因此,主要有两种做法:一种是粗网格,即根据主要结构件来布置单元格子线;另一种是细网格,即根据骨材的间距来划分单元。

关于网格大小问题,主要从以下几个方面把握:

(1)粗网格的有限元模型在表达船体结构的总纵弯曲和局部板架弯曲时是恰当的,但是它关于加强筋和板格的弯曲描述不够精细。因此,粗网格模型通常采用膜单元或杆单元来模拟船体结构。由于梁单元与膜单元的连接存在单元间的变形不相容问题,所以一般不采用梁单元。但是,在某些特殊情况下,为了使结构具有面外刚度,梁单元用来支撑膜单元,以便承受横向载荷。

(2)细模型的板构件(主要结构构件)选用板壳单元,加强筋选用梁单元。在主要构件之间布置这种单元,以承受压力载荷并把它们传递给主要构件。对于仅在板的一侧布置的加强筋,应采用偏心梁元,否则梁的弯曲刚度该计入有效带板的影响。另外,对于较薄的板构件,考虑到它的承载能力,可以用平面应力单元来代替板壳单元。

(3)全船有限元模拟中,采用的单元主要有四种类型,即杆单元、梁单元、膜单元和板壳单元。尽量采用简单单元,如在角点处布置节点,没有必要采用高阶单元。对于膜单元和板壳单元,应尽量采用如图7-4-3所示的线性四边形单元或三角形单元。

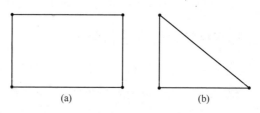

(a)　　　　　　　　　　(b)

图7-4-3　线性四边形单元和三角形单元

(4)一般而言,船体的外板结构,强框架、纵桁、平面舱壁的桁材、肋骨等高腹板,以及槽形舱壁等,采用四节点板壳单元模拟为宜。在高应力区和高应力变化区尽量不要采用三角形单元,如减轻孔、人孔、邻近肘板或结构不连续处,尽量少用三角形单元,且单元长宽比要小于4:1。

（5）对于承受水压力和货物压力的各类板上的扶强材，一般采用梁单元模拟，并考虑偏心的影响。纵桁、肋板上的加强筋、肋骨和肘板等主要构件的面板和加强筋可用杆单元模拟。若考虑网格的布置和大小划分的困难，部分区域的一个线单元可用来模拟一根或多根梁/杆单元。船底纵桁和肋板在垂直方向布置应不小于 3 个板单元。舱壁最底部的单元一般情况下应尽量划分为正方形单元，如图 7-4-4 所示。

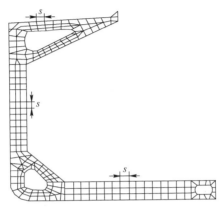

图 7-4-4　某强框架的典型网格

注：s 为纵骨间距。

（6）在板厚有突变的地方应作为单元的边界。如果单元跨越板厚突变，则应相应地调整单元数据以得到等效刚度。板单元应位于相应板构件的中面上，但在整体强度分析中，板单元可以近似置于外部轮廓的平面内。

（7）当有限元模型中加筋板用正交异性单元表示时，加筋板可用能恰当表示板格刚度的二维正交异性单元建模。

（8）由于船体结构的复杂性，在建模时需做必要的简化。在整体分析时，最通常的简化就是将几个次要构件合并（如加强筋等），合并后的构件应位于相关构件的几何中心，且具有相同的刚度。而对于一些贡献较小的次要构件，可以不计入模型，如防止屈曲的短加强筋和小开孔，然而大开孔需计入模型。

7.4.6　载荷的处理

对于新型、大型舰船或有特殊要求的舰船，需要进行全船结构强度的有限元分析时，载荷的处理非常重要。这类分析中，需计算出作用在船体各个剖面的载荷，包括作用下船体表面的各静力载荷、波浪载荷和惯性载荷。在全船结构强度的有限元分析中，分析结果的精准性除了建模方面外，还取决于对船体运动和波浪载荷描述的精确性。因此，在进行全船结构强度的有限元分析过程中，载荷的处理需注意以下两个方面的问题：

（1）作用在船体有限模型节点上的外力必须是一个平衡力系,不仅要考虑波浪载荷的作用,还必须考虑相应的运动惯性力。

（2）在有限元建模过程中,引进虚约束,以完全限制船体刚体运动时,尽量不妨碍船体的相对变形。可以选用合适的简支约束或弹性约束来实现。一般可在尾部尾尖舱横舱壁底部取 1 节点,约束 x、y 和 z 向的线位移;首部首尖舱横舱壁底部取纵轴上 1 节点,约束 y 和 z 向的线位移;尾部尾尖舱横舱壁上端取横向对称 1 节点,约束 y(图 7-4-5)。

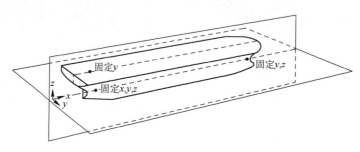

图 7-4-5　全船边界条件

其他等效的边界条件也可以使用,但该约束节点附近结构刚度应比较大,保证其在约束反力的绝对值很小的前提下,不产生过大应力或变形。

7.5　有限元分析软件简介

目前,已有大量的通常与专用软件系统可用于船体结构强度的有限元分析。下面简要介绍主要船级社的有限元专用分析软件及其主要功能,具体细节可查阅各船级社的有关介绍。

（1）CCSS(China Classification Stru-Safty Solutions,又名海虹之彩)是由中国船级社(CCS)开发的一个基于第一工程准则的载荷计算、船体结构规范设计、有限元分析、强度评估和信息资料收集等为一体的专用集成软件系统。

（2）COMPASS(Computer Plan Appraisal System for Ships)由中国船级社(CCS)上海规范研究所开发,它是基于微机平台和视窗操作系统的一个专用软件系统,可用于船舶设计、结构强度计算和图纸辨识等方面。COMPASS 由两部分应用程序组成,一部分为基于中国船级社规范公式的计算程序,另一部分为基于理论方法的直接计算程序。

（3）NAUTICUS 是挪威船级社(DNV)开发的船舶综合设计和管理系统。NAUTICUS 中的船体部分可帮助用户进行船体剖面规范设计和强度校核,并可自动形成船体有限元计算模型和载荷系统,从而完成船体结构分析,包括强度、稳定性和疲劳强度校核等。

(4) POSEIDON 是德国劳氏船级社(GL)开发的专用系统软件,其中有限元计算部分采用直接计算法可模拟船舶服役期间所遭遇的最恶劣的海况,并能对结构的详细变形、许用应力、稳定性和疲劳强度等方面进行校核计算。

(5) PRIMESHIP 是由日本海事协会(NK)研究开发的专用软件,它不仅可应用于船舶的设计、建造阶段,还可应用于船舶下水后的营运、管理、保养和检查等各个阶段。

(6) SAFEHULL 是美国船级社(ABS)开发的专用软件系统,可用于 150m 以上的各型船舶的分析计算,分为 PHASE A 与 PHASE B 两部分。PHASE A 采用简化的方法,计算每个构件的极限载荷、响应及可接受的尺寸等。PHASE B 是在 PHASE A 的基础上进行船体的三维有限元分析以及随后的二维局部细微分析,从而可实现对每个构件详细的强度评估。

(7) SHIPRIGNT 是英国劳氏船级社(LR)开发的专用程序,其中 SDA (Structural Design Assessment)部分可进行有限元分析,可进行船体结构的三维有限元计算。网格可根据板格和扶强材的布置来选取,采用板、杆和板条元来模拟面内与面外扶强材,外力为局部和总体船体梁载荷时,可模拟两者的共同作用,能进行船体结构的强度校核。

(8) VERISTAR 是法国船级社(BV)开发的基于 PC 的专用软件系统。此软件可根据规范进行强度计算,包括船体结构强度的三维有限元分析。纵向构件信息科从 MARS 程序导入,横向构件和横舱壁结构等可通过交互式添加并在屏幕上显示,节点力和装载载荷可以自动添加。

需要指出的是,上述各船级社的专用软件系统中,有限元计算分析的核心部分,所依据的理论相似但不相同,不同之处在于融合了各船级社自身的规范要求与校核标准。

目前,除了以上简要介绍的专用软件系统外,还有较多的通用有限元分析软件可用于舰艇结构强度的有限元分析,如 MSC. NASTRAN、ABAQUS 等大型商用有限元分析软件。

习题

1. 简要阐述舰艇结构强度有限元法计算的基本原理。

2. 有限元计算中每个节点有几个自由度?试给出空间杆单元、空间梁单元和空间板单元的节点自由度数目。

3. 采用有限元法进行舰艇结构强度分析的主要步骤包括哪些?

4. 有限元计算过程中的外力处理原则有哪些?

5. 在进行全船结构总强度有限元计算过程中,载荷的处理需注意哪几点?

6. 双层底结构的有限元计算模型有哪几种?

7. 简要阐述横强度有限元计算的两阶段。

8. 船体板梁组合结构进行有限元计算时,有哪几种建模方法? 试说明各自的优劣。

第8章 舰船结构冲击动强度概述

舰船结构除承受静力载荷,需要进行静力载荷下的强度计算外,还会受到动力荷载的作用,它使结构产生运动、变形和破坏,从而需要进行动强度的计算与分析。动力载荷是指大小、方向和作用位置三个要素中的一个或多个要素随时间发生变化的载荷,简称动载荷或动载。准确地说,"静"是相对的,"动"是绝对的。舰船结构所受到的载荷绝大部分是动载荷,它们使舰船结构产生惯性力,引起不同程度的运动、变形和破坏。只是有些载荷产生的惯性力很小可以忽略不计,可近似视为静荷载或可等效为静载荷。因此,舰船结构在动载荷作用下的强度问题是工程上经常遇到和迫切需要研究的问题。

应当说明,"静"与"动"和加载"快"与"慢"是相对的,它与结构自振周期有密切关系,若荷载从零增至最大值的加载时间远大于结构自振周期,如前者为10s,后者为1s,则加载过程可认为是缓慢的,可作为静力荷载对待。但是,若载荷从零增至最大值的加载时间接近或小于结构自振周期,则加载过程应认为是快速的,这种荷载应作为动力荷载来处理。

根据载荷大小随时间变化的规律,可将动载荷分为随时间周期性变化的振动载荷和冲击载荷。前者导致结构产生周期性振动,属"舰船结构振动学"研究范畴;本章主要简要介绍舰船结构在典型冲击动载荷下的强度问题及其计算方法。

8.1 舰船结构典型冲击动载荷

舰船结构冲击动强度是指舰船结构抵御短时强动载荷作用,不发生超过允许限度的运动、变形及破坏的能力。强动载荷是指强度大且随时间剧烈变化的载荷,对于水面舰艇来说主要包括碰撞载荷和战争环境中的爆炸冲击载荷等。

现代对舰攻击武器主要有舰炮、反舰导弹、航空炸弹、鱼雷、水雷、深水炸弹等。舰船可能受到的爆炸冲击载荷随反舰武器攻击作用方式和战斗部类型的不同而不同。由于水和空气介质的巨大差异,通常将反舰武器攻击作用方式分为空中爆炸和水下爆炸两类,对应的载荷也可分为空中爆炸载荷和水下爆炸载荷两大类。而战斗部类型又包括:①爆破型,包括接触爆炸、近距离爆炸和远距离爆炸;②破甲破坏型,一般为射流破甲和接触爆炸;③穿甲爆破型(半穿甲型),一般为弹丸穿甲、爆炸破片杀伤和爆炸冲击杀伤;④穿甲型,弹丸穿甲;⑤破片杀伤型,一般为非接触爆炸破片和冲击波杀伤。

从冲击载荷的空间分布来看,反舰武器对舰攻击破坏的强冲击载荷主要包括两大类:一类是弹体的侵彻与穿甲作用,如半穿甲导弹战斗部的动能穿甲,高速破片、聚能射弹侵彻,属于局部集中强冲击载荷;另一类是由战斗部爆炸所产生的压力波载荷,属于分布式强冲击载荷,包括爆轰波、空气和水中的爆炸冲击波、气泡脉动压力等载荷等。

弹体的侵彻与穿甲作用对舰艇结构的破坏是局部性的穿孔破坏,对船体结构的总强度和局部强度影响较小。本章主要讨论分布式强冲击载荷及其破坏作用的计算方法。

8.1.1 空中爆炸载荷

1. 空中爆炸冲击波

炸药在空气中爆炸时,生成爆炸产物并释放大量爆热,爆热迅速加热爆轰产物,使其处于高温、高压状态。爆轰产物在空气介质中膨胀,其结果在爆炸产物内产生反射波,而在空气内形成冲击波。反射波的性质则与空气的冲击阻抗有关。由于空气其冲的密度小、压强低,其冲击阻抗要比爆炸产物的小得多,故反射波为稀疏波。稀疏波自界面向爆炸产物内传播,所到之处压强迅速下降。另外,界面处的爆炸产物又向四周高速飞散,使空气的压强、密度和温度突跃上升形成初始冲击波。由此可见,爆炸产物在空气中膨胀出现了两种不同的现象:向爆炸产物内反射一束稀疏波,使其压强不断地下降;向空气中入射始冲击波,使其压强突跃。

冲击波形成之初的压力较高,一般为 50~80MPa。随后,一方面冲击波波阵面在向外传播的过程中压力迅速下降,另一方面爆炸产物邻层空气压力随着爆炸产物的鼓胀而迅速下降,该过程可由图 8-1-1 描述。当爆炸产物平均压力降低到大气压力 P_0 时,冲击波正压作用结束,并进入负压作用区,当爆炸产物过膨胀后反向压缩时,一个带正压区和负压区的完整空气冲击波脱离爆炸产物独自传播(图 8-1-1 中 t_4 时刻)。空气冲击波独立传播过程中,由于冲击波波阵面压强高,冲击波波速

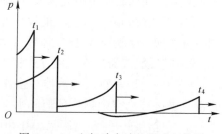

图 8-1-1　空气冲击波的形成与传播

D 较正压区尾部低压区接近于声速 c_0 的传播速度要高,因此正压将不断拉宽,但负压区几乎都是以声速 c_0 运动,其宽度几乎不变。

空气冲击波对目标的作用通常可用三个参量表示:冲击波波阵面的峰值超压 Δp_m;正压作用时间 t_+;比冲量 i。

根据爆炸力学的爆炸相似律理论及量纲分析理论(∏定理),可以求出无限空气介质中爆炸冲击波峰值超压和正压作用时间为

$$\Delta p_m = f_1(\bar{r}) \qquad (8-1-1)$$

$$t_+ / \sqrt[3]{m_e} = f_2(\bar{r}) \qquad (8-1-2)$$

式中: m_e 为炸药 TNT 当量(kg); $\bar{r}$ 为比例距离, $\bar{r}=r/\sqrt[3]{m_e}$, r 为冲击波传播的距离(m)。

根据大量实验实测空气冲击波峰值超压和正压作用时间,并采用多项式进行拟合,式(8-1-1)和式(8-1-2)可分别由以下经验计算表示:

$$\Delta p_m(\bar{r}) = \begin{cases} \left(\dfrac{0.00625}{\bar{r}^4} - \dfrac{0.3572}{\bar{r}^3} + \dfrac{5.5397}{\bar{r}^2} + \dfrac{14.0717}{\bar{r}} \right) \times 10^5 & (0.05 \leq \bar{r} \leq 0.50) \\ \left(\dfrac{0.67}{\bar{r}} + \dfrac{3.01}{\bar{r}^2} + \dfrac{4.31}{\bar{r}^3} \right) \times 10^5 & (0.50 \leq \bar{r} \leq 70.9) \end{cases}$$

$$\qquad (8-1-3)$$

$$t_+ = 1.35 \times 10^{-3} \sqrt{r} \sqrt[6]{m_e} \qquad (8-1-4)$$

式中: Δp_m 为无限空中爆炸时冲击波峰值超压(Pa), $\Delta p_m = p_m - p_0$, p_m 为空气冲击波峰值压力, p_0 为大气压力; t_+ 为正压作用时间(s)。

对于非 TNT 装药,应根据炸药的能量等效换算成 TNT 当量,即

$$m_e = m_i Q_i / Q_{TNT} \qquad (8-1-5)$$

式中: m_i 为所用炸药质量; Q_i 为所用炸药爆热; Q_{TNT} 为梯恩梯炸药爆热。

表 8-1-1 列出了三种炸药的密度 ρ_e 、爆轰速度 D_e 、爆热 Q 、空气冲击波初始速度 D_x 、空气介质初始速度 U_x 和空气冲击波初始压力 p_x 。

表 8-1-1　炸药爆轰及空气冲击波始初系数

炸药	ρ_e/(g/cm³)	D_e/(m/s)	Q/(KJ/kg)	D_x/(m/s)	U_x/(m/s)	p_x/MPa
梯恩梯	1.6	7000	4187	7100	6450	57
黑索金	1.6	8200	5443	8200	7450	76
泰安	1.6	8400	5862	8450	7700	81

空气冲击波载荷随时间的变化曲线,在正压作用区通常用递减三角形来描述,如图 8-1-2 所示,入射冲击波载荷曲线可由下式计算:

$$p(t) = \Delta p_m (1 - t/t_+) \quad (t \leq t_+) \qquad (8-1-6)$$

式中: Δp_m 、 t_+ 分别为冲击波峰值超压和正压作用时间。

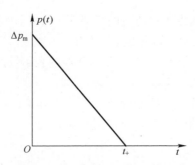

图 8-1-2 空气冲击波载荷曲线

对于非无限空中爆炸,如装药在地面爆炸,则通过对炸药 TNT 当量 m_e 的修正,式(8-1-3)~式(8-1-5)仍然适用。对于刚性地面,TNT 当量 $m_{ef} = 2m_e$;普通地面,可取 $m_{ef} = 1.8m_e$。

2. 弹药壳体的影响

对于带壳弹药爆炸,炸药爆炸能量首先消耗在弹壳的变形和破坏上以及赋予破片以一定的初始动能上,余留部分才消耗在爆轰产物的膨胀和冲击波的形成上。因此,弹丸爆炸形成的空气冲击波强度要比无壳同等装药爆炸形成冲击波弱,留给爆炸产物和冲击波的当量炸药可由下式确定:

$$m_{ef} = \frac{m_e}{1+a-a\alpha}\left[\alpha+(1+a)(1-\alpha)\left(\frac{r_0}{r_m}\right)^{N(\gamma-1)}\right] \qquad (8-1-7)$$

式中:a 为与弹药有关的系数,平面爆轰 $a=2$,柱对称爆轰 $a=1$,球对称爆轰 $a=2/3$;N 为爆药形状系数,对于平板、柱和球,N 分别取 1、2 和 3;α 为装药系数,$\alpha = m_e/(m_e+M)$,其中 m_e 为装药量,M 为弹壳质量;γ 为爆炸产物绝热指数,$\gamma = 3$;r_0 为装药半径;r_m 为破片达到最大速度的半径,钢壳 $r_m = 1.5r_0$,铜壳 $r_m = 2.24r_0$,对于脆性材料和预制破片弹,r_m 则更小。

空气冲击波比冲量是指单位面积冲击波在正压区的冲量,可由冲击波超压曲线 $\Delta p(t)$ 对时间的积分给出:

$$i = \int_0^{t^+} \Delta p(t)\,\mathrm{d}t \qquad (8-1-8)$$

比冲量的计算公式可以从理论上推导,但由于有些量难以准确计算,如炸药爆炸后传给冲击波的能量(从理论上可估算大约有 90% 的炸药能量传给了冲击波,但实际上由于炸药爆炸以及爆轰产物膨胀的特殊情况传给冲击波的能量远小于此,一般仅为 70% 左右)等。在实际计算中常采用经验公式,TNT 在无限空间爆炸时比冲量:

$$i = A \cdot \bar{r}^{-1} m_e^{1/3} \qquad (r > 12r_0) \qquad (8-1-9)$$

式中:i 为比冲量$(\mathrm{N \cdot s/m^2})$;A 为系数,无限空间爆炸时 A 可取 200~250。其他装药可根据爆热,由式(8-1-6)换算成 TNT 当量进行计算。

3. 空中爆炸冲击波对障碍物的影响

当空气冲击波传播到物体表面时,物体表面对空气冲击波有阻碍作用,空气冲击波在物体表面将产生反射和绕流。对于具有较大刚性平面的物体,空气冲击波正入射时对物体的作用压力将大大提高,该压力一般称为反射冲击波超压(或壁压),记为 Δp_r。由入射波、反射波作用前后刚性壁面处空气遵守质量守恒,动量守恒和能量守恒可推导出正反射下反射冲击波超压 Δp_r 与比冲量的计算公式:

$$\Delta p_r = 2\Delta p_m + \frac{6\Delta p_m^2}{\Delta p_m + 7p_0} \tag{8-1-10}$$

$$i_r = 2.959A \cdot \bar{r}^{-1} m_e^{1/3} \quad (r > 12r_0) \tag{8-1-11}$$

式中:Δp_m、p_0 分别为空气冲击波超压(入射超压)和大气压力(初始压力)。

通常采用简单载荷曲线替代实际的载荷曲线,其中常用的有矩形脉冲载荷、三角形和指数型脉冲载荷。对于反射冲击波载荷曲线,可由式(8-1-9)将图 8-1-2 中的 Δp_m 代换为 Δp_r 即可。

4. 舱室内部爆炸

随着现代反舰武器的迅速发展,各种高性能的半穿甲反舰导弹已成为水面舰艇水线以上部分舷侧的主要威胁,其对舰攻击破坏特点是穿透舰艇外层结构在舱室内部发生爆炸,大大增加其对舰艇的爆炸毁伤威力。舱内爆炸下,舰艇结构除承受初始冲击波的作用外,还将承受冲击波的多次反复作用,舱室角隅部位还将承受强度远大于壁面反射冲击波的会聚波的作用,且会聚特性随装药量的增大而增强(图 8-1-3)。

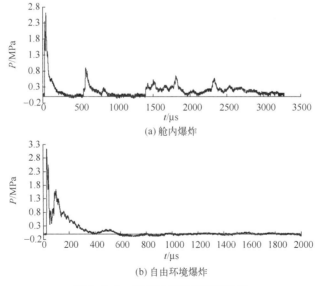

(a) 舱内爆炸

(b) 自由环境爆炸

图 8-1-3 典型舱内爆炸载荷曲线

实验研究表明,舱内爆炸下舱室板架中部结构所承受的初始冲击载荷强度与敞开环境爆炸下壁面反射冲击载荷相当,但在舱室角隅部位舱内爆炸载荷的强度为敞开环境爆炸下壁面反射冲击载荷的7倍以上(图8-1-4)。由于现代水面舰艇普遍采用薄壁结构,导弹战斗部舱内爆炸下,爆炸冲击波首先作用于舱室板架结构中部,并在板架发生局部塑性变形前,迅速形成会聚波

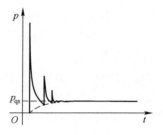

图 8-1-4 舱内爆炸载荷曲线

作用于舱室结构的角隅部位上,其时间差为几十微秒,由于会聚波强度远大于同一位置壁面反射冲击波,舱室结构角隅部位将迅速发生撕裂。由于爆炸冲击下,舰艇结构的冲击响应时间通常为毫秒量级,舱室结构在发生动态变形和角隅部位撕裂失效过程中将受到爆炸冲击波的2~4次作用,因此舱室板架发生失效后还将获得一定运动速度,发生大挠度外翻变形。

此外,由于结构的限制作用,爆炸产生的高温、高压产物无法及时向外扩散,舰艇舱内还将继续保持一定的准静态压力。

对于反舰导弹的舱室内部爆炸,英国的《劳氏军规》(*Lloyd's Register Rulefinder 2004-Version* 9.1)将内部爆炸冲击波等效转化为舱室内的准静态压力,从而得到内部爆炸下舱室内的等效准静态压力按下式计算:

$$p_{qs} = 2.25(m_e/V)^{0.72} \times 10^6 \qquad (8-1-12)$$

式中 p_{qs}——舱室内的等效准静态压力值(N/m^2);

m_e——武器的等效 TNT 质量(kg);

V——自由舱室的体积(m^3)。

8.1.2 水下爆炸载荷

1. 水中爆炸冲击波载荷

水中爆炸与空中爆炸相比,其主要差别在于水介质与空气介质的不同。水介质具有较大的密度,微小的可压缩性,因而造成水中爆炸冲击波强度远大于空中爆炸冲击波,如 TNT 爆炸水中爆炸初始冲击波压力峰值可达 14GPa,而空中爆炸初始冲击波压力仅为 50~80MPa,相差 200 多倍。但水中冲击波对目标作用的反射压力,在入射冲击波压力为 100MPa 以下时,反射压力仅为入射压力的 2 倍。另外,水中爆炸冲击波正压作用时间约为空中爆炸冲击波正压作用时间的 1/8。因此,综合而言,在相同药量下,水下爆炸冲击波威力(主要以冲量来衡量)约为空中爆炸冲击波威力的 8 倍。

水中爆炸与空中爆炸还有一个显著不同点就是由于水介质较大的惯性效应,

使水中爆炸产物膨胀和压缩的周期性运动,从而产生气泡脉动压力,该问题将在下一节中专门给予讨论。另外,本节采用的参数符号,除专门说明以外,其余均与2.2.2 节中相同。

水中某点冲击波压力随时间的变化规律,可近似用指数函数来表示,即

$$p(t) = p_m e^{-t/\theta} \tag{8-1-13}$$

式中:p_m 为冲击波波头的峰值压力;e 为自然对数的底;t 为波头过后的时间;θ 为指数衰减时间常数,即冲击波压力下降到 p_m/e 时所需的时间。

根据水中爆炸相似律理论和大量实验数据可得出水中冲击波正压作用时间 t_+、冲击波峰值压力 p_m、冲击波冲量 i、冲击波衰减时间常数 θ 和冲击波能量密度 E 的经验计算公式:

$$t_+ = 10^{-4} \bar{r}^{1/2} m_e^{1/3} (\text{s}) \tag{8-1-14}$$

$$p_m = k \bar{r}^{-\alpha} (\text{Pa}) \tag{8-1-15}$$

$$i = l \bar{r}^{-\beta} m_e^{1/3} (\text{N} \cdot \text{s}/\text{m}^2) \tag{8-1-16}$$

$$\theta = \frac{l}{k} \bar{r}^{-\alpha-\beta} m_e^{1/3} (\text{s}) \tag{8-1-17}$$

$$E = \Gamma \bar{r}^{-\gamma} m_e^{1/3} (\text{J}/\text{m}^2) \tag{8-1-18}$$

式中:k、l、Γ、α、β、γ 为炸药相关的实验确定的常数,表 8-1-2 列出了常用炸药的相关常数实验值。

表 8-1-2　某些炸药水中冲击波实验常数

炸　药	ρ_e /(g/cm^3)	p_m/Pa		$i/(\text{N}\times\text{s}/\text{m}^2)$		$E/(\text{J}/\text{m}^2)$	
		$k\times10^{-6}$	α	l	β	$\Gamma\times10^{-4}$	γ
TNT	1.52	52.27	1.13	5768	0.89	8.14	2.05
TNT	1.57	52.47	1.11	5396	0.87	7.08	1.98
50TNT/50PETN	1.60	54.43	1.13	9084	1.05	10.4	2.12
PETN	1.2~1.6	63.26	1.20	7573	0.92	16.9	2.16
HBX-1	1.2~1.6	59.33	1.15	4944	0.86	12.3	2.06

以上水中冲击波计算公式都是针对无限水域而言的。炸药在水中爆炸时,如果有自由面存在,那么对作用于水中某点的压力有明显的影响,自由水面的影响可采用镜面反映的虚装药理论,即在真实装药 O 点的对称点 O' 点处,假设有一药量相同,并产生负爆压的虚拟药,如图 8-1-5 所示。根据该理论,则水域中某 C 点的水中爆炸冲击波压力为

$$p - p_w = (p_i - p_w) r_0 k/R_1 \tag{8-1-19}$$

式中:p_w 为 C 点的水压力;p_i 为水中冲击波初始压力;r_0 为药包半径;R_1 为 C 点至真

实爆点 O 的距离; $k=1-R_1/R_2$, R_2 为 C 点至虚拟爆点 O' 的距离。实验结果表明, 应对 k 值进行修正, 并由下式确定:

$$k=1-0.85R_1/R_2 \qquad (8-1-20)$$

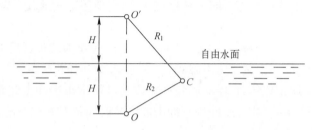

图 8-1-5 自由水面对水中冲击波压力的影响

同样, 对于刚性壁面, 采用实映像装药理论, 即在以刚性壁面的对称面的对称点上, 虚拟一个相同装药, 并产生正冲击波压力的虚拟装药, 则式(8-1-20)中的 k 值应改为 $k=1+R_1/R_2$。

由上述理论也可推论:①在刚性壁面处的反射压力为入射压力的 2 倍, 即 $p_r(t)=2p_m e^{-t/\theta}$;②在刚性海底爆炸时, 爆炸效果相当于无限水域爆炸装药的 2 倍。

水中爆炸冲击波对舰体结构的作用, 一般情况下, 舰体板将产生较大的变形, 即舰体板不能视为刚性壁面而是可动平面。可动平面在水中冲击波作用时, 将有一稀疏波向冲击波运动的反向传播。设入射波为 $p_1(t)$、反射波为 $p_2(t)$。在壁面处, 反射压力为

$$p_r(t)=p_1(t)+p_2(t) \qquad (8-1-21)$$

另一方面, 由动量守恒可得在 $p_1(t)$ 和 $p_2(t)$ 分别作用下壁面处的水质总速度为

$$\begin{cases} u_1(t)=p_1(t)/\rho_w c_w \\ u_2(t)=p_2(t)/\rho_w c_w \end{cases} \qquad (8-1-22)$$

式中: ρ_w 为水的密度; c_w 为水的声速。

由式(8-1-23)可得靠近壁面处水质点的合速度, 即壁面运动速度为

$$u(t)=\left[p_1(t)-p_2(t)\right]/\rho_w c_w \qquad (8-1-23)$$

由式(8-1-21)和式(8-1-23)或消去 $p_2(t)$, 并求得

$$p_r(t)=2p_1(t)-\rho_w c_w u(t)=2p_m e^{-t/\theta}-\rho_w c_w u(t) \qquad (8-1-24)$$

式(8-1-24)说明, 水中冲击波对舰体板这样的薄板结构作用时, 其冲击波作用压力 $p_r(t)$ 不能仅由入射冲击波大小决定, 而与薄板的动力响应速度 $u(t)$ 有关, 也就是说必须考虑流固耦合作用。

水中冲击波对薄板作用的流固耦合现象, 不仅表现在冲击波反射压力峰值较

钢壁反射压力峰值要减小,较入射压力的衰减要快得多,而且冲击波反射压力较入射压力的衰减要快得多,正压作用时间将大大减小。图 8-1-6 给出了运动薄板水中冲击波反射压力曲线示意图。

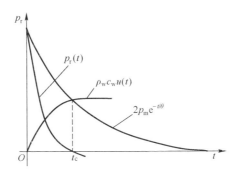

图 8-1-6 水中冲击波对薄板作用的反射压力曲线示意图

由图 8-1-6 可知,在冲击波作用下,薄板运动速度由零开始逐渐增大,当到达 t_c 时刻时,此时薄板运动速度达到最大值,而冲击波对板的反射作用压力下降为零,即 $p_r(t_c) = 0$,当 $t > t_c$ 时,反射作用压力将变为负值。由于水是不能承受拉力的,因此,在 t_c 时刻水和板将脱离,产生空穴。

对于有边界约束的舰体板来说,在约束力作用下,其运动将迅速减速,而水介质在空穴的吸引下向前加速运动,当水介质再次与板相接触时,将对板产生第二次冲击加载。实验表明,二次冲击波加载能量的大小与板的厚薄、边界条件、水深等很多因素有关,有时其加载能量比首次冲击波的加载能量还大。图 8-1-7 给出了矩形钢板在水下爆炸冲击波作用下,不同浸水深度对冲击波二次加载的影响。

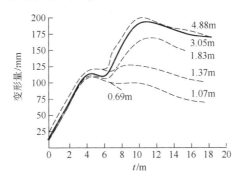

图 8-1-7 浸水深度对二次加载的影响

另外必须指出,冲击波二次加载与气泡二次脉动压力是两种不同的载荷作用,二次加载一般在首次冲击波到达后几到几十毫秒产生。而气泡二次脉动压力将在首次冲击波之后几百毫秒才出现。

2. 水中爆炸气泡的产生与特征参数

水中爆炸在产生爆炸冲击波的同时,将产生一个被水介质包围的爆炸产物气体团,一般称为水中爆炸气泡。水中爆炸气泡形成初期是一个高温、高压、高密度气团,在水介质界面稀疏波的作用下,爆炸气泡不断膨胀,其温度、压力和密度也迅速下降,当气泡压力降到水介质环境压力 p_w 时,由于气泡外围水介质向外运动的惯性力的作用,气泡将继续膨胀,并产生负压,该负压对周围水介质具有吸力作用,阻止水介质继续向外运动,直到周围水介质运动速度降到零,此时气泡膨胀到最大直径 d_m,而气泡内的压力小于周围水介质的压力,水介质在负压吸引作用下作反向运动,对气泡进行压缩作用,由此反复,气泡由最小直径膨胀到最大直径,又从最大直径压缩到最小直径,从而形成气泡的脉动作用。图 8-1-8 给出了爆炸产物气团半径随时间变化的示意图。

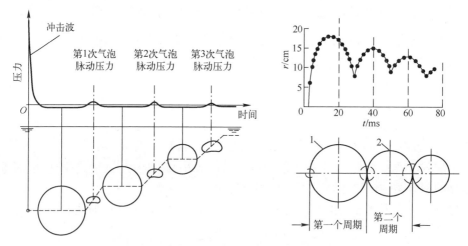

图 8-1-8　爆炸产物气团半径随时间变化示意图
1—气泡第一次达到最大;2—气泡第二次达到最大。

水介质与空气介质还有一个显著的不同点是水介质较大的惯性效应。水中装药爆炸产生冲击波的同时,爆炸产物开始膨胀,以气泡的形式推动周围的水径向向外运动。气泡内的压力随着膨胀扩大而不断下降。当压力降至周围水介质的静压时,由于水的惯性,运动并不停止,气泡过度膨胀,直到最大半径。此时气泡内的压力低于周围水的压力,周围的水开始作反向运动,即向气泡中心聚合,使气泡不断地收缩,内部压力不断增加。同样,由于聚合水流的惯性运动,气泡被过度压缩直到最小半径,其内部压力大于周围介质压力,气泡第一次脉动结束。但是由于,气泡内的压力比周围介质静压大,还会产生第二次膨胀和压缩的脉动过程。这种气泡脉动次数可达十几次以上。气泡脉动过程中,由于气体产物的浮力作用,气泡逐渐上升。但气泡膨胀时,阻力很大,上升缓慢,几乎原地不动。而气泡受压缩时,阻力小上升较快。图 8-1-8 显示了水下爆炸时水中某点压力 P 的时域曲线、气泡脉动半径 R 的时域曲线及与其对应的气泡膨胀和压缩过程。

气泡膨胀时的最大膨胀半径和膨胀周期可通过假设流体为不可压缩和无重流体,且仅有径向运动,利用流体连续方程、运动方程、能量方程和绝热方程等可求得,即

$$R_m = R_0 \sqrt{\frac{Q_v \rho_e}{p_w}} \qquad (8-1-25)$$

$$t_m = R_m \sqrt{\frac{2\rho_w}{3p_w}} \qquad (8-1-26)$$

式中:R_m 为气泡最大膨胀半径;t_m 为气泡膨胀周期;R_0 为装药半径;ρ_e 为炸药密度;Q_v 为炸药爆热;p_w 为爆炸深度水的初始压力;ρ_w 为水的初始密度。

当 1kgTNT 装药在不大的深度处爆炸时,已知 $Q_v = 4.188 \times 10^6 \text{J}$,$\rho_e = 1580\text{kg}/\text{m}^3$,$p_w = 98070\text{Pa}$,$\rho_e = 980.7\text{kg/m}^3$,则由式(8-1-25)和式(8-1-26)可得 $R_m = 40.7R_0$,$t_m = 0.0816 \times 40.7R_0$。

爆炸为球形时,可求得 $R_0 = 0.05327\text{m}$,则 $R_m = 2.186\text{m}$,$t_m = 0.177\text{s}$。

另外,气泡膨胀周期 t_m 和最大膨胀直径 D_m 可由下列经验公式给出:

$$t_m = K_w \frac{m_e^{1/3}}{(H+H_0)^{5/6}} \quad (\text{s}) \qquad (8-1-27)$$

$$D_m = J_w \frac{m_e^{1/3}}{(H+H_0)^{1/3}} \quad (\text{m}) \qquad (8-1-28)$$

式中:H 为药包浸深(m);H_0 为大气压头(m);m_e 为炸药质量(kg);K_w、J_w 为经验常数,由表 8-1-3 给出。

表 8-1-3 爆炸气泡经验常数

炸药类型	J_w	K_w	炸药类型	J_w	K_w
梯恩梯	11.037	2.109	特屈尔	11.256	2.153
泰安	11.702	2.235	HBX-1	12.578	2.404
彭托里特	11.037	2.109	HBX-3	13.682	2.617

1kgTNT 炸药在不大的深度处爆炸时,已知 $K_w = 2.109$,$J_w = 11.037$,$m_e = 1\text{kg}$,若 $H = 10\text{m}$,$H_0 = 9.807\text{m}$ 则由式(8-1-27)和式(8-1-28)可求得 $t_m = 0.175\text{s}$,$D_m = 4.08\text{m}$。

该结果与式(8-1-25)和式(8-1-26)所求值基本一致。

若将水中爆炸产物视为绝热指数 K 为常数的理想气体,则气泡内压 p 与气泡体积 V 之间的关系满足:

$$p(V/m_e)^K = A \qquad (8-1-29)$$

式中: m_e 为爆炸产物的质量(炸药量)(kg); K 为爆炸产物气体的绝热指数, $K = 1.25$; A 为常数,对 TNT 炸药,当 $p < 31\text{MPa}$ 时, $A = 43.86 \times 10^6$,此时, p 的单位为 Pa, V 的单位为 m^3。

水下爆炸下两类压力场作用于船体结构上的实际动载荷,具有显著不同的频率特性。取两种自由场中的压力波形的时间特性作比较,假设爆源位于自由水面下 25m,靶船水线以下外壳板上某一考查点距爆心 30m,即 $H = 25\text{m}$, $H_0 = 9.807\text{m}$,不同装药量所产生的冲击波自由场压力衰减时间常数 θ 和气泡膨胀周期 t_m 见表 8-1-4,由表可以看出两类压力波的特征参数相差 3 个数量级左右。

表 8-1-4 不同装药的 θ、t_m 值

装药的 TNT 当量/kg	90	100	150	200	300	500
θ/ms	0.780	0.802	0.888	0.955	1.059	1.205
t_m/s	0.491	0.508	0.582	0.640	0.733	0.869

由这样两类载荷所激起的船体响应,显然也是大不相同的,冲击波载荷激起的主要是高频响应,气泡脉动压力激起的主要是低频响应。由此设想将船体响应的整个时间过程分为初期响应由冲击波载荷激发和后期响应主要由气泡脉动压力载荷激发两个阶段,前者以高频响应为主,后者以低频响应为主要特征。

8.2 船用材料的动态塑性变形现象与理论

由于船用材料,尤其是船用钢材是弹塑性的,它们的弹性工作阶段有限。爆炸冲击载荷作用下船体结构必然要有部分或全部进入塑性变形状态。因此,船用材料动态塑性变形现象与理论是研究舰船结构冲击动强度的基础。

8.2.1 材料的塑性

物体由于受力而变形,如果将力去掉以后能立即恢复到原来的形状,这个变形称为弹性变形。在弹性变形范围内,其应力应变的往返曲线是一致的。但是当应力超过某一个限度(通常把它称为弹性极限)以后,即使将力去掉也不能恢复到原形,其中有一部分变形被保留下来。在力去掉以后能立即消失的这部分变形是弹性变形,被保留下来的部分称为非弹性变形。在非弹性变形中,有一部分会随时间而慢慢消失,这种现象称为弹性后效,最后不能消失的部分称为永久变形。在一定

的应力之下,永久变形随时间而缓慢增加的现象称为蠕变(弹性后效和蠕变现象是由于材料的黏性而引起的)。这种与时间有关的永久变形称为流态变形,只与应力有关的永久变形称为塑性变形。

一般的,在常温下,对硬金属来说,弹性后效和流态变形与塑性变形相比是非常小的,因此把非弹性变形作为塑性变形来理解。但对常温下的软金属以及高温下的金属,这种和时间有关的变形是不能忽略的。材料产生这种永久变形的能力就是材料的塑性性质。

最简单的材料塑性变形现象是金属多晶材料的单向拉伸或压缩实验,这类实验通常在室温下进行,试件如图 8-2-1 所示,在载荷 P 的作用下,试件的长度和横截面面积将由初始值 l_0 和 A_0 分别变为 l 和 A,试件中部的应力和变形要求是均匀的,故可定义名义应力 $\sigma = P/A_0$ 和名义应变 $\varepsilon = (l-l_0)/l_0$。材料的拉伸实验曲线有图 8-2-2 所示的两种形态。

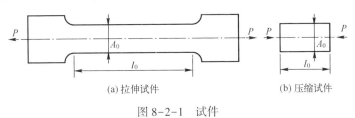

(a)拉伸试件　　(b)压缩试件

图 8-2-1　试件

随着变形的增加,在变形的最初阶段,直到 A 点以前,应力和应变呈线性关系 $\sigma = E\varepsilon$(OA 段),$E = \tan\alpha$ 为弹性模量。由于超过 A 点以后就不再保持上述比例关系,所以 A 点相应的应力称为材料的比例极限 σ_p。若在 A 点以前将载荷逐渐消除,变形即跟着完全消失,所以在 OA 段内仅有弹性变形。当载荷继续增加,此时变形的增长比在 A 点之前稍快,但未超过 B 点以前变形仍是可以恢复的。所以将与 B 点相应的应力称为材料的弹性极限 σ_e。它表示材料不致产生残余变形的最大应力值。继续加载到 C 点时,变形增长加快。过 C 点后,在几乎不增加载荷的情况下,变形会继续迅速增加。此时,会发生显著的残余变形,材料达到屈服阶段。与 C 点相对应的应力称为材料的屈服极限 σ_s。

由于一般材料的比例极限、弹性极限和屈服应力相差不大,通常在工程上可不加区分,以后将用 σ_s 表示,并统称为屈服应力。在应力超过弹性极限后,虽然应力降到零,应变仍不为零,残留的这部分应变称为塑性应变 ε^p。产生和不产生塑性应变的分界应力就是弹性极限 σ_s。

有些材料(如铝合金)没有明显的屈服阶段(图 8-2-2(a)),工程上通常以残余变形达到 0.2% 作为塑性变形的开始,其相应的应力 $\sigma_{0.2}$ 作为材料的屈服应力。但像船用钢一类的材料具有明显的屈服阶段,σ-ε 曲线在这时有一个明显的平缓部分(图 8-2-2(b)),即当应力(称为屈服应力)保持不变时应变仍然可以有很大的增长。如果 ε_s 对应于刚达到弹性极限时的应变,则屈服阶段末的应变可大到 ε_s 的 10 多倍,约为 1%。

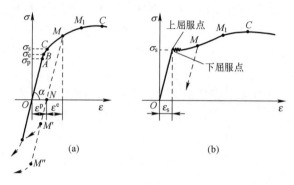

图 8-2-2 典型拉伸实验曲线

如果在产生了不太大的塑性变形之后再逐渐减小载荷,则如图 8-2-2(a)中的 MN 线那样,应力和应变的变化规律基本上是一直线,其斜率大致上与最初加载时的斜率相同。这表明,在产生塑性变形以后,材料内部的晶格结构并没有发生本质的变化。如果从卸载后的点 N 重新再加载,则开始时应力和应变之间仍按原始比例做线性变化,而在 M 点附近才急剧地弯曲并开始产生新的塑性变形。以后的曲线将沿 OAM 的延长线延伸,这就好像是把初始屈服应力 σ_s 提高到 M 点所对应的(屈服)应力 σ_M(它与塑性应变 ε^p 的大小有关),材料经过塑性变形得到了强化,因此,这种现象称为应变强化或应变硬化。

如果材料从 M 点卸载并进行反向加载,则对单晶体来说,其压缩时的屈服应力也有相似的提高(图 8-2-2(a)中的 M'' 点)。然而,对多晶体材料来说,其压缩屈服应力(M' 点)一般要低于一开始就反向加载时的屈服应力(A' 点),即图 8-2-2(a)中 M' 点应力的代数值要大于 A' 点应力的代数值。这种由于拉伸时强化影响到压缩时弱化的现象称为包兴格效应简称包氏效应。

由上述实验现象可归纳出以下两点:

(1)在材料的弹塑性变形过程中,应力与应变之间已不再具有单一的对应关系。由于加载路径的不同,同一个应力 σ 可对应于不同的应变 ε,或同一个应变 ε 可对应于不同的应力 σ,σ 与 ε 之间的关系依赖于加载路径(图 8-2-3)。通常引进一组内变量的宏观参量来刻画加载历史。这组内变量刻画了材料在经受塑性变形过程后内部微观结构的变化。例如,作为最简单的近似,可以取内变量 ξ 为塑性应变 ε^p 而将简单受拉(压)时的应力-应变关系写为

$$\varepsilon = \sigma/E + \varepsilon^p \qquad (8\text{-}2\text{-}1)$$

式中: E 为弹性模量。

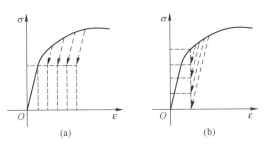

图 8-2-3　典型拉伸实验曲线

上式表明, 当 ε^{p}(内变量)一定时, σ 与 ε 之间有单一的对应关系。

(2) σ 与 ε 之间的线性关系式(8-2-1)是有适用范围的。对于固定的内变量 ε^{p}、 σ 或 ε 并不能随意取值。例如, 对处于图 8-2-2(a) 中的 M 点, 当加载时即应力(或应变)继续增长时, 应力-应变曲线将沿 AMM_1 方向延伸, 仅当卸载时即应力(或应变)减小时, 应力-应变曲线才以式(8-2-1)的规律沿 MN 方向下降。为了区分以上这种加载和卸载所具有的不同规律, 就必须给出相应的加卸载准则。

现考查图 8-2-2(a) 中的 N 点, 其内变量可取为塑性应变 ε^{p}, 从 N 点拉伸到 M 点或压缩到 M' 点后, 材料将开始产生新的塑性变形(这里 M 点对应于正向屈服点, M' 点对应于反向屈服点)。故式(8-2-1)仅在直线段 $M'NM$ 的范围内(弹性范围内)才适用。设 M 点的应力和应变分别为 σ_M 和 ε_M, M' 点的应力和应变分别为 σ'_M 和 ε'_M, 它们依赖于 ε^{p}, 故可写成

$$\sigma_M = \sigma_M(\varepsilon^{\mathrm{p}}), \quad \varepsilon_M = \varepsilon_M(\varepsilon^{\mathrm{p}})$$

和

$$\sigma'_M = \sigma'_M(\varepsilon^{\mathrm{p}}), \quad \varepsilon'_M = \varepsilon'_M(\varepsilon^{\mathrm{p}})$$

显然, 它们还满足

$$\sigma_M = E(\varepsilon_M - \varepsilon^{\mathrm{p}}), \quad \sigma'_M = E(\varepsilon'_M - \varepsilon^{\mathrm{p}})$$

现定义函数

$$f(\sigma, \varepsilon^{\mathrm{p}}) = \begin{cases} \sigma - \sigma_M & (正向加载) \\ \sigma'_M - \sigma & (反向加载) \end{cases} \tag{8-2-2}$$

或

$$g(\varepsilon, \varepsilon^{\mathrm{p}}) = \begin{cases} \varepsilon - \varepsilon_M & (正向加载) \\ \varepsilon'_M - \varepsilon & (反向加载) \end{cases} \tag{8-2-3}$$

不难看出, 对于固定的 ε^{p}, 式(8-2-1)仅当 $\sigma_M \geq \sigma \geq \sigma'_M$ 或 $\varepsilon_M \geq \varepsilon \geq \varepsilon'_M$ 时才适用, 即仅当 $f(\sigma, \varepsilon^{\mathrm{p}}) \leq 0$ 或 $g(\varepsilon, \varepsilon^{\mathrm{p}}) \leq 0$。当 $f(\sigma, \varepsilon^{\mathrm{p}}) = 0$ 或 $g(\varepsilon, \varepsilon^{\mathrm{p}}) = 0$ 时, 由于应

力或应变的继续改变,所得到的应力应变关系要根据加卸载准则来判断。

$\frac{\partial f}{\partial \sigma}\mathrm{d}\sigma>0$ 或 $\frac{\partial g}{\partial \varepsilon}\mathrm{d}\varepsilon>0$ 对应于加载,这时始终要求 $f=0$ 或 $g=0$,固有

$$\mathrm{d}\sigma = (\mathrm{d}\sigma)_M(\text{或}(\mathrm{d}\sigma)_{M'})$$

或

$$\mathrm{d}\varepsilon = (\mathrm{d}\varepsilon)_M(\text{或}(\mathrm{d}\varepsilon)_{M'})$$

式中:$(\mathrm{d}\sigma)_M$、$(\mathrm{d}\varepsilon)_M$ 分别为正向屈服时 M 点应力值和应变值的增量;$(\mathrm{d}\sigma)_{M'}$、$(\mathrm{d}\varepsilon)_{M'}$ 分别为反向屈服时 M' 点应力值和应变值的增量。

$\frac{\partial f}{\partial \sigma}\mathrm{d}\sigma<0$ 或 $\frac{\partial g}{\partial \varepsilon}\mathrm{d}\varepsilon<0$ 对应于卸载,这时有

$$\mathrm{d}\sigma = E\mathrm{d}\varepsilon$$

即卸载时应力增量与应变增量之间满足线弹性关系。

影响材料性质的其他因素如下:

(1)温度:当温度上升时,材料的屈服应力将会降低,而塑性变形的能力则有所提高,在高温条件下,就需要考虑像蠕变、应力松弛等具有明显黏性效应的现象。本书不讨论这些问题。

(2)静水压力:Bridgeman 对许多金属材料的实验结果表明,当静水压力不太大时,材料体积的变化服从弹性规律而不产生永久的塑性体积改变。故当材料有较大的塑性变形时(弹性变形相对很小),可近似地认为体积是不可压的。此外,静水压力对屈服应力的影响也是不大的。

(3)应变速率:如果实验时将加载速度提高几个数量级,则屈服应力也会相应地提高,但材料的塑性变形能力会有所下降,对于受高速撞击载荷或爆炸载荷作用的结构,就需要考虑应变率效应对材料性质的影响。但在一般加载速度条件下,不考虑这一因素。

8.2.2　应力-应变关系的简化模型

将具体材料的简单拉伸(或压缩)实验曲线直接用于实际计算往往是很不方便的,常根据不同的问题忽略某些次要因素,对不同材料在不同的条件下进行不同的简化,从而可得到基本上能反映该材料的力学性质而又便于进行数学计算的简化模型。常用的模型如下:

有的材料具有明显的塑性流动阶段,且流动阶段较长(如船用钢),或者强化的程度较小可以忽略强化的影响,采用如图 8-2-4(a)所示的理想弹塑性模型,应力到达屈服应力以前,应力-应变呈线性关系,应力达到屈服极限以后,保持为常数 σ_s。该模型的应力-应变关系的数学表达式为

$$\sigma = \begin{cases} E\varepsilon & (\,|\,\varepsilon\,| \leqslant \varepsilon_{\mathrm{s}}) \\ \mathrm{sgn}(\varepsilon)\sigma_{\mathrm{s}} & (\,|\,\varepsilon\,| > \varepsilon_{\mathrm{s}}) \end{cases} \tag{8-2-4}$$

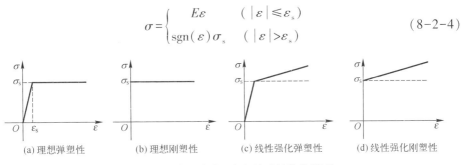

图 8-2-4　常用应力-应变关系的简化模型

　　若所研究的问题变形比较大,相应的弹性部分应变可以忽略,也可采用理想刚塑性模型,应力恒为常数 σ_{s}(图 8-2-4(b))。此外,对于硬化材料,也有将硬化部分用直线代替,称为线性硬化材料(图 8-2-4(c))。若变形比较大,相应的弹性应变部分比较小可以略去,成为线性硬化刚塑性材料(图 8-2-4(d))。实际问题采用哪一个模型,由使用的材料及问题所属的领域而定。

8.2.3　屈服条件

　　对于一维应力状态,表达屈服条件很简单。但是,船体结构在工作状态下,通常并非处于一维应力状态,各应力分量都对屈服有贡献,即屈服条件可表达为由各应力分量描述的函数,称为屈服函数。在应力分量描述的多维空间中,屈服函数是一个多维曲面,称为屈服面。目前,人们提出了很多种屈服条件,常用的就是Tresca 屈服条件和 Mises 屈服条件。

　　1864 年,法国工程师屈雷斯卡(Tresca)在做了一系列金属挤压实验的基础上,发现了在变形的金属表面有很细的痕纹,而这些痕纹的方向接近于最大剪应力的方向,因此认为金属的塑性变形是由于剪切应力引起金属中晶体滑移而形成的。屈雷斯卡提出,在物体中,当最大剪切应力 τ_{max} 达到某一极限值时,材料便进入塑性状态。当 $\sigma_1 \geqslant \sigma_2 \geqslant \sigma_3$ 时,这个条件可写为

$$\sigma_1 - \sigma_3 = 2k \tag{8-2-5}$$

式中:k 一般通过单向拉伸应力状态确定,即 $k = \sigma_{\mathrm{s}}/2$。

　　如果不知道主应力的大小和次序,则在应力空间中应写为

$$\begin{cases} |\,\sigma_1 - \sigma_2\,| \leqslant 2k \\ |\,\sigma_2 - \sigma_3\,| \leqslant 2k \\ |\,\sigma_3 - \sigma_1\,| \leqslant 2k \end{cases} \tag{8-2-6}$$

　　上式中,如果有一个式子为等式,则材料已进入塑性状态。如果将 σ_1、σ_2、σ_3 三个坐标轴投影到这个坐标系的等倾面上,则可得到一个互相成 $120°$ 的三根

轴的坐标。式(8-2-6)在此互相成 120° 的坐标中，其几何表示是一个正六边形（图 8-2-5(a)）。当 $\sigma_3 = 0$ 时，则可得 $|\sigma_1 - \sigma_2| \leqslant 2k$，$|\sigma_1| \leqslant 2k$，$|\sigma_2| \leqslant 2k$。

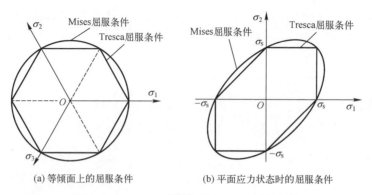

(a) 等倾面上的屈服条件　　　　(b) 平面应力状态时的屈服条件

图 8-2-5　Tresca 屈服条件和 Mises 屈服条件

上式的几何表示如图 8-2-5(b) 中六边形所示。最大剪应力的假设由于和实验结果比较一致，因而得到广泛应用。但在使用这个条件时，主应力的大小和次序应该知道，因为这时才能求出最大剪应力 $\tau_{\max}$；反之，如果能知道主应力的次序，使用 Tresca 屈服条件是很方便的。因为从数学表达式来看，它是个线性的简单公式，使用它求解问题时是非常方便的。

如果不知道主应力的次序，则使用 Tresca 屈服条件将有一定困难，这时最好找到一个连续函数，处理问题才比较容易。为此密赛斯(Mises)提出用一个通过正六面体顶点的圆来代替 Tresca 屈服条件，因为 Tresca 六边形的六个顶点是由实验得到的，而连接这六个点的直线却是假设的。这种假设是否合理尚需研究，因此用一个连续的圆将这六个点连接起来，则可能更合理。而且可以避免由于折线交点处不光滑而引起的数学上的困难。在主应力空间中，Mises 屈服条件的数学表达式为

$$(\sigma_1 - \sigma_2)^2 + (\sigma_2 - \sigma_3)^2 + (\sigma_3 - \sigma_1)^2 \leqslant 6B^2 \qquad (8\text{-}2\text{-}7\text{a})$$

或

$$(\sigma_1 - \sigma_2)^2 + (\sigma_2 - \sigma_3)^2 + (\sigma_3 - \sigma_1)^2 \leqslant 6B^2 \qquad (8\text{-}2\text{-}7\text{b})$$

如果应力满足式(8-2-7)，则认为材料已进入塑性状态。式(8-2-7) 与式(8-2-6) 都不受静水压力 $\sigma_0 = (\sigma_1 + \sigma_2 + \sigma_3)/3$ 的影响，因为如果将静水压力 σ_0 代入这两个式子中的各应力分量后，则在式中都将相应地被减去，而这两个式子的数学表达式没有变化；并且应力分量可以互换，这是各向同性材料的特点之一。汉基(Hencky)于 1923 年指出，如果将总的材料变形能分解为形状变形能(歪形能)和体积变形能两个部分，则 Mises 屈服条件相当于形状变形能达到一定数值时的材料进入屈服。事实上，式(8-2-7)早在 1904 年曾由波兰力学家虎勃(Huber)独立

地提出过,因此式(8-2-7)也称为虎勃-密赛斯-汉基屈服条件,简称 Mises 屈服条件。式(8-2-7)中的常数 B 可以通过单向拉伸时的应力状态的屈服极限定出,因为单向拉伸时是一种特殊的应力状态,式(8-2-7)对这种特殊状态也同样应该适用。当 $\sigma_1 = \sigma_s, \sigma_2 = 0, \sigma_3 = 0$ 时,由式(8-2-7)可得 $B = \sigma_s / \sqrt{3}$。

8.2.4 材料的动态性能

在准静态的问题中,通常外载荷是缓慢地施加到固体和结构上去的,同时固体和结构内的变形进行得也很缓慢。由于不必考虑物质在变形过程中的加速度,惯性力与外载荷相比可以忽略不计,因而可以按力的平衡问题来分析处理。冲击动力问题中,惯性力通常不能忽略;同时,由于变形速度很快,材料和结构的变形行为与静态有较大区别,这在力学上主要归结为材料的动态性能。

材料力学性能随应变速率的一般性变化如图 8-2-6 所示。当应变速率为 $10^{-6} \sim 10^{-5} \mathrm{s}^{-1}$,材料主要表现为蠕变性能;当应变速率为 $10^{-4} \sim 10^{-2} \mathrm{s}^{-1}$ 时,材料表现为固有的准静态性能;当应变速率为 $10^{-2} \sim 10^{2} \mathrm{s}^{-1}$ 时,绝大多数金属材料开始显示应变速率的影响,但是此时这种影响并不明显;应变速率为 $10^{3} \mathrm{s}^{-1}$ 时,一般认为材料进入高应变速率阶段,惯性和波传播的效应对材料应力-应变关系的影响是不容忽视的;应变速率超过 $10^{5} \mathrm{s}^{-1}$ 时,主要涉及冲击波作用引起的材料的单轴应变。只有很高的应变速率和相应的极短的作用时间条件下,材料必须考虑热动力学的影响。动载下材料变脆的现象发生在微秒级的高速变形过程或者周期性循环加载的情况,爆炸荷载下快速变形过程尚不存在这个问题。

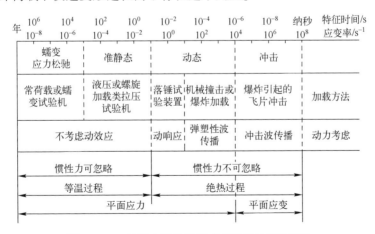

图 8-2-6   材料力学性能随应变速率的变化特性

在强动载荷作用下,固体和结构物的材料将发生高速变形。由材料变形的微观机制所决定,材料对高速变形的抵御能力通常不同于对缓慢变形的抵御能力。

实验结果表明,许多材料在快速加载条件下,屈服极限有明显提高,而屈服的出现却有滞后现象(图 8-2-7)。主要有两种类型:一种是当温度高于玻璃状转变温度时呈黏塑性行为,这表征了其自身的蠕变,这种行为与聚合物链之间的相对滑移造成的黏性流动有关,以聚合物材料为代表;另一种机制以金属(多晶材料)为代表,金属塑性变形的机理主要是位错的运动,而位错在金属晶格中高速通过时遇到的阻力比缓慢通过时的阻力要大,呈现出类似的黏性现象,这就造成了大多数金属在高速变形时呈现较高的屈服应力和流动应力,典型的低碳钢在动载作用下屈服极限可提高 2~3 倍。

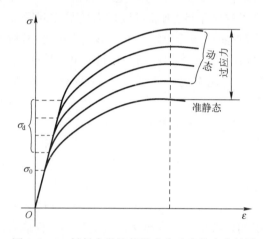

图 8-2-7　材料力学性能随应变速率的变化特性

此外,在同一应变值下,动态瞬时应力要比静态应力高,且随应变率的提高而提高,两者之差称为"过应力"(图 8-2-7)。当应变率为 $10^{-3} \sim 10^3 \mathrm{s}^{-1}$,应变约为 10^{-2} 时,许多金属材料都呈现出这种特性。屈服极限和瞬时应力随应变率提高而提高的现象统称为应变率效应。实验结果表明,各种工程材料都存在一个应变率敏感性界限。金属材料的应变率敏感性界限为 $10^{-3} \sim 10^3 \mathrm{s}^{-1}$。当应变率低于 $10^{-3} \mathrm{s}^{-1}$ 时,属于准静态情况,应变率效应可略去不计。应变率高于 $10^3 \mathrm{s}^{-1}$ 时,应变率效应不太明显,材料的动力特性将可能增加新的内容。

应变率效应显著的材料称为应变率敏感材料。固体材料对应变率的敏感性不仅与材料的种类有关,而且与温度及材料的内部结构状态有密切关系。对于金属材料,实验表明具有体心立方晶格结构的金属(如低碳钢和低合金钢),其应变率效应明显;而基本晶格结构为面心立方体且有平缓的变化的应力-应变曲线的金属(如铝、铜等材料),则应变率效应不敏感。虽然应变速率对低碳钢屈服极限强度影响较大,对强度极限(抗拉强度)影响较小,而弹性模量实际上是与应变速率无关的。

对材料动态性能研究的一项主要任务是在实验的基础上概括出应变率对材料应力-应变关系的影响,建立与应变率相关的材料动态本构关系。

近几十年来,已进行了许多高应变率下材料本构关系的实验研究,并提出多种黏塑性本构关系。在这些黏塑性本构关系中,一般需要有由实验确定的常数。由于实验上的困难,实验结果往往数据分散,到目前为止,甚至对某些常用材料还缺乏系统可靠的数据,因此比较实用的本构关系应是对实验工作要求相对较少,而给出的结果又能与现有实验数据比较一致。Cowper 和 Symonds 提出的本构关系就具有这样的特点,因而为工程界广泛采用。本章仅介绍这一种黏塑性本构关系。

在单向应力(拉或压)情况下,Cowper-Symonds 本构关系可以表示为

$$\frac{\sigma_d}{\sigma_0} = 1 + \left(\frac{\dot{\varepsilon}}{D}\right)^{1/p} \tag{8-2-8}$$

式中:σ_0 为静态屈服应力;σ_d 为应变率,等于 $\dot{\varepsilon}$ 时的动态屈服应力;D、p 为通过实验确定的材料常数,某些材料的 D 和 p 值如表 8-2-1 所列。

表 8-2-1　某些材料的 D 和 p 值

材　　料	D/s^{-1}	p
低碳钢	40	5
铝合金	6500	4
不锈钢	100	10
α-钛(Ti 50A)	120	9

8.3　冲击动载荷下舰船结构的响应与破坏

冲击动载荷对船体结构的破坏作用体现在两个方面:一是造成局部结构变形和破坏;二是造成船体梁的整体变形和破坏。前者由空中或水下爆炸造成,后者主要由水下爆炸形成。本节主要讨论典型局部结构和总体结构在冲击动载荷作用下的塑性动响应与破坏。

8.3.1　舰船典型局部结构动响应与破坏

爆炸冲击载荷下,舰船括板、骨架及其组成的板架等局部结构主要发生横向变形或破坏。随着爆炸冲击载荷的增强,这些结构均存在弹性振动、塑性大变形、断裂破坏三种变形破坏模式:一是当结构距离爆炸中心较远,爆炸冲击波的超压已大大衰减,结构的变形在弹性范围内,这是一个弹性振动问题;二是随着冲击载荷的增强,结构变形将超出弹性范围,产生弹塑性动响应,最终形成残余塑性变形;三是

当冲击载荷进一步增强,结构局部变形将达到极限,产生断裂破坏。以在均布矩形脉冲下理想弹塑性梁的动力行为为例,其动响应可按照中点挠度随时间的变化分为三种弹塑性动响应模式。如果脉冲载荷的强度较小,未超出结构的弹性承载极限,将产生弹性振动,其中点挠度随时间的变化大致是一个逐渐衰减的自由振动(图8-3-1(a));随着载荷强度的增大,超出结构的弹性极限后,梁开始产生塑性变形,梁的运动为在其初始位置的两侧作非对称振动(图8-3-1(b)),当振动由于阻尼作用而衰减之后,梁中点将最终存在一个与载荷作用方向相同的残余挠度;随着脉冲强度的进一步增强,梁始终在挠度为正的一侧振动,并最终停止在该侧的某位置上(图8-3-1(c))。

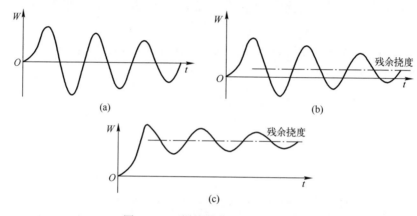

图8-3-1 爆炸载荷下梁的动响应

弹性振动模式下,爆炸载荷对结构的影响较小,对舰船来说主要考虑冲击环境对设备、管系、人员等影响,因此,塑性大变形和断裂破坏是主要关注的变形破坏模式(由于此时结构一部分或全部丧失了功能,故又称为失效模式)。以梁结构为例,随着载荷强度的增加,有塑性大变形(模式Ⅰ)、在固支端的拉伸失效(模式Ⅱ)以及固支端的剪切失效(模式Ⅲ)三种失效模式(图8-3-2)。

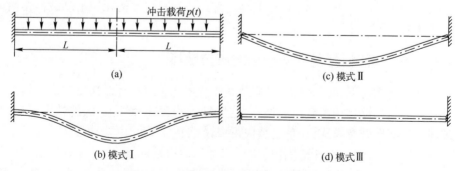

图8-3-2 爆炸载荷下梁的变形失效模式

板在爆炸冲击波载荷下的变形和破坏也存在类似的模式,其中板的拉伸失效(模式Ⅱ)往往从长边的中点开始撕裂并沿边界向两端扩展。

对于图 8-3-3 所示的复杂加筋板架,当爆距较远,其承受的冲击波近似为平面波,其失效模式以整体变形模式为主。根据横向和纵向加强筋的相对刚度的不同,有三种变形不同的变形模式(图 8-3-4):

(1)板格变形(模式 a):当横向和纵向加强筋的相对刚度均足够大时,整个冲击响应过程中,加强筋一直近似处于刚性状态,加筋板的板格始终以加强筋为固定边界发生运动。

(2)板架整体变形(模式 b):当横向和纵向加强筋的相对刚度均较小时,加筋板的面板和加强筋作为一个整体一起发生运动。

(3)弱加强筋变形(模式 c):当一个方向的加强筋相对刚度较小(弱筋)而另一方向的加强筋相对刚度足够大(强筋)时,整个冲击响应过程中,强筋一直近似处于刚性状态,而弱筋与面板一起发生运动。

对于变形模式 a,随着载荷的增大,加筋板板格将首先发生失效,其失效模式与爆炸冲击载荷作用下矩形板的失效模式类似,即有板格的塑性大变形(Ⅰa)、板格沿其长边发生拉伸失效(Ⅱa)和板格沿加强筋发生剪切失效(Ⅲa)三种失效模式;对于变形模式 b,随着载荷的增大,也有板架的整体塑性大变形(Ⅰb)、板架在其边界发生拉伸失效(Ⅱb)、板架在其边界发生剪切失效(Ⅲb)三种失效模式。对于变形模式 c,随着载荷的增大,弱筋将首先发生失效,其也有弱筋与面板的塑性大变形(Ⅰc)、弱筋在与强筋及边界相交的位置发生拉伸失效,从而导致板架沿强筋发生撕裂(Ⅱc)、板架沿强筋及边界发生剪切失效(Ⅲc)三种失效模式。

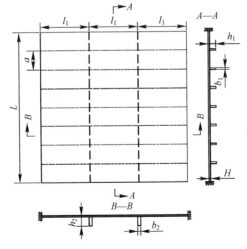

图 8-3-3　典型板架结构

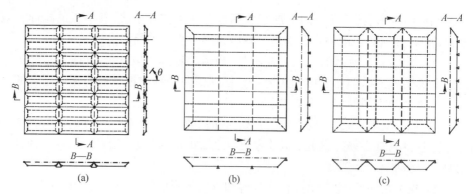

图 8-3-4 典型板架结构的变形模式

当爆距较近,冲击波为球面波,中部承受的冲击载荷最大,因此中部凹陷变形可能远大于其他区域,严重时将产生破口,此时其他部分结构在冲击载荷作用下仍将继续运动,当破口周围达到破坏条件时将产生沿破口径向的撕裂形成花瓣破口。

8.3.2 舰船总体结构在冲击动载荷作用下的塑性动响应与破坏

炸药水下爆炸产生的冲击波与气泡脉动引起的压力是造成舰船破坏的两个主要因素。冲击波的压力峰值大,但持续的时间短(数十毫秒到数百毫秒),可能造成舰船结构局部壳板破损或整体强度破坏。而气泡引起的压力波,虽然峰值相对较小(仅为前者的10%~20%),但持续时间远大于前者,气泡脉动产生的二次击波载荷更容易引起舰船结构的整体强度破坏。

图 8-3-5 为水下爆炸实船试验,由试验可知,在船体中部下方近距水下爆炸对船体的毁伤过程:船体首先在爆炸冲击波和气泡膨胀滞后流作用下向上拱起变形,如图 8-3-5(a)、(b)所示;之后船体在气泡收缩及气泡负压场作用下产生的中垂弯矩,并在频率吻合情况下,与冲击波产生的冲击振动中垂弯矩叠加,造成船体中垂弯曲破坏,如图 8-3-5(c)、(d)所示。船体中部下方近距水下爆炸对舰船的毁伤机理分析如图 8-3-6 所示,其对舰船的毁伤变形过程与舰船的一阶振型颇为相似。

水下爆炸载荷直接引起的舰船结构的整体强度破坏形式主要有三种:

(1)冲击波造成的中拱破坏。当炸药在舰船底部较近处爆炸时,在水下爆炸的初始阶段,近场冲击波和气泡膨胀滞后流作用下,舰船船体结构首先可能产生向上的中拱破坏。

(2)"鞭状响应"破坏。"鞭状响应"(或称为冲荡效应、振荡效应等)破坏是指在气泡低频脉动载荷作用下船体产生垂向弯曲振动共振变形而造成舰船的破坏。在中远场水下爆炸作用下,由于水下爆炸气泡的脉动压力周期性较强,当其脉动频率与船体梁结构的一、二阶固有频率接近时,将容易使船体梁产生"鞭状响应",造成严重的总体结构共振弯曲变形损伤。

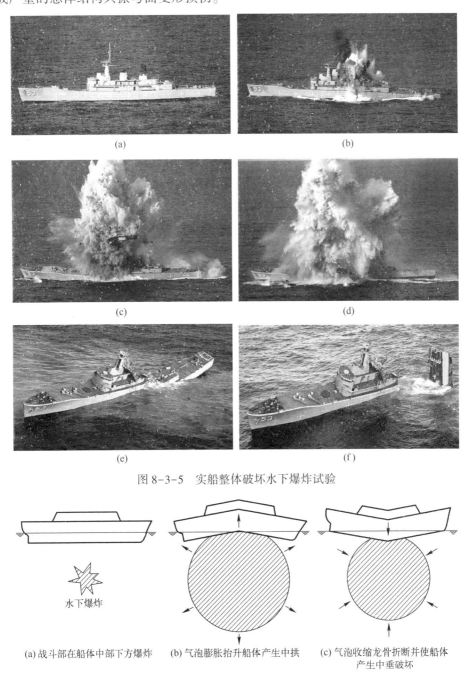

图 8-3-5　实船整体破坏水下爆炸试验

(a)战斗部在船体中部下方爆炸　(b)气泡膨胀抬升船体产生中拱　(c)气泡收缩龙骨折断并使船体产生中垂破坏

图 8-3-6　龙骨下爆炸船体的整体破坏

（3）冲击振动和气泡收缩及气泡负压场造成的中垂破坏。最新试验研究发现，当炸药在船底近场爆炸时，作用于船体的最大弯矩可能出现在船体冲击振动中垂状态，此时正好与气泡收缩状态负压场产生的中垂弯矩叠加。气泡膨胀到最大，气泡内部为负压场，气泡收缩将进一步使船底产生吸力，在气泡负压场和气泡收缩吸力作用下，使船体中部产生向下运动的中垂状态弯曲，并产生中垂弯矩。该弯矩存在于气泡膨胀到最大半径和收缩的大部分时间内，对船体结构的整体弯曲效果明显；并且，当气泡脉动频率与船体冲击振动频率相近时，气泡产生的中垂弯矩和船体冲击振动中垂弯矩的叠加将会加强这种中垂弯曲效果，两种因素的联合作用可能使船体出现中垂折断的破坏模式，这种破坏模式已经在模型和实船试验中得到证实。

除了上述舰船结构的整体破坏之外，水下爆炸可能间接引起舰船结构的整体破坏，主要形式是船体结构在近距或接触爆炸作用下产生严重破口毁伤后，在波浪弯矩作用下的总纵弯曲破坏。

8.4　舰船结构防护技术概述

舰船结构防护技术的发展与反舰武器攻击模式、结构和材料科学技术的发展以及舰船生命力要求密不可分。由于水介质和空气介质在密度和可压缩等特性上的巨大区别，一般将反舰武器分为水面反舰武器和水中兵器，相应的舰船防护结构也可分为空中爆炸防护结构和水下爆炸防护结构。

8.4.1　空中爆炸防护

冷兵器时代，人们便开始考虑对战舰进行防护，其代表是东方龟船和西方撞角船。

火炮尤其是后装线膛炮的使用，迫使舰船采用装甲防护技术，诞生了一批近代装甲舰船。为抵御大口径火炮的平射穿甲破坏，其装甲防护的主要方式是在舰船舷侧外挂"装甲防护带"（图 8-4-1），以抵御大口径火炮平射穿甲弹。1859 年法国建成的世界上首艘装甲巡洋舰"光荣"号，排水量 6000t，舷装甲厚 120mm；1876 年，意大利海军建成的杜利奥级装甲舰，舷装甲厚 540mm；同一时期英国海军的"坚定"号装甲舰，舷装甲厚 610mm。以大口径炮弹为防御目标的防护装甲在第二次世界大战前发展到了顶峰，其代表就是战列舰，如德国 1939 年建成的"沙恩霍斯特"号战列舰，排水量 31800t，主舷侧装甲中部为 320mm，首、尾部 170mm，上甲板和下甲板装甲 50mm。主炮装甲正面 360mm，侧面 200mm，顶部 150mm。战列舰凭借其大口径火炮和厚重的防护装甲一度成为海战场上的霸主。这种装备状况一直延续到第二次世界大战结束。

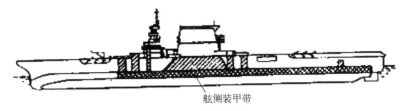

图 8-4-1　"萨拉托加"号航空母舰(1928 年)的舷侧"装甲防护带"

第二次世界大战期间,航空母舰大量参战,宣告了战列舰时代的结束。舰船装甲防护的防御目标逐渐以航空炸弹为主,舰船的甲板防护得到了广泛重视。以航空母舰为例(图 8-4-2),为抵御航空炸弹的破坏,飞行甲板装甲由开始的 1in (25.4mm)加厚到 3~5in(76.2~127mm)。另外,为了保证飞机库的安全,飞机升降机由船中移到两舷,以保证飞行甲板装甲的完整性,并在飞行甲板下设一道吊舱甲板,它一方面可作为甲板的第二道防线,另一方面可以减小机库区飞行甲板构件尺寸,提高飞行甲板强度。同时,由于大口径火炮的威胁相对减小,水线附近的装甲带逐渐被取消。

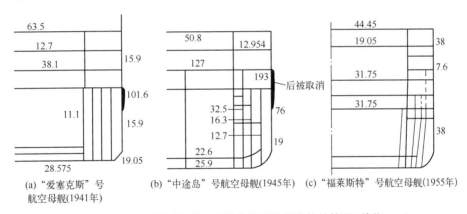

图 8-4-2　美国不同时期的三型航空母舰装甲防护的情况(单位:mm)

第二次世界大战后,反舰导弹技术得到飞速发展,20 世纪 60 年代末开始成为主要对舰攻击武器,海战模式发生了质的飞跃,原来视距内的对抗逐渐演变为超视距的导弹对抗。舰船水线以上防护结构的主要防御目标逐渐由机载航空炸弹为主发展为以高突防力的掠海飞行半穿甲反舰导弹为主。舰船防护思想也朝两个方向发生转变,大型舰船(如航空母舰)由以往的全方位整体防护转变为立体防护和局部重点防护,防御区域也由原来的以舷侧、甲板防护为主逐渐发展为以重要舱室(舱段)为主,充分利用舰船内容空间的多层立体防护体系;中小型舰船由于空间和排水量的限制,通常以确保整船的生存能力为目标的总强度防护和重要舱室的轻型复合装甲防护。同时,随着材料科学的进步,各种高强度低密度的陶瓷材料、纤维增强复合材料（如 Kevlar 纤维）,在结构防护工程中得到了广泛应用,促进了舰船防护技术的进步;反之舰船防护结构的需求又促进了材料技术的发展。

由于直接抵御反舰武器战斗部(尤其是超声速半穿甲战斗部)的穿甲破坏,难度很大,付出代价太高。因此,现代大型水面舰船(如航空母舰)通常以隔离原则为基础,设置外层抗动能穿甲防护装甲和内层抗高速破片防护装甲、抗爆结构相结合"屏蔽式"防护结构,从空间上要所有来袭方向进行屏蔽(图 8-4-3),保证内部重要舱室的安全。外层装甲防护以外板、上甲板等舰船外层结构为基础,用于触发反舰武器战斗部引信,抵御战斗部的侵彻或尽量减小战斗部的侵彻深度,从而最大限度的削弱战斗部的爆炸威力。内层防护装甲设计主要用于抵御高速破片和爆炸冲击波对舱室的破坏。

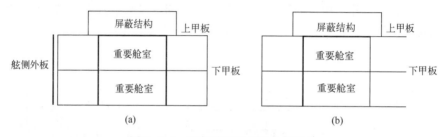

图 8-4-3　重要舱室的屏蔽防护结构

但是,对于中小型水面舰船(如驱、护舰艇),由于空间和排水量有限,一般无法提供足够的空间和储备浮力用于设置能防御反舰导弹攻击的全方位装甲和防护结构。因此,现代中小型水面舰船的装甲及防护结构设计思想的主要体现在总强度防护设计和轻型复合装甲设计两个方面。

中小型水面舰船的总强度防护技术主要包含两层含义:一是舰体结构能够将一定当量的攻击武器战斗部的爆炸毁伤限制在一定范围内,从而确保整船的生存;二是在战斗破损的条件下,舰体结构能够保障足够的剩余总强度。德国在 F124 型护卫舰的防护设计中提出了较为完善的结构防护方案(图 8-4-4)。F124 型护卫舰全舰的结构防护主要由横向六道防爆主横舱壁和纵向三道防爆箱型纵桁结构构成。六道双层舱壁结构主要用于舰船的抗爆主横舱壁结构的设计,具有防爆炸冲击波与抗破片联合打击的能力,可有效阻止爆炸冲击波沿船长方向传播。三道箱形纵桁自身是一种水密通道,其参与保证总纵强度,确保舰体在爆炸载荷毁伤后的剩余总纵强度。

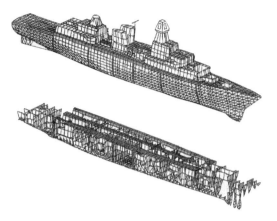

图 8-4-4　德国 F124 型护卫舰防护结构示意图

反舰武器战斗部爆炸除产生冲击波外还将产生大量高速破片,对舰船设备、人员等产生大面积毁伤,严重影响舰船的生命力和战斗力。因此,现代舰艇通常按照舰船各部位和各舱室对舰船作战能力影响大小的不同,以及对其自身生存影响大小的不同,设置一定的轻型复合装甲防护结构。这种类型的防护属于局部性防护结构,主要针对重要舱室实施,其防御对象主要是对舰攻击武器爆炸后所产生的破片和现代轻型武器。装甲防护的范围主要是与作战系统相关的重要部位和舱室,如舱面雷达、导弹系统、作战指挥室、舰桥等,以及与生存能力相关的重要舱室,如弹药舱、垂直导弹发射舱等。

8.4.2　水下爆炸防护

相对于水上反舰武器的发展,水中兵器对舰船的攻击模式变化相对较小,水中对舰攻击武器主要是鱼雷和水雷,其对舰破坏方式有水下接触爆炸和非接触爆炸两种。

第一次世界大战期间,鱼雷武器开始在海战中大量使用,并显示了巨大的破坏威力。各海军大国开始探讨在水下舷侧采用多层防护结构以抵御水雷、鱼雷接触爆炸的毁伤作用(图 8-4-5)。

第二次世界大战期间,水下舷侧多层防护结构的防护效果进一步得到认同,并逐渐形成了完整的防雷舱设计思想,欧美国家和日本在这一时期建造的航空母舰均设有防雷舱结构(图 8-4-2)。20 世纪 70 年代,水下防雷舱结构设计思想逐步固定为"四层三舱"方案和"五层四舱"方案(图 8-4-6)。

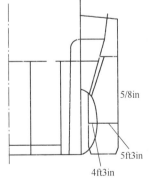

图 8-4-5　"萨拉托加"号航空母舰(1928 年)水下舷侧防护结构示意图

其典型代表是美国的"尼米兹"级航空母舰以及最新型的"福特"号航空母舰、苏联的"库兹涅佐夫"号航空母舰,均采用了"四层三舱"式舷侧防雷舱结构。

虽然各国水下防雷舱结构在各层舱室的结构细节上有所区别,但防护设计思想大致是相同的:

(1)在舰体外板内侧设置一层空舱,供水下接触爆炸后产生的爆炸产物膨胀,以减弱其冲击压力。

(2)空舱内层设置一层或两层液体舱(可以是水舱或重油舱),以防止接触爆炸下外板结构碎片和鱼雷战斗部碎片对防御纵壁产生穿甲破坏。

(3)液舱后设置一层空舱后再设置基本防御纵壁或者直接设置基本防御纵壁,空舱再次将爆炸冲击波阻断,基本防御纵壁具有相当厚度,是承受水中爆炸冲击波的主要结构。

(4)基本防御纵壁内侧为水密空舱,一方面供基本防御纵壁发生大变形吸能,另一方面或在基本防御纵壁破损坏后形成的冲击压力作第二次缓冲,以保护防水纵壁免遭破坏。

(5)水密空舱后设置防水纵壁,以保证军舰内部舱室不进水。

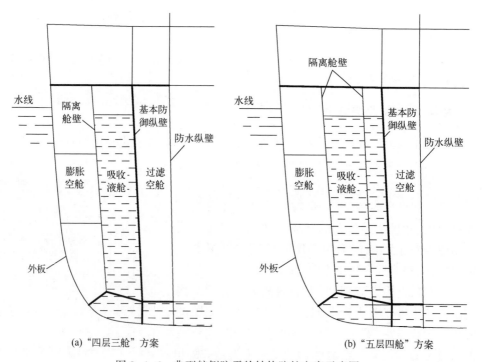

(a)"四层三舱"方案　　　　　　　　(b)"五层四舱"方案

图 8-4-6　典型舷侧防雷舱结构防护方案示意图

由于船底外板接触爆炸的可能性很低,因此船底防护通常是为了抵御鱼、水雷的非接触爆炸,目的是防止内部舱室受爆炸后进水,以及防止爆破物质和高速碎片进入防护舱室。其典型防护方案是船底外板和第二层底之间装压载水的双底方案和三底方案(图 8-4-7)。双层底间压载水的自由液面能有效削弱初始爆炸冲击波的强度,而压载水的巨大惯性能有效抵御船底非接触爆炸所产生的气泡脉动载荷和气泡溃灭时所产生射流冲击载荷,大大提高了底部结构的抗爆性能。

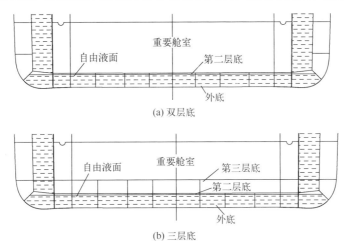

(a) 双层底

(b) 三层底

图 8-4-7　典型底部防护方案示意图

8.4.3　舰船结构防护技术展望

舰船是维护国家海防、保障海洋资源开发和海洋战略运输通道安全的主要力量。随着我国建设海洋强国战略和海军远海防卫战略的实施,海军舰船必须朝大型化、综合化发展,不断增强生命力和战斗力。随着混合装药、自锻破片、聚能射弹、定向聚能、聚爆组合、大气泡能等武器新技术的出现,舰船结构防护技术日益面临新挑战,呈现以下特点:

(1) 问题复杂性。新型武器技术的出现,使得冲击载荷强度进一步增大,各种载荷间的毁伤效应相互耦合、载荷与结构响应间相互耦合,使得其过程与现象更加复杂,如半穿甲反舰武器产生的内爆载荷和高速破片(射弹)的联合毁伤及与舰船舱室结构的耦合,水下爆炸冲击波、气泡脉动、气泡失稳溃灭射流等与船体梁自由振动间的耦合效应。舰船结构防护技术不仅涉及固体、液体、气体等多相介质及其耦合现象,而且时空尺度跨度大,空间尺度小到单个破片穿甲问题,大至整个船体梁鞭状振动;时间尺度短到微秒量级(如爆轰时间、穿甲作用时间),长至数秒甚至数十秒(如船体梁鞭状振动),不仅对其起决定作用的动力过程复杂,而且能量的耗散转化规律复杂。

（2）学科交叉性。舰船结构防护技术是研究在战争等强冲击环境中舰船结构动响应及其防护方法的技术体系,涉及多个学科领域。例如,水上防护技术是爆炸力学、穿甲力学、塑性动力学、断裂力学和复合材料学的交叉研究对象。水下防护技术是爆炸力学、塑性动力学、断裂力学和流体力学交叉研究对象。

（3）基础理论与工程应用并重。舰船结构防护技术兼具工程技术与基础科学的属性,既是力学和材料科学等基础理论的具体应用,又促进了塑性动力学理论、多相介质流体力学、材料动态本构关系、复合材料学等基础理论的发展。

习题

1. 简述舰艇结构动强度概念及其与静强度的区别。
2. 简述爆炸冲击波与高速破片载荷的主要特性。
3. 水下爆炸与空中爆炸的主要区别及其对舰船结构的破坏效应有哪些?

参 考 文 献

[1] 朱锡,吴梵. 舰艇强度[M]. 北京:国防工业出版社,2005.

[2] 杨代盛. 船体强度与结构设计[M]. 北京:国防工业出版社,1986.

[3] 斯曼斯基. 徐秉汉,等译. 船舶结构力学手册:第3卷[M]. 上海:上海科学技术出版社,1980.

[4] GJB 4000—2000 舰船通用规范[S]. 北京:总装备部军标出版发行部,2000.

[5] GJB/Z 119—99 水面舰艇结构设计计算方法[S]. 北京:国防科学技术工业委员会,1999.

[6] 谢永和,吴剑国,李俊来. 船舶结构设计[M]. 上海:上海交通大学出版社,2011.

[7] 中国船级社. 钢质海船入级建造规范[S]. 北京:人民交通出版社,2006.

[8] 朱锡,侯海量,吕岩松,等. 舰艇结构[M]. 北京:国防工业出版社,2014.

[9] 吴梵,朱锡,梅志远,等. 船舶结构力学[M]. 北京:国防工业出版社,2016.

[10] 陈铁云,等. 杆件与杆系之弯曲及稳定性[M]. 北京:科学教育编辑室,1961.

[11] 宋天霞,骆东平. 双层柱壳组合结构的外层壳板的弹性分析[J]. 华中工学院学报,1978(3):40-55.

[12] 王杰德,杨永谦. 船体强度与结构设计[M]. 北京:国防工业出版社,1995.

[13] 朱锡,张振华,梅志远,等. 舰船结构毁伤力学[M]. 北京:国防工业出版社,2013.

[14] 陈铁云,陈伯真. 船舶结构力学[M]. 北京:国防工业出版社,1980.

[15] 徐芝纶. 弹性力学[M]. 北京:高等教育出版社,1982.

[16] 王仁,黄文彬. 塑性力学引论:修订版[M]. 北京:北京大学出版社,1992.

[17] 侯海量. 大型舰船水上舷侧结构抗毁伤机理研究[D]. 武汉:海军工程大学,2006.